CONSOMMATEURS ET PRATIQUES DE CONSOMMATION AU MAROC

Collection « L'esprit économique »

fondée par Sophie Boutillier et Dimitri Uzunidis en 1996
dirigée par Sophie Boutillier, Blandine Laperche, Dimitri Uzunidis

Si l'apparence des choses se confondait avec leur réalité, toute réflexion, toute Science, toute recherche serait superflue. La collection « L'esprit économique » soulève le débat, textes et images à l'appui, sur la face cachée économique des faits sociaux : rapports de pouvoir, de production et d'échange, innovations organisationnelles, technologiques et financières, espaces globaux et microéconomiques de valorisation et de profit, pensées critiques et novatrices sur le monde en mouvement...
Ces ouvrages s'adressent aux étudiants, aux enseignants, aux chercheurs en sciences économiques, politiques, sociales, juridiques et de gestion, ainsi qu'aux experts d'entreprise et d'administration des institutions.

La collection est divisée en six séries :

Dans la série *Economie et Innovation* sont publiés des ouvrages d'économie industrielle, financière et du travail et de sociologie économique qui mettent l'accent sur les transformations économiques et sociales suite à l'introduction de nouvelles techniques et méthodes de production. L'innovation se confond avec la nouveauté marchande et touche le cœur même des rapports sociaux et de leurs représentations institutionnelles.

La série *Economie formelle* a pour objectif de promouvoir l'analyse des faits économiques contemporains en s'appuyant sur les approches critiques de l'économie telle qu'elle est enseignée et normalisée mondialement. Elle comprend des livres qui s'interrogent sur les choix des acteurs économiques dans une perspective macroéconomique, historique et prospective.

Dans la série *Le Monde en Question* sont publiés des ouvrages d'économie politique traitant des problèmes internationaux. Les économies nationales, le développement, les espaces élargis, ainsi que l'étude des ressorts fondamentaux de l'économie mondiale sont les sujets de prédilection dans le choix des publications.

La série *Krisis* a été créée pour faciliter la lecture historique des problèmes économiques et sociaux d'aujourd'hui liés aux métamorphoses de l'organisation industrielle et du travail. Elle comprend la réédition d'ouvrages anciens, de compilations de textes autour des mêmes questions et des ouvrages d'histoire de la pensée et des faits économiques.

La série *Clichés* a été créée pour fixer les impressions du monde économique. Les ouvrages contiennent photos et texte pour faire ressortir les caractéristiques d'une situation donnée. Le premier thème directeur est : mémoire et actualité du travail et de l'industrie ; le second : histoire et impacts économiques et sociaux des innovations.

La série *Cours Principaux* comprend des ouvrages simples, fondamentaux et/ou spécialisés qui s'adressent aux étudiants en licence et en master en économie, sociologie, droit, et gestion. Son principe de base est l'application du vieil adage chinois : « le plus long voyage commence par le premier pas ».

Abdelmajid Amine
Camal Gallouj

Consommateurs et pratiques de consommation au Maroc

L'Harmattan

5-7, rue de l'École-Polytechnique ; 75005 Paris

http://www.editions-harmattan.fr/

ISBN : 978-2-343-22758-0
EAN : 9782343227580

Des mêmes auteurs

AMINE A. (2002), *Questions de méthodes en sciences de gestion*, Caen, Éditions EMS (*ed.*, avec MOURGES N., ALLARD-POESI F., CHARREIRE S., Le GOFF J.), 400 p.

AMINE A. (1999), *Le comportement du consommateur face aux variables d'action marketing*, Caen, Éditions EMS, 224 p.

GALLOUJ C. (2021), *Économie circulaire et univers agricole*, Paris, Éditions France Agricole, Collection TerrAgora (avec VIALA C.), 344 p.

GALLOUJ C. (2021), *Commerce et distribution dans les pays du Maghreb : acteurs et stratégies* (*ed.*, avec GALLOUJ F. et GALLOUJ N.), Aix-Marseille, Presses universitaires de Provence (préface de Gérard CLIQUET), 320 p.

GALLOUJ C. (2020), *Management des services : convergences, contrastes et controverses* (*ed.*, avec PACHÉ G.), Aix-Marseille, Presses universitaires de Provence (préface de Stephen VARGO), Labellisé FNEGE 2021, 357 p.

GALLOUJ C. (2012), *Management de la distribution* (*ed.*, avec VIGLIANO M-H), L'Harmattan, 188 p.

GALLOUJ C. (2011), *Petit précis de santé publique et d'économie de la santé* (avec BRIGNON J.), Paris, Lamarre, Kluwer Wolters, 309 p.

GALLOUJ C. (2008), *Économie des services à la personne*, Paris, Kluwer Wolters, 211 p.

GALLOUJ C. (2008), *Les agences privées de l'Emploi : conseil, intérim, outplacement*, Paris, L'Harmattan (série Entreprise et Innovation), 186 p.

GALLOUJ C. (2007), *Innover dans le grand commerce* (préface de Gérard CLIQUET, postface de Alain THIEFFRY), Bruxelles, De Boeck, Collection « Perspectives Marketing », 325 p.

GALLOUJ C. (2007), *Introduction à l'économie des services* (avec DJELLAL F.), Grenoble, Presses universitaires de Grenoble, 118 p.

GALLOUJ C. (2006), *Services et développement régional* (avec MOYART L., LELOUP F., MERENNE SCHOUMAKER B.), Bruxelles, De Boeck, 429 p.

GALLOUJ C. (2004), *L'hôpital innovateur : de l'innovation médicale à l'innovation de service* (avec DJELLAL F., GALLOUJ K. et GALLOUJ F.), Paris, Éditions Masson, série Objectifs en management hospitalier, 132 p.

GALLOUJ C. (2001), *Hôtellerie-restauration : héberger et restaurer l'emploi* (avec GADREY J., DJELLAL F., JANY-CATRICE F., MÉRIOT S.A. et RIBAULT T.), Paris, La Documentation française, 150 p.

GALLOUJ C. (1996), *L'innovation dans les services* (avec GALLOUJ F.), Paris, Éditions Économica, 112 p.

GALLOUJ C. (1992), *Manager le conseil : stratégies et relations des consultants et de leurs clients* (avec GALLOUJ C., GALLOUJ F., MARTINELLI F., MOULAERT F., TORDOIR P.), Paris, Ediscience-McGraw Hill, 222 p.

INTRODUCTION GÉNÉRALE

La motivation d'écrire cet ouvrage vient d'un constat et d'une interrogation. Le constat est très factuel et part du fait qu'il y a très peu de productions académiques qui se sont intéressées nommément aux consommateurs du sud-méditerranée laissant entendre qu'ils ne comptent pas, n'ont rien à nous apprendre et par conséquent n'ont pas voix au chapitre. L'interrogation qui nous a animés est, quant à elle, scientifique et intellectuelle et renvoie à l'opportunité d'appliquer à l'analyse de ces consommateurs et de leurs pratiques de consommation les mêmes grilles de lecture et les mêmes modèles que ceux pensés et appliqués dans les pays du Nord sous prétexte que la consommation est mondialisée et les comportements standardisés. Pour un connaisseur des pays du Sud, ces arguments ne tiennent pas tant la réalité de la consommation y est multiple et complexe et ne peut être captée fidèlement par le biais de la transposition stricte des cadres d'analyse occidentaux.

Il existe bien peu de recherches académiques au Maroc sur le consommateur et son comportement. Les études des consommateurs sont également, à quelques exceptions près, plutôt rares et surtout peu récurrentes à l'image de la plupart des pays en développement où les données et travaux sur les pratiques de consommation sont quasi inexistants et systématiquement non actualisés. Or, comprendre le consommateur, savoir l'attirer, l'orienter vers le bon produit, transformer sa visite en acte d'achat et favoriser son retour sur une base régulière, autrement dit le fidéliser, est un enjeu central dans la concurrence entre enseignes ou plus généralement entre les différentes formes de commerce. En effet, les problématiques de l'attraction, de l'orientation, de l'adhésion ou encore de la fidélisation concernent tout aussi bien la grande distribution moderne que l'épicerie de quartier (urbaine), la boutique en milieu rural, le *ferrach* et les marchands ambulants ou encore les soukiers.

Dans cet ouvrage, à notre connaissance le premier consacré à la consommation et au comportement du consommateur au Maroc, nous cherchons à mieux comprendre toutes les facettes de ce consommateur que l'on dit changeant et de plus en plus difficile à cerner. L'ouvrage se décompose en six chapitres. Dans le premier, nous cherchons à cerner le comportement du consommateur dans ses choix de magasinage et nous abordons la question des motivations à la fréquentation d'un point de vente ainsi que les modalités concrètes du choix de ce point de vente. Dans le chapitre deux, nous analysons plus en détail le comportement du consommateur en magasin et, nous plaçant du point de vue des enseignes, nous abordons les leviers sur lesquels ces dernières peuvent s'appuyer pour influer sur ce comportement. Dans le chapitre trois, nous décrivons les profils spécifiques des consommateurs marocains. Plus précisément, nous choisissons d'approfondir quatre profils particuliers en raison de leur singularité (ils diffèrent du « consommateur moyen » généralement traité) et de leur portée socio-économique : les pauvres, les consommateurs âgés, les jeunes et les femmes. Le chapitre quatre est quant à lui consacré aux spécificités du commerce traditionnel et au comportement *ad hoc* du consommateur dans ce type de structure très peu étudiée par ailleurs, à l'inverse de ce qu'il en est des lieux de consommation dits modernes. Au-delà de l'analyse classique du comportement du consommateur, nous cherchons également, dans notre chapitre cinq, à mieux cerner les pratiques de consommation concrètes, en analysant les structures de consommation et leur évolution, que nous complétons par quelques observations ciblées sur des catégories spécifiques de produits. Enfin, dans notre sixième et dernier chapitre, nous cherchons à cerner des tendances émergentes de la consommation et de l'anticonsommation. Nous y abordons les aspects d'*empowerment* et d'exigences accrues ainsi que les pratiques de résistance qui sont venues enrichir les réflexions sur le comportement du consommateur dès le milieu des années 1990. Nous insistons tout particulièrement sur la nouvelle forme de résistance du consommateur marocain au travers de son engagement très récent et, semble-t-il, plutôt efficace, dans des actions d'appel au boycott. Cette forme d'opposition collective est plutôt inattendue dans un pays du Sud car elle suppose une organisation et une implication davantage rencontrées dans des sociétés à maturité sur le plan du militantisme.

La rédaction de cet ouvrage s'inscrit dans un vaste programme de recherche sur le commerce traditionnel et moderne au Maroc, mené au sein du CReSC (Centre de recherche et d'études sur les services et le commerce), laboratoire de recherche de l'école HEC Rabat. Il s'appuie sur de multiples sources, à la fois académiques et journalistiques, et sur des volets empiriques d'immersion dans des terrains variés. Plus précisément, l'ouvrage se fonde sur une large revue de la littérature nationale (mais également internationale) concernant le consommateur et la consommation. Les problématiques de consommation étant souvent similaires dans la plupart des pays émergents, la littérature *ad hoc* a été très largement mobilisée. L'ouvrage s'appuie ensuite sur une revue quasi exhaustive de la presse nationale spécialisée : *Les Inspirations ÉCO*, *L'Économiste*, *La Vie économique*, *Challenges*, *Conjoncture*, et bien d'autres. Cette revue de presse est incontournable quand le chercheur est amené à travailler dans un environnement où l'information scientifique est plutôt rare. La presse, analysée de manière systématique et selon une approche longitudinale et historique permet d'appréhender de façon très fine les problématiques courantes et les spécificités de la thématique étudiée. Une autre source d'information qui a été largement sollicitée et mobilisée est celle des études et projets de fin d'année des étudiants marocains. Nous nous sommes ainsi appuyés sur de nombreux rapports de stage, mémoires de fin d'études et autres productions des Business School et des ENCG au Maroc. Enfin nous nous sommes également largement fondés sur des recherches qualitatives mobilisant au total une centaine d'entretiens menés auprès des consommateurs en milieu urbain, dans plusieurs villes du Maroc mais également dans quelques bourgades du monde rural complétés par une cinquantaine d'entretiens réalisés auprès des offreurs (*moul'hanout*, personnels des hypermarchés et supermarchés, *ferrachas*, soukiers, bazaristes...) et d'autres acteurs intervenant dans la régulation et la structuration du commerce au Maroc (administrations en charge, associations, experts divers...).

CHAPITRE 1

MOTIVATIONS AU MAGASINAGE ET MODALITÉS DE CHOIX D'UN POINT DE VENTE

Comprendre ce qui motive la décision d'un consommateur à magasiner et le sens qu'il donne à cette activité fait sans doute partie des questions les plus fondamentales des recherches en comportement du consommateur. De très nombreux travaux ont été consacrés à cette question depuis les années 1950, qui ont donné lieu à un certain nombre de typologies stimulantes des raisons sous-jacentes à l'activité de magasinage. Cependant, cette question reste très largement théorique. Et pour les consommateurs, les vraies questions sont qu'est-ce qui motive leur fréquentation des magasins ? et comment choisir un point de vente ? Dans ce chapitre nous proposons, dans un premier temps, un *survey* général des motivations au magasinage et nous confrontons les principales perspectives existantes. Dans un second temps nous examinons les variables sous-jacentes au choix et à la fréquentation d'un magasin. Ces variables peuvent être propres au consommateur et renvoyer à son âge, son sexe, sa catégorie socioprofessionnelle, sa formation et son niveau d'éducation. Elles peuvent également renvoyer aux modalités de magasinage et d'achat (autrement dit, à la destination de l'achat, à ses conditions, etc.). On parle alors de variables situationnelles. Enfin, elles peuvent tout simplement être le résultat de la stratégie du magasin ou de l'enseigne et de son implication dans l'attraction et l'orientation du comportement du chaland.

1.1. Les motivations au magasinage

Les motifs de magasinage ne se limitent pas à la simple pratique du shopping. Edward M. Tauber, dans son article fondateur *« Why do people shop »*, propose, dès les années 1970, une analyse des raisons qui poussent les consommateurs à magasiner (1.1.1). Au-delà des réflexions de cet auteur, la littérature offre de multiples autres perspectives originales pour comprendre les motivations à faire ses courses ou encore la manière dont les personnes concernées envisagent celles-ci (1.1.2). Dans ce qui suit, nous nous proposons de revenir sur ces différentes motivations (et en particulier sur les travaux de Tauber qui gardent une certaine actualité), en les passant au crible de la réalité marocaine.

1.1.1. « *Why do people shop* » : les mobiles du magasinage selon Tauber

Tauber distingue entre motivations (on peut également parler de mobiles) personnelles d'un côté et motivations sociales de l'autre.

A. Les motivations personnelles

Les motivations personnelles à faire des courses sont, d'après Tauber, au nombre de six : jouer un rôle, sortir de la routine (*diversion*), se faire plaisir, se mettre au courant de la mode et des nouveautés, s'adonner à des activités physiques, s'imprégner d'une ambiance et rechercher une stimulation sensorielle. Bien entendu, depuis les années 1970, de nombreux travaux ont tenté de développer et compléter ces différentes catégories de motivations. Mais il s'agit le plus souvent de simples affinements, d'amendements à la marge, jamais de révolutions.

- *Jouer un rôle.* Les consommateurs exécutent des tâches et des activités correspondant à des comportements appris. En effet, les jeux de rôle sont directement liés à un statut donné, à un rôle joué dans la vie courante. Les rôles les plus évidents sont, par exemple, celui de la ménagère, celui du mari et du père de famille, celui de retraité ou encore celui de l'étudiant. Ainsi, et sans doute, à ce jour, plus au Maroc qu'en France, on attend de la femme au foyer qu'elle joue le rôle de « gardienne du temple », de chargée de son entretien quotidien, de garante du bien-être de la famille, etc. Cependant, on assiste simultanément à une évolution du (des) rôle(s) de la femme, notamment urbaine, instruite et active, qui ne remplit plus entièrement ces fonctions d'intérieur, souvent déléguées ou partagées. Cette tension de rôles dans une société patriarcale et assez conservatrice se traduit par une complexification des motifs de magasinage et de consommation visant à s'adapter à une plus grande variété de situations d'interactions sociales dans les sphères domestique, publique et professionnelle.

- *Sortir de la routine.* Le shopping permet une *« diversion »* recherchée par rapport à la répartition des activités quotidiennes. L'accès libre aux magasins constitue ainsi une récréation ludique dont on peut profiter gratuitement sans formalisation contraignante, et même de manière totalement imprévue. Encore à ce jour, les centres commerciaux apparaissent, à beaucoup, comme autant de lieux de dépaysement agréables et divertissants. Quant à la fréquentation des épiceries de quartier et autres magasins de proximité, elle remplit un rôle de diversification des activités quotidiennes qui permet de casser les solitudes et de rafraîchir le quotidien au travers de l'activité de magasinage. Le magasinage peut donc contribuer à atténuer le sentiment d'isolement et à réduire l'uniformité et la banalité de la vie, sources d'anxiété et de stress émotionnel. Ainsi, un individu peut chercher à voir du monde, prendre un bain de foule lorsqu'il se sent seul, interagir avec le commerçant avec ou sans motif d'achat.

- *Se faire plaisir.* Le magasinage a une fonction hédonique, en plus de sa finalité utilitaire et sociale, à travers laquelle le consommateur cherche à se divertir et à se faire plaisir en accédant à des espaces (de vente) attractifs, esthétiques, voire enchanteurs, et en s'offrant des petits plaisirs personnels (consommation anomale, cadeaux, etc.) afin d'égayer son quotidien. Cette dimension récréative du magasinage contraste avec la perception traditionnelle des courses comme une corvée qui les réduit à leur simple fonction contrainte d'approvisionnement.

- *S'informer des nouveautés et des modes.* Les pratiques de magasinage permettent de se tenir au courant des nouveautés (modes vestimentaires, techniques de décoration ou de bricolage, dernières parutions littéraires ou musicales, équipements électronique et informatique, téléphonie...). En visitant les magasins, on en apprend beaucoup, à la fois sur les modes du moment et sur les tendances futures. Cette fonction du magasinage renvoie notamment aux activités de butinage ou de magasinage sans objectif d'achat qui fait pleinement partie de l'expérience de consommation et qui recouvre des dimensions d'exploration, de recherche de nouveauté, de curiosité, d'essai, etc.

- *S'adonner à une activité physique.* Le shopping est l'occasion de pratiquer un exercice physique non négligeable. Faire des kilomètres dans les rues commerçantes, les galeries marchandes, les malls ou allées des grandes surfaces est une pratique souvent valorisée par certains groupes sociaux à la recherche d'une activité physique minimale dans des lieux sécurisés, et à température régulée. On pense en l'occurrence aux personnes âgées, aux personnes en surpoids, aux femmes au foyer sédentaires, qui ont besoin de bouger et qui trouvent dans cette activité une façon agréable et non contraignante d'allier utilité, plaisir et bien-être. Certains centres commerciaux, en particulier anglo-saxons, ont d'ailleurs mis sur pied des clubs de marche pour répondre à ce type de besoin.

- *Rechercher une stimulation sensorielle/s'imprégner d'une ambiance.* Dans le processus de magasinage, les consommateurs réagissent souvent favorablement aux divers stimuli sensoriels (musique d'ambiance, odeurs, couleurs, etc.). Ces stimuli emblématiques des souks d'antan se retrouvent désormais y compris dans les formules de distribution les plus modernes. Cette dimension sensorielle, accentuée à l'occasion de fêtes ou d'événements commerciaux, constitue une motivation transversale du magasinage qui traverse et s'articule aux autres mobiles à savoir : la quête du plaisir, la sortie de la routine, la recherche et découverte de nouveautés.

Tableau 1 : Motivations personnelles à magasiner

Items	Exemple de verbatim	Actions possibles pour l'enseigne
Jouer un rôle	*Dans le magasin, j'aime bien prendre du temps pour bien choisir les bons produits. La cuisine, c'est toujours mieux avec des bons produits et les enfants sont contents et mon mari aussi... Quand on est dans le magasin Aswak, c'est toujours moi la cheffe et mon mari, il reste derrière.*	- Accroître et affiner l'organisation en univers - Augmenter la part du conseil dans l'activité - Introduire de la variété
Sortir de la routine	*Quand tu vas au « Marjane », ça te change. Après la cuisine, à 15 heures ou après, j'aime bien aller là-bas me changer les idées et c'est bien. Il n'y a pas beaucoup de monde.*	- Accentuer les effets de surprise - Accroître la part de nouveautés dans l'assortiment - Innover dans le merchandising - Théâtraliser de l'offre - Instaurer des semaines à thème
Se faire plaisir	*J'aime bien me promener dans les magasins et les malls, ça fait plaisir comme dans le souk.*	- Envisager des allées plus spacieuses - Théâtraliser l'offre - Développer l'ALV
S'informer des nouveautés	*« Alpha 55 », avant c'était la référence. Maintenant il a perdu de son luxe mais j'aime bien y aller parce qu'il a toujours des produits nouveaux et des idées pour la maison ou pour les cadeaux.*	- Prévoir des *corners* de présentation des produits et services nouveaux - Mettre en valeur les innovations - Accélérer la rotation des produits innovants
S'adonner à une activité physique	*Je vais souvent marcher dans les parcs et parfois dans la forêt mais parfois j'ai peur et parfois quand il pleut c'est difficile de marcher dans le parc ou la forêt. Heureusement il y a le centre commercial où tu peux faire pareil. Y a pas la nature mais tu marches bien aussi.*	- Prévoir des parcours *ad hoc* ou ludiques à l'intérieur du magasin ou de la galerie - Mettre en place des parcours sportifs autour du magasin - Prévoir des bancs dans les allées des centres commerciaux pour les personnes âgées, en surpoids (pour récupérer de l'effort, souffler...)
Rechercher une stimulation sensorielle	*Les souks de la médina, c'est un plaisir pour les yeux. Tu as les couleurs, les odeurs... c'est très animé et t'as aussi envie de parler aux gens. Les « Marjane » et les « Aswak » essayent parfois de faire pareil, mais c'est plus triste et c'est pas toujours amusant.*	- Développer une démarche active de marketing sensoriel - Accentuer la théâtralisation des lieux et de l'offre - Thématiser les lieux en fonction d'événements commerciaux, de fêtes, de dates anniversaires, etc.

B. Les motivations sociales

Toujours selon Tauber (1972), les motivations sociales sont, quant à elles, au nombre de cinq : rechercher des contacts sociaux, acquérir un statut, marchander pour le plaisir, communiquer avec des personnes qui ont les mêmes centres d'intérêt, faire partie d'un groupe.

- *Recherche de contacts sociaux.* Quelle que soit sa forme, le commerce constitue un lieu privilégié pour nouer des contacts, pour rencontrer les voisins et autres relations. Si l'on ajoute les contacts passifs comme « regarder les autres » ou s'observer, qui sont des comportements de socialisation riches, on peut dire que les structures commerciales constituent des espaces de vie d'une densité extrême (Bandura, 1980). D'ailleurs, dans bien des contextes et des lieux de magasinage, la recherche de lien importe plus que l'acquisition de biens (Cova, 2000).

- *Acquérir un statut.* Le magasin permet au consommateur d'être valorisé. Il lui fournit l'opportunité de susciter l'attention et le respect. Même si elle est à notre sens particulièrement discutable de manière générale et plus particulièrement au Maroc, la notion à la mode de « client roi » prend ici tout son sens. La fréquentation des formats modernes de distribution et d'enseignes importées (d'Occident) est un vecteur de marquage social et d'affichage de statut que les consommateurs des pays en développement sont prompts à adopter et à exhiber en signe de valorisation sociale.

- *Marchander pour le plaisir.* Le marchandage est souvent perçu comme un processus positif de négociation du prix de vente adossé à des interactions sociales. Il s'agit d'un rituel profondément ancré dans la culture locale et consubstantiel aux échanges et transactions commerciales. Lorsqu'il est réussi, ce marchandage permet de se valoriser très largement auprès des autres de la « bonne affaire » réalisée et génère un sentiment d'autosatisfaction de ses propres performances.

- *Communiquer avec des personnes qui ont le même centre d'intérêt.* Les commerces agissent comme point de rencontre, voire de ralliement, pour les consommateurs aux intérêts similaires. Dans ce cadre, les magasins et enseignes considérés tentent souvent de se présenter comme des centres de rencontre et d'échange autour des produits. Singulièrement, certaines enseignes de distribution importées (sans qu'elles soient nécessairement de luxe) véhiculent un standing et des valeurs de raffinement qui tendent à attirer une clientèle homogène et occidentalisée. À l'inverse, d'autres formes de commerce (souks, marchés ambulants, *ferrachas*, etc.) drainent des segments de clientèle populaire, homogènes en termes de besoins, de ressources et de codes sociaux.

- *Faire partie d'un groupe.* La fréquentation d'un magasin est souvent le reflet du désir de faire partie d'un groupe social donné soit en marquant son appartenance, soit en exprimant son aspiration à intégrer le groupe en question. Les individus magasinent pour se retrouver associés à un groupe d'appartenance ou de référence. Par ailleurs, le consommateur fréquentera d'autant plus volontiers tel ou tel commerce, qu'il aura le sentiment que les clients, mais également le personnel, ont les mêmes centres d'intérêt que lui (ou ceux auxquels il aspire).

Tableau 2 : Motivations sociales à magasiner

Items	Exemple de verbatim	Action possible pour l'enseigne
Rechercher des contacts sociaux	*Je donne souvent rendez-vous à mes copines dans le mall ou dans la galerie de « Marjane ». On s'installe pour une glace ou un café et après on fait le tour des boutiques ensemble et on rigole bien pour passer l'après-midi.*	- Développer le sens de l'accueil du personnel - Favoriser l'implantation de lieux conviviaux et de discussion, y compris à l'intérieur du magasin
Communiquer avec des personnes ayant les mêmes centres d'intérêt	*Ce qui est bien quand tu vas chez Décathlon, c'est que tu y rencontres de vrais sportifs et tu échanges sur tes trucs et les bonnes pratiques*	- Mettre en place une organisation des rayons par univers favorisant les échanges affinitaires - Introduire des lieux de convivialité au sein du magasin
Faire partie d'un groupe	*Je fais mes courses dans le premium « LabelVie ». C'est propre, c'est chic et l'on n'est jamais dérangé. Je ne rencontre que les voisines du quartier et mes amies de l'équitation.*	- Accentuer la segmentation des magasins - Afficher les signes distinctifs de ralliement de la clientèle visée
Acquérir un statut et une autorité	*Dans les boutiques du mall, les vendeurs te traitent avec respect et tu te sens important. C'est parfois le cas aussi dans les épiceries, mais c'est pas pareil...*	- Développer une politique axée sur les services aux clients - Améliorer les outils de fidélisation, favoriser les gratifications - Enrichir les services personnalisés aux clients
Marchander pour le plaisir	*J'aime bien négocier les prix. C'est sûr, c'est plus facile dans le souk et à la médina, mais parfois même dans les magasins tu peux quand c'est des fins de stock ou quand c'est des modèles d'exposition. Je résiste et j'ai toujours un bon prix et même mon mari il est surpris.*	- Prévoir des marges de manœuvre et d'autonomie des vendeurs (en particulier dans les rayons à service) - Recourir aux prix barrés affichés qui remplaceraient le marchandage et donneraient le sentiment de conclure une bonne affaire

Même si son titre *« why do people shop ? »* est plutôt centré sur la fonction achat en tant que motivation principale, l'analyse de Tauber (1972) est particulièrement stimulante en ce qu'elle permet de souligner que, dans les motivations de magasinage, l'achat n'est pas forcément une fin en soi. Elle pèche cependant par sa perspective trop générale ou généraliste. En effet, l'ensemble des motivations personnelles et sociales qu'il évoque a un caractère commun. Autrement dit, on pourrait renommer l'article *« why do people go out »* sans qu'il ne soit nécessaire d'en changer le fond. Néanmoins, l'intérêt de cette démarche a été perçu par nombre d'auteurs qui l'ont mobilisée pour proposer des typologies d'acheteurs plutôt originales (Bellenger et Korgaonkar, 1980 ; Westbrook et Black, 1985 ; Darden et Ashton, 1974).

1.1.2. D'autres perspectives et logiques d'achat et de magasinage

Il existe de multiples autres caractérisations ou perspectives d'analyse des logiques présidant aux activités de magasinage. Parmi celles-ci, on retiendra par exemple l'opposition entre achat plaisir et achat corvée, ou encore les oppositions entre perspective utilitariste et perspective hédoniste ou enfin entre perspectives transactionnelle et relationnelle.

A. Achat corvée-achat plaisir

L'acte d'achat revêt pour le consommateur un caractère ambivalent. Il est à la fois source de plaisirs (sorties, rencontres, découvertes…) et de déplaisirs et de peines (déplacements, pertes de temps, dépenses d'argent). Pour certains consommateurs, les achats relèvent systématiquement de la contrainte, et ce, quel que soit le magasin fréquenté. Leur satisfaction est dès lors d'autant plus élevée que cette activité d'achat est réduite dans leur emploi du temps. Pour nombre de consommateurs, le plaisir a en effet disparu de l'acte d'achat vécu comme une corvée (Moati, 2001). Ils rechignent à fréquenter les magasins où il y a trop de monde, à subir d'interminables files d'attente, à se perdre dans les rayons et à être confrontés au casse-tête du repérage des produits. Dans la plupart des pays occidentaux, on observe que les courses sont de plus en plus perçues comme une corvée. En France, en 2010, c'était le sentiment d'un consommateur sur cinq (contre 1 sur 10 en 1986). Le consommateur cherche à gagner du temps alors que le temps à disposition est de plus en plus limité, faisant ainsi ressentir le caractère contraignant de cette activité. C'est d'ailleurs la domination d'une vision contrainte de l'acte d'achat qui est à l'origine d'un discours renouvelé sur la nécessité de réenchanter le commerce. Ainsi, comme le note Gilles Lipovestsky (2006, p. 72-73) dans *Le bonheur paradoxal* : « tandis que les experts anglo-saxons parlent de fun shopping, les centres commerciaux et les magasins nouvelle tendance se proposent de "réenchanter" les gestes et les lieux d'achat, de transformer les zones de temps contraint en zone de plaisir ». Dans le cas du Maroc, on manque encore d'études et de réflexions sérieuses sur la question. Une enquête restreinte menée par Hassan El Aouni (2010) révèle cependant que 70 % des répondants considèrent « faire les courses » (de manière générale et en particulier dans les GMS) comme un plaisir. Ce chiffre serait même, selon l'auteur, supérieur à 80 % pour la catégorie sociale « ouvriers ». Autrement dit, la dimension achat-plaisir est nettement plus importante pour cette catégorie sociale que pour les autres[1].

B. Perspective utilitariste *vs* hédoniste

L'opposition entre perspective utilitariste et hédoniste ou récréationnelle (Babin *et al.*, 1994 ; Katcheva et Weitz, 2006) recoupe très largement l'opposition achat corvée-achat plaisir. Dans la perspective utilitariste, le client qui fréquente le magasin attend de ses visites des résultats précis (ce qui est particulièrement le cas quand il est à la recherche d'un produit ou d'un bien clairement identifié). À l'inverse, la perspective hédoniste renvoie au souhait de trouver du plaisir lors d'activités de butinage ou encore au moment des courses et plus largement à chaque moment de la vie quotidienne. Le passage en magasin, avec ou sans objectif d'achat, devient alors le substitut à un loisir. Cette tendance est d'ailleurs très largement amplifiée dans le cas des malls du Maroc.

La perspective hédoniste a ainsi des implications fortes en matière d'achat et de consommation, en particulier au travers de la multiplication des achats d'impulsion et de la recherche de satisfactions sensorielles qu'elle génère. On peut, au final, considérer que le consommateur hédoniste est motivé par le désir d'amusement, de fantaisie, de plaisir sensoriel, qui impliquerait des produits ou services pouvant être considérés comme relevant de la frivolité, alors qu'à l'inverse, la consommation utilitaire répondrait à un besoin fonctionnel impliquant des produits considérés comme utiles et nécessaires. Cottet *et al.* (2006) ont montré que les valeurs tant utilitaires qu'hédonistes influent significativement sur la satisfaction des clients d'un hypermarché, la valeur utilitaire renvoyant à la disponibilité des produits et la valeur hédoniste plutôt à l'atmosphère ou encore à la nature des services périphériques autour du produit. Lombard (2004) a, pour sa part, cherché à compléter l'opposition utilitaire-récréationnel en intégrant d'autres logiques complémentaires telles que le lèche-vitrines, le magasinage ou encore le butinage[2] (*cf.* tableau 3). Cette dernière approche a le mérite de bien distinguer la logique d'achat (shopping) des quelques autres logiques comme le simple lèche-vitrines, la recherche d'informations ou le butinage[3].

---

[1] On ne peut s'empêcher ici de penser à l'excellente nouvelle d'Italo Calvino relatant les expériences de Marcovaldo au supermarché.

[2] On notera pour notre part et malgré tout, que le tableau proposé par Lombard interpelle de par les distinctions faites : le contenu du magasinage relève de l'utilitaire et, de leur côté, le lèche-vitrines et le butinage font partie du récréationnel.

[3] Bien entendu, les dernières versent forcément dans les premières. C'est uniquement la temporalité qui change ici.

Tableau 3 : Typologie du comportement des consommateurs en magasin

	Shopping		Lèche-vitrines	Magasinage	Butinage
	Utilitaire	Récréationnel			
Motivation principale	Achat	Achat avec activité récréationnelle	Recherche de stimulation	Recherche d'informations	Divertissement
Intention d'achat à court terme	Oui	Pas systématique	Pas systématique	Non	Non

Source : Lombard (2004, p. 4).

C. Perspective transactionnelle *vs* relationnelle

L'opposition entre une perspective transactionnelle et une perspective relationnelle est une autre manière d'analyser le comportement de chalandage du consommateur. La perspective relationnelle vise à établir une relation individuelle normative et personnalisée entre le client et l'institution, la marque ou l'organisation ; l'objectif prioritaire étant souvent la fidélisation. La perspective transactionnelle, quant à elle, se focalise sur le processus d'achat ou la vente à l'instant *« t »*. Il est en effet admis que les échanges strictement marchands peuvent être recherchés pour leur simplicité et leur immédiateté. Par ailleurs, on peut relever que certaines marques de grande consommation peuvent constituer à elles seules le support d'une relation d'attachement, ce qui peut, d'une certaine manière, amener le consommateur à faire l'impasse sur la dimension relationnelle au magasin (même si cette dernière doit nécessairement être nourrie et entretenue).

Tableau 4 : Perspective transactionnelle *vs* relationnelle

Perspective transactionnelle	Perspective relationnelle
Orientation à court terme Intérêt pour la vente isolée Contact discontinu avec la clientèle Mise en avant des caractéristiques du produit Peu d'importance accordée au service client Engagement limité à satisfaire la clientèle Contact client modéré La qualité est d'abord le souci de la production	Orientation à long terme Intérêt pour la rétention du client Contact continu avec la clientèle Mise en avant de la valeur du produit Beaucoup d'importance accordée au service client Fort contact clientèle Qualité souci de tout le personnel

Source : D'après Payne *et al.* (1995, p. viii).

On remarquera que si cette distinction peut encore apparaître claire et tranchée (relativement) dans le grand commerce, elle l'est beaucoup moins dans le cas de l'épicerie et encore moins dans celui des souks. En effet, dans ces structures ou institutions, l'on peut dire que les deux perspectives transactionnelle et relationnelle ont tendance à se fondre l'une dans l'autre beaucoup plus naturellement qu'elles ne peuvent le faire dans la grande distribution moderne. Autrement dit, le contexte d'échange dans les formes traditionnelles du commerce fait que la relation est consubstantielle à la transaction (l'inverse étant également vrai).

1.2. Fréquentation et modalités de choix d'un point de vente

Lorsque le consommateur a décidé de magasiner, il est confronté à la question du choix du point de vente. Plusieurs critères ou dimensions peuvent alors intervenir dans le choix de ce point de vente. La littérature *ad hoc* en recense généralement trois (cf. Amine, 1999). (a) Il y a tout d'abord des variables propres au consommateur (son âge, son temps disponible, ses revenus, ses traits de personnalité, le type de besoins à satisfaire, les moyens de locomotion à sa disposition, etc.). (b) Il y a ensuite des variables situationnelles liées d'une part au magasin (sa proximité du lieu d'habitation ou le cas échéant du lieu de travail, les facilités d'accès, l'existence d'un parking…) et, d'autre part, au consommateur (humeur, consommateur accompagné ou non, objectifs de l'achat : pour soi ou pour autrui). (c) Il y a enfin des variables liées à la stratégie du magasin : image de marque, politique commerciale (assortiment, prix, promotion, publicité), politique de services au client, aménagement et présentation des produits, etc.

Notons cependant que le choix raisonné d'un point de vente ou d'un lieu d'approvisionnement n'est pas toujours possible selon ces trois modalités. En effet, dans le cas des pays en développement, le niveau d'information du consommateur sur les alternatives existantes peut par exemple être limité. C'est bien ce que met en évidence Arieh Goldman lorsqu'il écrit : *« consumers differ in their degree of awareness of various shopping alternatives and in their knowledge about differences among stores. When consumers are aware of only a small number of shopping alternatives and their ability to discriminate among stores is limited, the modern store offering better prices and/or higher quality will find it difficult to draw customers from a distance. Although the data in this area are scarce, studies do indicate that low-income consumers in the developing countries have a relatively low level of exposure to communication sources »* (Goldman, 1974, p. 11). Bien entendu, dans nombre de pays en développement (et c'est sans aucun doute le cas au Maroc), les conditions ont considérablement changé depuis ce travail original de Goldman, et on peut penser que les nouveaux médias et en particulier internet ont considérablement modifié le niveau d'exposition des consommateurs des pays du Sud, y compris à revenu modeste. Pour autant, là encore, le niveau d'exposition ne préjuge pas du niveau de l'action et d'autres critères peuvent entrer en jeu comme (et nous y reviendrons) le faible niveau de littératie des consommateurs concernés.

1.2.1. Les variables propres au consommateur

Les variables propres au consommateur (CSP, âge, sexe, niveau d'éducation et de formation, son revenu disponible comme ses compétences) impactent son comportement d'achat et de magasinage. Nous souhaitons, dans cette section, aborder prioritairement la question de l'impact de la catégorie sociale sur la consommation, qui, au Maroc, du fait des inégalités sociales élevées, imprègne fortement les manières de consommer, les types de consommation et les lieux de magasinage. Compte tenu de la spécificité du contexte local, nous abordons également une variable souvent négligée, à savoir la religiosité. Pour autant, nous ne faisons pas abstraction totale des autres dimensions qui seront pour l'essentiel abordées de manière détaillée dans notre chapitre 3 consacré aux profils spécifiques de certaines catégories et classes sociales.

A. L'influence de la catégorie sociale

Les travaux de sociologie ont montré depuis longtemps que les activités commerciales et de magasinage remplissent avant tout une fonction symbolique. Elles sont en effet des indicateurs de l'identité et du statut des personnes et plus généralement, elles sont utilisées comme marqueur dans le jeu de la distinction sociale (Bourdieu, 1979). Ce jeu qui se joue dans la plupart des cultures et espaces géographiques est d'autant plus marqué que l'on se situe dans un pays émergent où les écarts existants entre les catégories sociales sont importants et que la consommation ostentatoire permet de marquer les territoires, y compris les lieux de magasinage, et d'étiqueter les consommateurs en *insiders* et *outsiders* (Becker, 2020).

Amine et Lazzaoui (2007, 2009a, 2009b, 2011) ont montré qu'il existait au moins trois logiques du comportement de magasinage en fonction de la catégorie d'appartenance du consommateur (classe aisée, classe moyenne ou classe populaire) :

- *Les catégories aisées* cherchent, par leur comportement de magasinage, une certaine démarcation sociale qui les conduit à éviter le plus possible le commerce traditionnel et les valeurs qu'il est censé représenter à leurs yeux. Le rejet du commerce traditionnel, en dissonance par rapport à leur style de vie et leur statut, s'appuie sur des éléments objectifs qui sont systématiquement mis en avant par cette catégorie sociale (manque d'hygiène, non-respect de la chaîne du froid, non-respect des dates de péremption, faible qualité de service…). Amine et Lazzaoui (2011) mettent également en avant le rejet systématique du marchandage considéré comme rétrograde, en particulier en raison d'une modification de la relation au temps (temps court à l'occidentale), caractéristique de cette catégorie sociale. Cependant, de manière assez paradoxale, on a pu observer que la pratique du marchandage continue de perdurer là où on ne l'attend pas et en particulier dans le cas de l'achat de produits de luxe, mais également (cf. Godefroit-Winkel, 2012) dans la grande distribution.

- *Les classes ou catégories moyennes* se caractérisent quant à elles par un panachage marqué des circuits de distribution ; autrement dit, ces catégories fréquentent à la fois les enseignes modernes mais également les épiceries de quartier ainsi que d'autres formes de vente traditionnelle, qu'elles relèvent du formel ou de l'informel (souks, marchés municipaux, autres commerces ambulants…). Dans ce cas particulier, Amine et Lazzaoui (2011) ont proposé une interprétation originale en termes de résistance diffuse (nous y reviendrons). En effet, les comportements de consommation de ces classes moyennes (par ailleurs difficiles à cerner[1]) restent très complexes. Ils oscillent entre d'un côté l'attrait provoqué par la consommation symbolique liée aux valeurs de modernité de la grande distribution (et la volonté d'imiter le comportement des classes aisées considérées comme le groupe de référence) et de l'autre le besoin encore très prégnant de maintenir des racines culturelles bien ancrées.

- *Les classes modestes* ou populaires se caractérisent quant à elles par une certaine distanciation (contrainte) vis-à-vis des GMS et par conséquent, un certain attachement à l'épicerie de quartier et plus largement aux souks et aux marchands ambulants. La distanciation du grand commerce moderne n'est pas signe d'un rejet (ou parfois d'une forme de résistance diffuse comme c'est le cas des classes moyennes). Bien au contraire, elle est davantage le reflet d'une forme d'inaccessibilité à ces formes modernes. Cette inaccessibilité est liée en particulier d'un côté à des conditions personnelles : manque de ressources financières et budget limité, faible niveau de motorisation, manque de ressources intellectuelles (analphabétisme et illettrisme), et de l'autre côté à des conditions sociales : faible taux de fréquentation des grandes surfaces, voire absence de consommateurs ayant les mêmes caractéristiques au sein des GMS marocaines.

Cette répartition en trois catégories de consommateurs, telle qu'elle est proposée par Amine et Lazzaoui, se reflète assez bien dans les données d'enquête existantes. Ainsi, en 2018, *L'Économiste* (en collaboration avec le cabinet Sunergia) a produit une enquête qui met en évidence le taux de fréquentation des GMS selon la catégorie sociale, validant dans une certaine

[1] Cf. sur ce point les travaux de Basty-Hamimi (2011).

mesure la proposition des auteurs. Cette fréquentation passe ainsi de 98 % pour les catégories favorisées (A et B) à 39 % pour les catégories les plus modestes (D et E).

Figure 1 : Fréquentation des GMS selon la CSP

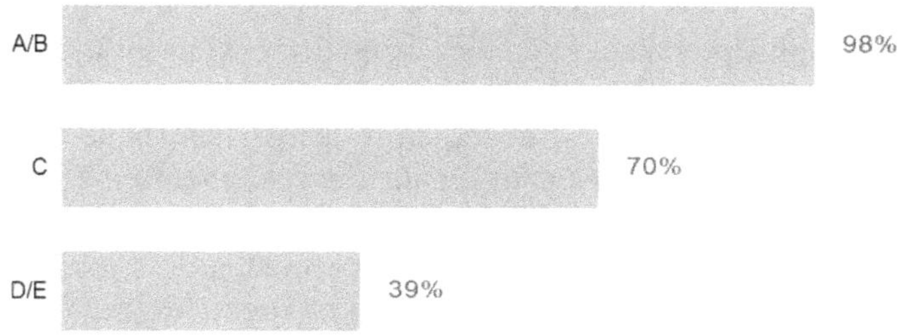

Source : *L'Économiste*-Sunergia, 25 avril 2018.

B. Classes modestes et rôle pivot du petit commerce

Du fait de leur capacité monétaire mais également cognitive plus réduite, les classes modestes privilégient le petit commerce. La dimension cognitive et informationnelle est particulièrement importante et a déjà été mise en évidence très tôt par Goldman (1974, p. 11) : *« the level of informational outreach is also determined by the ease with wich information can be acquired and by the ability to handle it. This is a function of the manner in which the information is presented and of its level of complexity. In the modern store, where many foods are prepackaged, assortment size is increased, and prices are displayed, the consumer's shopping task becomes more difficult. The consumer is now required to acquire and process more information in order to arrive at a decision. Studies of the behavior of low-income consumers in the US indicate that the low-income consumer seems to have difficulty understanding and making use of more complex and extensive shopping information. Finally, unfamiliarity with the pricing practices used by modern stores, such as mixed margins policy and frequent changes in price, may also make it more difficult for low income consumers to make use of the economies provided by these stores »*. Les consommateurs aux revenus modestes restent ainsi très attachés à l'épicerie de quartier et aux souks dans les zones périurbaines et rurales parce que ce sont des environnements avec lesquels ils sont familiers, dont ils connaissent les codes et qui présentent des facilités que les GMS ne leur offrent pas. Ces consommateurs achètent en effet, au jour le jour, et en faibles quantités (250 g de sucre, ½ litre de lait, voire 1 à 2 dirhams de riz) et parfois à crédit sans intérêt.

Pour les classes modestes, le petit commerce de quartier joue en effet un rôle pivot. Ces catégories sociales se caractérisent par des revenus faibles, parfois aléatoires et fluctuants. Leur capacité financière, également limitée, les conduit à privilégier des « produits à faible intensité monétaire ». Pour ces catégories, l'épicier de quartier présente de nombreux avantages. Il peut défaire les unités de conditionnement des produits et vendre à l'unité. Il peut faire crédit sans intérêt et même jouer le rôle de banquier occasionnel, en prêtant de l'argent à ses clients réguliers. Mais c'est bien au niveau social que son rôle est le plus prégnant. L'épicier de quartier est avant tout un membre à part entière du quartier. Il est le voisin, l'ami et le confident de ses clients. La relation de confiance qui s'est nouée entre les parties sur le long terme fait qu'il peut rendre des services souvent inédits (paiement de factures d'eau et d'électricité, livraison et installation de bonbonnes de gaz, *« relais colis »* ou relais info…). Enfin, ses interrelations permanentes avec les clients et habitants du quartier font qu'il connaît intimement les besoins actuels des clients, tout comme, du fait de son intimité avec eux, il peut anticiper leurs besoins (*e.g.* naissances à venir, fêtes d'anniversaires et autres événements familiaux, etc.) et de ce fait, adapter, voire personnaliser son offre en conséquence : *« Depuis le temps que je suis dans le quartier, je connais presque tout le monde : les gens sérieux et fiables comme Si Mohammed (client présent au même moment) et les pas sérieux et les tricheurs... enfin non je veux dire ceux qui ne connaissent pas la rectitude, ne placent pas le markoul avant tout le reste. Les clients viennent, je les connais presque tous, ils sont pratiquement tous des amis ; je discute avec tout le monde : les voisins, les bonnes pour ceux qui en ont, les enfants qui parlent beaucoup, etc., et à partir de là je connais la situation familiale, le niveau de revenus, le nombre d'enfants et même le moment du retour des cousins de France et de Belgique »* (Mouhend, épicier, centre-ville Tanger).

Dans un certain nombre de pays du Sud, et pour partie au Maroc, l'implantation de la distribution moderne (qui cherche régulièrement à élargir sa clientèle) a sans aucun doute permis une certaine socialisation *à* et *par* la consommation en favorisant la cohabitation entre différentes classes sociales qui habituellement n'avaient que très peu d'occasions de se côtoyer. Pour autant, le jeu social apparaît autrement plus complexe. En effet, comme le montre Amine (2012), la démocratisation de la clientèle au sein des grandes surfaces a induit parmi la clientèle aisée, peu encline à la mixité sociale, la mise en place de stratégies d'évitement qui s'appuient d'abord sur la différenciation des horaires de fréquentation des magasins, sur la délégation des achats (ou tout au moins d'une partie d'entre eux) ou encore sur la livraison à domicile (Amine et Lazzaoui, 2011). On notera d'ailleurs que, conscientes des stratégies d'évitement en question (mais également dans un souci de rentabilisation et d'optimisation de leurs assortiments), les grandes enseignes marocaines ont commencé à segmenter leurs (offres) magasins afin de mieux les adapter à leurs clients et zones de chalandise respectives.

Tableau 5 : Pratiques d'achat et de magasinage des différentes catégories de consommateurs dans les GMS

	Clients aisés	Consommateurs moyens	Clients modestes
Fonctions associées au magasinage	- Utilitaire (courses mensuelles ou hebdomadaires, achats de dépannage) - Symbolique, manière de consommer à l'occidentale	- Utilitaire (courses mensuelles ou hebdomadaires, achats de dépannage) - Symbolique, manière hybride de consommer (traditionnelle/occidentale)	- Expérientielle (sortie, divertissement, promenade en famille) - Symbolique, achat ponctuel de produits peu coûteux
Comportement dans le magasin	- Gestes précis et choix déterminés - Circuits structurés dans le magasin - Outil pratique : liste des courses	- Curiosité, découverte des produits nouveaux et des prix - Circuit structuré - Intérêt pour les promos (utilisation des dépliants indiquant les bonnes affaires)	- Curiosité, découverte des produits et prix - Circuits non structurés dans le magasin - Intérêt pour les produits en vrac pas chers et les promotions
Aspects symboliques recherchés	- Éviter les classes modestes et se retrouver entre semblables - Logique d'entre-soi - Afficher son appartenance sociale	- Imiter les consommateurs occidentaux et les clients aisés, afficher une image de soi socialement valorisée - Recherche de reconnaissance et d'accomplissement de soi	- Côtoyer des gens aisés Ressembler aux classes aisées autochtones - Voir et être vu
Temps des courses	- Temps contraint, courses en semaine - Les clients aisés évitent les week-ends et les après-midi - Temps court	- Temps choisi - Courses plutôt le week-end - Temps intermédiaire	- Temps choisi - Plutôt le week-end - Temps long (dépense de temps)
Représentation du magasin	- Magasins modernes et propres - Mixité sociale réduite	- Magasins modernes associés à l'Occident	- Magasins chics fréquentés par des personnes de haut rang et de statut social élevé

Source : Adapté de Amine et Lazzaoui (2007, p. 9).

C. Religiosité et comportement du consommateur

Comme l'ont montré nombre de travaux (Essoo et Dibb, 2004 ; Mokhlis, 2006, 2009), la religiosité a sans conteste un impact profond tant sur les pratiques de consommation que sur le magasinage. Ainsi, bien que l'influence occidentale soit largement visible dans les comportements et pratiques des Marocains en milieu urbain, ces derniers restent attachés à la culture nationale et aux valeurs religieuses islamiques. Une enquête menée en 2012 par le magazine *Telquel* montrait que 89 % des Marocains considèrent que la religion les guide dans leur vie de tous les jours. Plus encore, 60 % déclarent effectuer leurs cinq prières par jour et près de 40 % s'adonnent régulièrement à la lecture du Coran. La question de la religiosité a cependant largement été négligée dans la recherche en management et sans doute encore plus au Maroc qu'ailleurs, et ce n'est que très sporadiquement qu'elle apparaît dans tel article ou telle thèse. Il semble que l'impact de la religion sur la consommation peut être perceptible à quatre niveaux : dans le choix du magasin, dans les pratiques de magasinage, sur le plan des comportements d'achat et de consommation au sens strict et enfin en matière de financement des achats.

a) Religion et choix de magasin

La religion et la religiosité ont un impact important sur le choix des magasins. Les travaux de recherche montrent que le consommateur musulman valorise les aspects d'atmosphère du magasin et d'attention du personnel en magasin. *« Islamic retail store atmospheres that adopt islamic culture, traditions and values would be attractive to muslim consumers »* (Waidi *et al.*, 2016, p. 33). Ainsi, encore aujourd'hui, du fait de cette atmosphère et de l'islamité revendiquée de ses magasins, Aswak Assalam reste l'enseigne privilégiée par les Marocains religieux et traditionalistes, et ce, au détriment de ses concurrents Marjane et Carrefour LabelVie. Les magasins Aswak Assalam, sous l'impulsion du fondateur de l'enseigne feu Hadj Miloud Chaabi, ont en effet, dès l'origine, favorisé un positionnement traditionaliste (interdisant la vente de produits illicites sur le plan religieux ainsi que les pratiques et dispositifs de vente non conformes aux préceptes de l'islam) qui a un fort écho auprès des familles marocaines empreintes de religiosité. C'est sans doute également la prégnance de cette dimension religieuse et la pression ou tout simplement la non-adhésion des consommateurs qui ont incité Marjane à renoncer définitivement, semble-t-il, à vendre des produits alcoolisés.

b) Religion et pratique de magasinage

La religion a également un impact notoire sur les comportements, même de magasinage. Ainsi par exemple, le vendredi après-midi, la pratique de la religion impacte sans aucun doute à la baisse le chiffre d'affaires des enseignes et plus largement du commerce. Durant la période de ramadan, si les magasins peuvent être désertés la journée, ils s'emplissent dans la soirée. Un phénomène qui peut paraître pour le moins paradoxal. C'est justement pendant le ramadan (qui est censé être une période de recueillement, de sobriété et de retenue en toutes choses) que la consommation des Marocains connaît des pics et que le chiffre d'affaires des magasins a tendance à s'envoler. Du point de vue du consommateur, tout se passe comme si les privations de la journée de ramadan devaient être compensées par les gabegies le soir venu. C'est également durant les périodes de l'Aïd et du ramadan que le consommateur marocain a tendance à accroître sa fréquentation des enseignes d'électroménager et à s'équiper en appareils (réfrigérateurs et gazinières en particulier).

c) Religion, logiques d'achat et de consommation

Dans des pays à pratique musulmane ancrée, comme l'Indonésie ou au Moyen-Orient, la religiosité impacte fortement la nature même de ce qui est acheté et consommé ainsi que le niveau de consommation. La consommation ostentatoire, de luxe excessif, a tendance à être plus restreinte, de même que l'achat dit d'impulsion. Les consommateurs, du fait de leur religiosité, évitent ou tentent d'éviter toutes les situations d'excès. De même, ils veillent à la préservation de leur santé (qualité des produits) et à la préservation de l'environnement. Nous verrons dans notre chapitre 6 dans quelle mesure la religion musulmane, qui englobe tous les aspects de la vie en société, peut favoriser la diffusion de pratiques responsables et durables en matière de consommation (Kamla *et al.*, 2006). Dans le cas du Maroc, même si ces dimensions sont beaucoup moins prégnantes, elles n'en sont pas pour autant inexistantes.

d) Religion, financement des achats et recours au crédit

Le crédit et le recours au crédit sont une autre dimension importante qui peut être affectée par la religiosité. Au Maroc, cette dimension est souvent évoquée en particulier par les consommateurs de la classe moyenne : *« il y a des Marocains, ils prennent des crédits même pour de la consommation... c'est haram (illicite sur le plan religieux). Pour acheter par exemple une machine à laver, c'est haram et moi je préfère ne pas acheter la machine que d'emprunter à la banque ou à Carrefour... J'attends doucement d'avoir l'économie. Après, pour le crédit, parfois, c'est pas possible de faire autrement. Si tu veux t'acheter une maison, là, il y a des 3alem qui disent que tu peux si t'as pas le choix et d'autres qui disent que tu peux pas wallahou a3lam. Moi je préfère pas alors »* (Nassar, 51 ans, Al Hoceima).

De fait, la question du crédit est régulièrement soulevée dans le cas des biens d'équipement des ménages (meubles et électroménager principalement). Il appartient donc prioritairement aux enseignes concernées d'envisager des solutions adaptées comme par exemple le crédit sans intérêt. Ce dispositif est institutionnalisé, on l'a vu, dans le commerce de proximité, notamment l'épicerie de quartier qui tient un carnet de crédit. C'est effectivement la seule façon viable pour les propriétaires-gérants de ces commerces de vendre à une population modeste et populaire et de se faire payer à la fin du mois. Cette pratique est fondée sur la confiance entre les parties et normée par la pression sociale et le risque (que les clients évitent de courir) de perdre la face (Goffman, 1973) si l'on ne remplit pas ses obligations et l'on ne respecte pas ses engagements moraux.

On notera cependant que dans le cadre de nos entretiens, cette dimension de crédit avec ou sans intérêt ainsi que celle des crédits plus complexes du type crédit revolving sont souvent peu compréhensibles à nombre de consommateurs des classes modestes et moyennes : *« l'an dernier... ou il y a deux ans, je ne sais plus vraiment, j'ai acheté chez Biougnach à Agdal un ensemble. Ils appellent ça un "pack", avec un frigo et une gazinière... J'ai payé avec le crédit et c'est après que le fqih, à la mosquée, il nous a dit que c'était haram... mais c'était trop tard, je pouvais pas le rendre... et je vais pas le jeter... alors j'ai payé la différence au profit des pauvres de la mosquée... Alhamdulillah à la fin je crois qu'avec du pas bien, j'ai fait du bien »* (Rabi3h, 43 ans, Rabat).

1.2.2. Les variables situationnelles

Au-delà des variables propres au consommateur ; autrement dit de ses caractéristiques sociodémographiques ou encore économiques et sous-culturelles, d'autres variables, et en particulier celles dites situationnelles, jouent un grand rôle dans le comportement d'achat et dans le choix et la fréquentation des magasins et autres lieux d'approvisionnement. Ces variables situationnelles renvoient en quelque sorte aux situations et conditions d'achat et de magasinage. Elles couvrent tout à la fois la destination de l'achat, la pression temporelle du moment, le fait de faire ses achats seul ou accompagné, l'importance de la foule et des files d'attente, etc.

A. L'environnement physique et le contexte immédiat

L'environnement physique et le contexte immédiat peuvent renvoyer à la fois à l'intensité de la concurrence entre enseignes dans la zone géographique considérée et à des questions d'ambiance et d'atmosphère du lieu de consommation.

a) L'intensité de la concurrence locale

L'existence d'une forte offre locale, autrement dit, d'une concurrence inter-enseignes au niveau local, est également de nature à influer sur le comportement du consommateur et ses pratiques de magasinage. Outre le fait qu'elle accroît son univers des possibles et apparaît comme un *booster* de l'infidélité des clients, elle contribue très naturellement à impacter fortement les prix. Dans le cas du Maroc, on peut inférer de tout cela que le consommateur résidant dans la zone de Casablanca-Rabat (qui concentre 60 % de l'activité économique du pays) dispose d'un éventail de choix nettement plus large que celui à disposition d'un consommateur résidant dans une ville moyenne excentrée comme Al Hoceima ou de Taza. De même, ce consommateur de la zone centrale est à la fois beaucoup plus sollicité par le grand commerce auquel il est beaucoup plus habitué que ne l'est le consommateur de l'Oriental. Néanmoins, au début des années 2020, la concurrence inter-enseignes reste, dans le cas de la grande distribution marocaine, encore relativement faible. Ces enseignes se situent très largement dans une stratégie d'évitement et, dans le cadre de leurs plans de développement spatial et de couverture territoriale, optent pour des implantations plutôt exclusives favorisées par le faible maillage géographique des enseignes de grande distribution. La concurrence se joue surtout avec les autres formes de commerce traditionnel auxquelles il s'agit de prendre des parts des marchés en convertissant les consommateurs au commerce moderne (cf. Mazars, 2011).

b) L'ambiance et l'atmosphère dans le lieu de magasinage

Les aspects d'ambiance et d'atmosphère ou encore d'agencement du point de vente ont un impact avéré sur le comportement du consommateur (Rieunier, 2017). C'est d'ailleurs en ce sens que la plupart des enseignes au Maroc se sont récemment lancées dans des programmes élaborés de marketing sensoriel, visant à stimuler les différents sens du chaland, accroître son intérêt pour l'enseigne et augmenter son panier moyen. Les nouveaux formats et concepts développés tant par des enseignes telles que Marjane ou encore Aswak Assalam ont porté un grand intérêt à l'éclairage et aux couleurs ainsi qu'à la création d'une ambiance interne au travers de l'agencement des espaces et de la théâtralisation de l'offre. Cette dernière est d'ailleurs mobilisée avec une réelle acuité et une grande efficacité lors du mois de ramadan et lors des fêtes de l'Aïd, principaux événements religieux à consommation ritualisée. Cependant, il convient de noter que les pratiques de marketing sensoriel restent encore marginales dans les grandes surfaces marocaines au regard de leur potentiel de drainage de la clientèle. Nos observations sur site montrent par exemple que la musique est plutôt rare, de même, et de manière surprenante, que les senteurs d'ambiance. Par ailleurs, les « annonces micro » apparaissent, dans de nombreux cas, très peu professionnelles.

B. L'individu, ses états antécédents et son objectif d'achat

Différents facteurs individuels agissent fortement sur le comportement d'achat du consommateur. Ainsi en est-il de l'état psychologique de ce dernier à un instant donné (son humeur, son stress, son état de fatigue, son énervement, voire son calme et sa sérénité…) : *« quand je rentre du travail et que je dois faire les courses, je suis souvent fatigué et les enfants veulent venir aussi, alors dans le magasin, je cherche vite à faire les courses. Je laisse les enfants avec ma femme, et c'est elle qui prend et qui choisit alors que d'habitude quand on fait les courses le samedi ou le dimanche et que je suis reposé c'est moi qui m'en occupe... Mais des fois, il manque beaucoup de choses quand la famille passe à la maison... alors tu n'as pas de choix... »* (Faouzi, 42 ans, Rabat)

Le motif de l'achat peut également revêtir un rôle important dans l'analyse du comportement du consommateur marocain. L'achat peut en effet être destiné à la sphère privée (personnelle) ou professionnelle. Il peut être pour soi ou pour autrui (cadeau à la famille, à des proches, à des amis). L'arbitrage étant à ce dernier niveau extrêmement complexe. Certains consommateurs valorisent en effet plus nettement l'achat pour autrui que pour soi en raison du risque social perçu en cas d'erreur de choix ou d'insatisfaction du destinataire : *« quand je dois acheter un cadeau pour quelqu'un, je fais très attention à la qualité et au prix. Plus que quand c'est pour moi. Parce que quand tu fais un cadeau, il faut qu'il soit beau et cher pour que ton ami il soit content et se dise pas que tu as fait des économies sur lui [à son détriment] »* (Malika, 33 ans, Casablanca). Cette valorisation dépend très nettement du statut du destinataire, de son degré de proximité relationnelle ou familiale, de la récurrence des interactions avec lui… ou encore de logiques de réciprocité relevant du don contre don.

L'achat peut par ailleurs être planifié ou non programmé (impulsif ou compulsif). Ainsi par exemple, on a pu observer que dans certains cas, le consommateur est amené à privilégier la fréquentation du commerce traditionnel de proximité comme barrière ou garde-fou contre l'achat compulsif ou impulsif : *« quand je vais au Marjane, j'achète toujours beaucoup. Il y a beaucoup de choses intéressantes et pas chères que tu as besoin et tu prends, tu prends, tu prends. Tu remplis ton chariot et à la fin c'est cher et mon mari, il est souvent pas content et à la fin moi aussi je regrette. C'est pour ça, on préfère, quand c'est possible, de faire les achats à l'épicerie ou encore au souk ; mais c'est mieux l'épicerie. Là on achète ce qu'on a besoin. Tu veux un kilo d'oignons, du lait et du sucre... tu le prends et tu rentres chez toi... mais il y a le défaut que parfois tu trouves pas tout de suite le produit... c'est dommage même si le moul'hanout il te dit : reviens l'après-midi je te le trouve »* (Milouda, 39 ans, Tanger).

À ce niveau, nous avons de nouveau pu observer des situations où l'épicier lui-même pouvait jouer, de façon paradoxale, le rôle de garde-fou contre la surconsommation. En connaissant les familles, il estime souvent avec justesse les quantités de produits nécessaires à leur consommation journalière ou hebdomadaire... de même qu'il a souvent une idée des niveaux de qualité requis : *« regarde bien, là tu as presque un kilo, c'est bon pour faire ta salade avec un oignon, et deux concombres, tu n'as pas d'invités Fatima. Et si tu as besoin tu appelles et je t'envoie hamza ou c'est mon copain le petit Anouar qui descend et je te rajoute. Si c'est que la famille, c'est bon... t'as pas besoin de plus* » (Larbi, 27 ans, épicier, Rabat/carnet de bord des auteurs).

C. La dimension temporelle : temps et usage du temps

La dimension temporelle peut être envisagée selon différentes perspectives. Elle peut renvoyer aux horaires de l'établissement commercial, aux moments des courses (que ce soit un moment de la journée ou la fréquence de leur occurrence). Elle peut également évoquer la nature du temps passé en magasin (s'agit-il d'un temps libre ou d'un temps contraint ?). Ainsi, on peut imaginer que faire ses courses le matin ou l'après-midi, autrement dit, aux heures considérées habituellement comme des heures creuses en hypermarché, peut avoir des effets sur le panier moyen et surtout sur la satisfaction. Le consommateur est effectivement plus serein, il a plus de temps pour visiter les rayons, découvrir les nouveautés, etc., ce qui est également de nature à accroître le taux d'achat d'impulsion et non programmé. À une autre échelle, on notera que la dimension temporelle peut également faire référence, du point de vue du consommateur, à un temps événement : le temps des soldes et des promotions, le temps des vacances ou encore le temps des fêtes (Aïd, ramadan...). Ainsi par exemple, au Maroc, la période de ramadan est, paradoxalement et contre toute attente, l'une de celles où la consommation est la plus élevée...

La variable temporelle renvoie également au manque de maîtrise des flux de clients par le magasin ou le format de vente lui-même. Ainsi en est-il des files d'attente et de l'encombrement des passages aux caisses qui naissent souvent de l'absence d'anticipation du magasin ou davantage encore de sa volonté de maîtriser les coûts (salariaux) au détriment de la qualité de service et du confort client. Cependant, cette dimension intègre tout à la fois la question du temps et celle de l'altérité. Nous l'aborderons dans le paragraphe suivant.

Même si elle reste négligée dans les travaux sur la distribution, la dimension (contrainte) temporelle n'en demeure pas moins importante pour comprendre les transformations du comportement des ménages et partant, les stratégies d'adaptation de la grande distribution en particulier. Gallouj (2007) a consacré des travaux essentiellement théoriques aux mutations des usages du temps des ménages français. Il a ainsi analysé, en particulier, dans quelle mesure le temps des ménages et son usage étaient en adéquation avec l'hypermarché de première génération. En effet, la période de développement de l'hypermarché est concomitante de la constitution juridique de ce que l'on a considéré en France comme l'emploi typique (soit le contrat à durée indéterminée à temps plein) et de la généralisation du salariat. Cette démocratisation de l'hypermarché est également le reflet du développement remarquable du travail féminin qui consacre l'avènement des ménages à deux salaires et par conséquent plus riches. Ces deux éléments conjugués font que du point de vue des ménages, « le temps des courses » prend la forme d'un temps uniforme et circonscrit qui est nécessairement reporté en fin de semaine.

Des conditions similaires ont pu jouer dans le cas du Maroc. Si la construction juridique de la norme d'emploi ne s'est pas réalisée comme en France pour une large majorité de la population, elle l'a cependant été pour les populations de catégories A et B qui constituent dès l'origine le segment visé prioritairement par les grandes enseignes de la distribution moderne. Néanmoins, la nécessité de la démocratisation a fait que l'hypermarché marocain s'est trouvé beaucoup plus rapidement que son homologue français confronté à la discontinuité des temps de travail et à la diversité des rythmes d'activité. Le même argument vaut pour la question du travail féminin et du taux d'activité correspondant, qui, bien que croissant, reste plutôt faible au Maroc et par conséquent n'a pas joué nécessairement en faveur d'un renchérissement du coût du temps, sauf pour une frange plutôt minoritaire de la population, celle des biactifs. Il y a donc, selon nous, au Maroc, beaucoup moins de contraintes à repousser et regrouper les courses en fin de semaine comme cela a été le cas en France à un moment donné.

Plus récemment, en France notamment, les transformations affectant la variable temporelle sont également à l'origine des mutations de la grande distribution et de son repositionnement. Comme l'expliquent Rieunier et Volle (2002, p. 22-23), on observe, en effet, que « malgré une augmentation constante du temps libre, voire même du temps choisi (par opposition au temps subi, qui inclut les activités d'entretien obligatoire), les individus ont le sentiment croissant de manquer de temps car les opportunités sont plus nombreuses, les envies plus grandes et les projets de vie plus ambitieux. Ils cherchent l'immédiateté et la rapidité dans les actes de consommation, pour avoir le sentiment de remplir leur vie au maximum et ne pas perdre de temps en tâches inutiles ou non productives ». Si cette tendance est observable chez certains consommateurs marocains, elle reste circonscrite au milieu urbain et aux classes sociales aisées et moyennes supérieures.

Ainsi, les différents temps de la journée sont pour le consommateur de moins en moins exclusifs et uniques. Le temps n'est plus découpé de manière linéaire avec une succession de temps distincts (professionnel, familial, personnel). On assiste plutôt à une véritable interpénétration de ces différents temps qui se reflète d'une part dans l'évolution des mobilités quotidiennes et d'autre part, dans les pratiques de zapping[1] des consommateurs. On assiste donc à un véritable effet de lissage, les achats du week-end (vendredi, samedi) ayant tendance à glisser vers d'autres jours ouvrables de la semaine.

D. L'environnement social et la question de l'altérité

La question de l'environnement social et de l'altérité renvoie à de multiples situations où le consommateur peut magasiner seul ou en groupe. L'une et l'autre des modalités impactent fortement le comportement d'achat. Par ailleurs, quand il se présente sur les lieux de consommation, ce consommateur (accompagné ou non) se trouve systématiquement confronté à d'autres individus, voire à des groupes de co-clients subis avec lesquels il convient de composer (files au niveau des stands et des caisses, difficulté de circulation dans les allées, etc.).

a) Faire ses courses seul ou accompagné

Faire ses courses est aussi un moment fort de socialisation et il est rare que les consommateurs fassent leurs courses seuls. Dans son enquête sur l'hypermarché Marjane d'Oujda, Meriem Hafsi (2009) montre ainsi que 80 % des personnes qui font leurs courses les font accompagnées (en couple, en famille ou avec des amis). Les courses en solo ne comptent que pour 20 % des situations.

Le fait de faire ses courses seul ou à l'inverse accompagné (en couple ou en famille) a des incidences significatives sur les décisions et les choix effectués par les personnes concernées. Se pose alors souvent la question de qui fait les choix concrets, de qui prend les décisions d'achat... La question de l'influence est également importante à ce niveau. Ainsi, la présence de jeunes enfants a un impact non négligeable sur le panier moyen, ces derniers ayant tendance à réclamer et les parents à se laisser aller très régulièrement à leur « faire plaisir ».

[1] Problématique consistant à ne plus être fidèle à une enseigne ou un magasin spécifique et à segmenter ses achats au profit de plusieurs magasins différents.

Figure 2 : Courses : seul ou accompagné ?

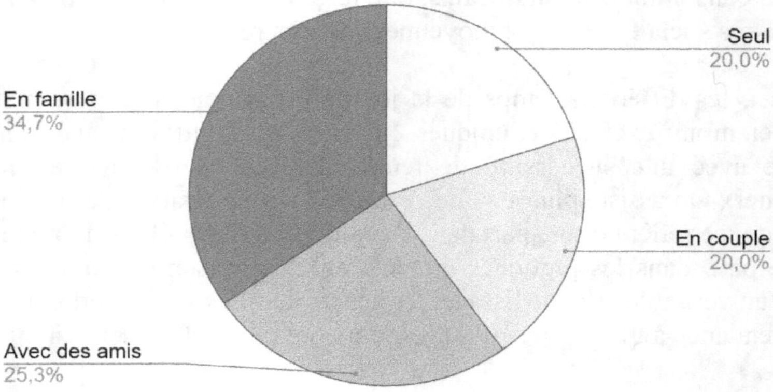

Source : Hafsi (2009, p. 52).

L'organisation de la vie domestique s'appuie sur une répartition des tâches qui s'accentue dans la durée avec la pérennité du mariage ou plus généralement de la vie en couple. Un certain nombre de travaux menés dans le contexte européen montrent ainsi qu'au sein du couple, la responsabilité des achats varie selon la catégorie de biens concernée, mais également, pour un même produit, selon les différentes phases du processus d'achat. Bien entendu, l'activité ou la non-activité professionnelle de l'épouse joue aussi un rôle ; la répartition des responsabilités en matière de courses étant plus équilibrée dans le premier cas que dans le second. Pour autant, l'influence de l'épouse reste déterminante dans l'acquisition d'un grand nombre de biens.

Tableau 6 : Rôle des époux dans la décision d'achat

Rôle dominant de l'époux	Rôle dominant de l'épouse	Décision conjointe
Assurance Voiture HI-FI/son	Produits d'entretien Produits alimentaires Vêtements personnels Vêtements enfants	Immobilier Vacances Jouets enfants Vêtements du mari Électroménager Télévision

Source : adapté de Grari et Dali Youcef (2017).

Certains travaux se sont intéressés à la théorie du shopping et aux rôles joués par des variables comme le genre. Daniel Miller (1998) montre ainsi que les achats sont en général pris dans un système de relations sociales où le souci de l'autre prévaut dans les décisions prises par celui qui fait les courses[1].

[1] Étude appuyée sur l'observation longitudinale dans une rue commerçante londonienne.

Miller considère ainsi que l'acte d'achat est avant tout un acte d'amour en ce sens que lorsqu'il fait ses achats, le consommateur considéré va systématiquement chercher à satisfaire les goûts de chacun des membres de la famille.

Au Maroc, contrairement à ce que l'on peut observer dans nombre de pays occidentaux, les courses sont d'abord et avant tout une affaire d'homme, en particulier dans le commerce traditionnel. L'émergence et la diffusion de la grande distribution moderne ont contribué à une entrée en force des femmes et plus généralement de la famille dans la sphère de consommation ou encore de magasinage. Dans une enquête menée auprès des clients des grandes surfaces dans cinq grandes villes marocaines, Souaf et Mekkaoui (2009[1]) montrent que 66 % des consommateurs marocains vont en grandes surfaces en famille contre 22,4 % qui y vont seuls (et 27,6 % avec des amis).

On observe ainsi dans les magasins de plus en plus d'expéditions en couple pour faire les courses, ce qui était plutôt rare il y a encore une vingtaine d'années. Ces nouvelles logiques en disent long sur l'évolution de la société marocaine et sur les transformations qui s'opèrent au sein du couple, contribuant à remodeler les relations en son sein et à consacrer l'évolution des rôles genrés et des espaces qui leur sont dédiés dans la société. On doit à Martyne Perrot (2009, p. 62) une analyse particulièrement fine de la pratique des courses. Il est vrai que les modalités d'approvisionnement constituent un observatoire privilégié des relations de couple. Pour Perrot, faire ses courses contribue « à construire le couple avec quelque chose de plus qui tient à la présentation implicite de la nouvelle vie privée dans l'espace public ». Plus largement, vivre en couple, c'est avoir de nouveaux moyens et de nouveaux besoins. C'est aussi comme le note Vincent Chabault (2017, p. 100) : « associer ou faire évoluer ses habitudes en matière de lieux fréquentés et de produits consommés par rapport aux pratiques en célibat »... et ce point est particulièrement sensible au Maroc.

L'influence des enfants sur les comportements de consommation et de magasinage des parents est largement liée à l'âge et au type de produit concerné. En France, les travaux de Brée (1994) montrent ainsi que l'influence de l'enfant varie à la fois avec l'âge et avec la destination du produit. Selon ces travaux, l'influence directe reste faible en dessous de 6 ans et devient véritablement importante à partir de 12 ans. L'auteur montre également que sur certains produits, comme les vêtements, jouets, loisirs ou encore à un niveau fin les céréales petit déjeuner, le fast-food... l'influence réelle peut être plus précoce et s'affirmer dès 7 ans.

---

[1] Enquête à base d'un échantillon de 325 individus localisés dans cinq villes du Maroc (Agadir, Rabat, Fès, Casablanca, Marrakech). Administration en face à face en sortie de magasin.

En dehors d'une enquête menée par WafaSalaf en 2016[1] sur une zone géographique incluant trois grandes villes marocaines, il n'existe pas d'études similaires portant sur des enfants dans le cas du Maroc. Si l'on fait abstraction des catégories sociales aisées et occidentalisées, qui, comme le précise l'un de nos interlocuteurs, *« marchent à l'heure européenne »*, on peut penser que pour les autres catégories sociales, le rôle de l'enfant est certainement tout aussi important, voire plus important. Les pratiques de consommation des populations pauvres en France montrent que l'arbitrage se fait toujours au profit des enfants ; autrement dit, c'est régulièrement que les parents à revenus modestes s'affairent à préserver les enfants du manque quitte à sacrifier leurs propres besoins primaires. Pour autant, la logique de l'enfant-roi, les débats autour de la notion d'autonomie et de droit de l'enfant étant encore des notions plutôt étrangères à la vie sociale et familiale marocaine, on peut penser que ces derniers pèsent moins sur les achats qu'en Europe et en France (mais il ne s'agit là que d'une hypothèse qui nécessiterait d'être confirmée [ou infirmée] par des enquêtes de terrain).

b) Groupe et dynamique de groupe dans le comportement d'achat

Le consommateur quel qu'il soit est régulièrement encastré dans des interactions au sein de groupes sociaux qui vont déterminer en grande partie son comportement. Ainsi peut-on distinguer entre groupes d'appartenance ou de référence. Sur la période récente, de nouvelles tendances ont émergé et de nouvelles configurations de groupes au travers des tribus ou encore des communautés physiques ou en ligne ont enrichi la compréhension de leur rôle dans la performation des pratiques de consommation des marques et de fréquentation des enseignes. Néanmoins, comme nous allons le voir, ces nouvelles catégories doivent être utilisées avec parcimonie dans le cas des pays émergents et en particulier du Maroc. Dans ce pays, leur rôle significatif, bien que ponctuel, s'est révélé lors de l'appel (très suivi) au boycott des marques d'eau minérale Sidi Ali, du lait Centrale Laitière-Danone ou encore des stations-service Afriquia (nous y reviendrons plus en détail dans notre chapitre 6).

- *Groupes d'appartenance vs groupe de référence.* Le consommateur appartient à un ou des groupes qui le reconnaissent en tant que membre à part entière. L'appartenance à ce ou à ces groupes prédéterminés peut relever d'un état de fait (la famille, l'ethnie, le clan, la classe sociale ou la CSP). Elle peut également relever à l'inverse, dans le cas des groupes électifs, du choix de l'individu qui décide par lui-même d'intégrer ces derniers ou non (associations, syndicats, club de sports, etc.).

---

[1] Enquête menée auprès de 600 parents de 1 254 enfants âgés de 6 à 18 ans, dans les villes de Casablanca, Tanger, Agadir.

Le groupe de référence renvoie quant à la communauté à laquelle l'individu aimerait appartenir ; il s'agit donc d'un groupe d'aspiration ou d'un groupe modèle. C'est au travers prioritairement de ses actes de consommation et donc de ses choix de produits et marques, que l'individu va afficher sa volonté d'être reconnu comme membre du groupe en question.

- *La tribu* (cf. Maffesoli, 1988) est un concept relativement nouveau en marketing qui correspond à un groupe éphémère d'individus partageant les mêmes valeurs et passions qui se forme et se dissout aussi vite. Cova et Cova (2001, p. 18) définissent les tribus comme « des microcommunautés dans lesquelles les individus entretiennent entre eux de forts liens émotionnels, une sous-culture commune, une vision du monde » (cf. Amine et Sitz, 2004). L'essentiel des logiques de fonctionnement des tribus en marketing a été emprunté aux travaux des anthropologues. Ainsi, la tribu se fonde sur un mode de vie particulier avec ses totems, ses rites et ses tabous. Elle édite des normes et des jugements sur ce qu'il convient de penser sur telle ou telle marque, etc. La tribu est plutôt un groupe éphémère dont les membres se réunissent autour d'un intérêt commun, généralement temporaire. Elle s'enchâsse dans la vision postmoderne (Firat et Venkatesh, 1995) des comportements des individus qui la composent, à savoir des consommateurs jouissifs, aux comportements d'achat fragmentés, vivant dans l'instant et sans attache...

Ce concept de tribu, pour passionnant qu'il soit dans les analyses académiques concernant l'Occident (Europe et États-Unis principalement), pose un problème structurel dans le cas du Maghreb et plus largement dans les pays MENA, où contrairement à ce qui se passe en Occident, la dimension tribale et ethnique reste encore très prégnante dans la société. En effet, l'émergence de réflexions sur la logique des tribus et le marketing tribal sont d'abord et avant tout liés à la forte dissolution et fragmentation sociale et à l'individualisme exacerbé des sociétés occidentales. C'est cet individualisme qui a impulsé plus récemment un mouvement inverse de recomposition sur la base de tribus urbaines, qu'elles soient pérennes ou éphémères. Ainsi, le concept de marketing tribal aurait un sens dans les sociétés où les tribus anthropologiques auraient disparu depuis longtemps (cas de la France) ; mais il en aurait sans doute beaucoup moins dans celles où ces tribus anthropologiques continueraient de perdurer et de jouer, encore à ce jour, un rôle important[1], parfois même déterminant dans la société... et c'est en partie

[1] Notre propos peut cependant être relativisé dans la mesure où si les logiques de tribus et de clans persistent en milieu rural, elles tendent à s'estomper (au moins partiellement) dans la sphère urbaine qui prend de plus en plus d'ampleur. Pour autant, même dans la sphère urbaine, la notion de groupe d'origine (Soussi, Fassi, Riffi...) reste assez prégnante et joue un rôle dans les relations sociales. On notera par ailleurs qu'à l'intérieur de ces grands groupes ethniques on peut distinguer de multiples tribus et clans (ainsi, rien que chez les Riffi on peut distinguer : les

le cas dans la société marocaine et en particulier dans les régions du nord et de la culture africaine de manière générale.

- *La communauté*, on parle aussi de sous-culture, est constituée d'un large groupe d'individus qui partagent des valeurs fondées sur une expérience commune ou un mode de vie similaire. En marketing, on parle de communauté de marques (physique ou en ligne) pour désigner un regroupement électif d'individus, géographiquement délimité ou non, partageant des valeurs communes et une passion autour d'une marque ou d'une activité de consommation (Amine et Sitz, 2007). Ces dernières peuvent présenter un intérêt pour une analyse naturaliste du comportement de consommation au quotidien au travers d'une immersion physique ou sur le site communautaire et d'observations (net)ethnographiques. Ces communautés rassemblent des individus autour de centres d'intérêts communs et partagés. Ainsi en est-il des groupes de consommateurs qui se rassemblent autour d'une passion comme une marque donnée (ex. Harley-Davidson, Quiksilver…).

Que ce soit d'un point de vue théorique (conceptuel) ou pratique, la distinction entre communauté et tribu est plutôt ténue (cf. Sitz et Amine, 2004, pour une critique). Les deux notions pouvant être interchangeables, et ce malgré les efforts des chercheurs et praticiens pour les distinguer. Tout au plus pourra-t-on dire que la tribu est une forme de communauté spécifique ! On n'y trouve pas des caractéristiques typiques des communautés en l'occurrence une hiérarchie des membres (les tribus étant des groupes mouvants avec des entrants et des sortants, les communautés étant plus stables) et un ethos (valeurs centrales structurantes et stabilisantes du groupe). Pour autant, la notion de communauté est bien entendu beaucoup plus large et on peut y intégrer notamment la notion de communauté religieuse. Ainsi, dans le cas du Maroc, cette notion de communauté religieuse qui renvoie soit à des communautés spécifiques comme les *Tariqa* des divers mouvements soufis ou plus largement et d'une manière plus englobante à la *Umma* (ensemble des musulmans) joue encore un rôle important. À l'évidence, elle impacte directement les comportements et les pratiques de consommation (en particulier au travers des normes qu'elle édicte) et partant l'offre commerciale dans son ensemble.

c) Les courses, entre interactions sociales et regard de l'autre

Comme nous l'avons vu dans la section 1, les courses sont souvent conditionnées par des motivations sociales où la recherche de contacts sociaux, la communication avec autrui jouent un rôle important. Au Maroc,

---

Ibaqoyen, Ait Ouariaghel, Aït Temsamani, Bni boufrah, Ikar3yen, Aït Touzine, Aït Kamra… [pour ne citer que les plus connus]).

Amine et Lazzaoui (2009a) montrent d'ailleurs que, lors de leurs achats en grande distribution, les membres de la classe moyenne valorisent fortement l'interaction avec les autres clients. Mais au-delà de l'interaction sociale classique, les courses (en particulier dans la distribution moderne) sont également le moment de la confrontation au regard de l'autre. Celui-ci est encore une dimension particulièrement importante dans les pays du Maghreb (et plus largement du Sud) où les apparences, l'exhibition du rang et de la classe sociale sont toujours fortement recherchées car socialement valorisées.

Amine et Lazzaoui ont pu montrer comment aux origines du développement de la grande distribution au Maroc, aller faire ses courses et revenir avec un sac Marjane était un signe de valorisation et de distinction que l'on pouvait exhiber fièrement lors des déambulations urbaines (cf. également Amine et Lazzaoui, 2007, 2009b, 2011). Le regard de l'autre pousse également à un gonflement du panier moyen qui est boosté tout à la fois au travers d'un accroissement des qualités (des produits prélevés) et des quantités des produits.

d) La foule, entre attraction et répulsion

Un certain nombre de travaux se sont intéressés aux effets de la foule sur le comportement des acheteurs. Généralement on admet que la variable foule impacte négativement l'évaluation du point de vente et par conséquent la qualité de service perçue, les quantités achetées et le temps passé en magasin. La foule et ses conséquences perçues conduisent donc à une modification du comportement habituel du client. La présence d'autres clients en nombre sur le lieu d'achat contribue à influencer le consommateur sur trois plans distincts :

- *Émotionnel.* La présence des autres, et en particulier de la foule dans un magasin ou dans un espace commercial donné, peut contribuer à un état de stress générant des réactions d'énervement et d'agressivité (Dion, 2000). Notons cependant que dans certaines situations, la foule peut au contraire contribuer à des sentiments plutôt agréables liés au partage d'expériences ou de sensations communes (cas des fans d'une équipe de football dans un stade).

- *Cognitif.* La présence et le comportement des autres peuvent contribuer à des perceptions négatives qui seront par la suite attribuées et accolées à l'enseigne. De même que l'absence de clients et/ou de files d'attente devant un commerce de proximité (boulangerie, café, épicerie, etc.) peut être comprise et internalisée comme un signe de faible qualité de produits et/ou de service et mémorisée en tant que tel.

- *Comportemental.* La dimension comportementale générée par la foule renvoie à des pratiques courantes de priorisation des choix visant à réduire le temps passé dans l'espace de vente concerné ou à modifier ses pratiques (comportement de fuite). On distingue généralement quatre types de réactions du consommateur face à la foule, au sentiment d'encombrement et aux files d'attente : (a) évitement (le consommateur annule purement et simplement la tâche), (b) report (en particulier lorsque le besoin n'est pas urgent), (c) substitution (le consommateur change alors de lieu d'achat) et (d) confirmation (il s'agit là du seul cas d'effet positif de la foule et de la file d'attente ; le consommateur étant alors conforté dans la pertinence de ses choix). Ce dernier cas de figure est davantage observable dans le petit commerce de proximité. Plus encore, la présence d'une longue file d'attente devant une boulangerie par exemple est un signe de qualité inférée en comparaison avec une boulangerie rivale vide de chalands. La foule est dans ce cas un facteur d'attractivité des consommateurs et non de répulsion et d'évitement.

Là encore, on peut percevoir des différences significatives par rapport à ce que l'on peut observer en Europe. Au Maroc, l'effet de confortement prévaut encore largement sur les autres. Autrement dit, la foule, la file d'attente en magasin aurait un effet positif sur le comportement d'achat du consommateur marocain ou en tout cas, nettement moins négatif qu'il ne l'est pour le consommateur français ou européen. Brouziyne et Lakhrif (2016) figurent parmi les rares auteurs à avoir exploré, dans le cas du Maroc, les effets de la foule sur la perception et le comportement du consommateur en contexte de GMS. Ils notent ainsi l'absence d'effets de la foule tant sur les prix perçus que sur la qualité perçue en magasin. Les auteurs montrent ainsi que le consommateur marocain, dans sa décision d'accéder à un magasin ou encore d'y retourner, n'est pas gêné par le niveau de foule. Les réflexions sur la foule ne sauraient, au Maroc et dans nombre de pays émergents, se limiter au commerce moderne. Dans ces pays et en particulier au Maroc, la foule, c'est avant tout celle du marché traditionnel, des souks et du bazar. Elle est consubstantielle de l'atmosphère typique de ces lieux traditionnels d'achat.

Comme nous avons pu l'évoquer plus avant, la foule, quelle que soit la manière dont elle est perçue et valorisée, est l'élément le plus caractéristique du modèle du souk. C'est ce qui frappe en premier les voyageurs, sociologues, géographes et historiens de la littérature coloniale. Pour Henry Bordeaux (1931, p. 119), la foule, c'est avant tout une masse bigarrée et sale : « que ces souks de plein air sont donc amusants avec leur foule bariolée qui se presse autour des marchands… foule qu'à force d'astuces on évite de frôler, car on en redoute la saleté et même la vermine et son odeur est parfois irrespirable… » Pour autant, cette lecture est excessive et empreinte de la classique et très récurrente condescendance coloniale. La plupart des autres observateurs valorisent beaucoup plus nettement les côtés positifs et folkloriques des souks et l'on peut considérer que si la foule peut, dans le commerce moderne, avoir un caractère parfois répulsif, il en va tout autrement dans le commerce traditionnel et de proximité et en particulier dans les souks où cette foule apparaît souvent comme un élément attractif du *serviscape*… Le client « se plonge alors dans la foule » qui participe pleinement à son expérience de magasinage. Néanmoins, l'expérience et l'ambiance ne sont pas les seuls éléments qui permettent de comprendre l'importance et la valorisation de la foule dans le commerce traditionnel. En effet, on peut raisonnablement penser que dans un univers marqué par les asymétries informationnelles et l'incertitude, autrement dit, un univers où tant les prix que les quantités sont inconnus de prime abord, la foule permet de réduire les risques en émettant de véritables signaux de qualité à destination des chalands. Elle permettrait en quelque sorte de faire des économies substantielles en matière de recherche d'informations en plus de sa contribution à la dimension expérientielle, et quasi communale (collective) de l'activité de magasinage.

1.2.3. Stratégie de l'enseigne, attraction et comportement du consommateur

Le magasin, et plus généralement l'enseigne, peut mener un certain nombre d'actions visant à attirer le consommateur et à lui faire préférer telle enseigne plutôt que telle autre, tel format de vente plutôt que tel autre. Ces actions touchent à différents domaines comme l'enseigne et le produit, le prix, la politique promotionnelle, la qualité perçue.

A. L'enseigne, le produit et l'assortiment

L'enseigne et l'offre produits (autrement dit, l'assortiment) jouent un rôle dans l'attraction du consommateur et la configuration de son comportement d'achat. En effet, chaque enseigne a sa propre personnalité qui aboutit, lorsqu'elle est différenciante, à cristalliser les préférences du consommateur. Encore aujourd'hui, Aswak Assalam est considérée comme l'enseigne traditionaliste représentative des valeurs familiales et marocaines. Elle est et reste l'enseigne où l'on se rend en famille et où l'on est amené à côtoyer d'autres familles traditionalistes. À l'inverse, Marjane a longtemps été considérée comme « l'enseigne occidentale » qui attire une population cosmopolite, moderne, peu en phase avec les valeurs marocaines. Depuis peu cependant, Marjane, en particulier en abandonnant (totalement ou partiellement) la vente de produits illicites comme l'alcool, a commencé à se rapprocher du modèle d'Aswak Assalam et c'est le « nouveau venu » Carrefour qui, au travers de son partenariat avec LabelVie incarne le plus aujourd'hui les valeurs et la modernité à l'occidentale.

Au-delà de ces aspects très généraux et décontextualisés, un autre élément important de la stratégie d'attraction et de prise en compte du comportement du consommateur par les enseignes marocaines passe par une très forte segmentation des magasins, elle-même liée aux puissantes inégalités sociales et spatiales qui prévalent dans la plupart des villes marocaines. De fait, tant Marjane que Carrefour LabelVie, mais le constat est sans doute plus vrai pour le second que pour le premier, ont opéré une différenciation marquée de leurs magasins en fonction de la localisation de ces derniers et de la clientèle qu'ils visent prioritairement. On distingue ainsi généralement au sein de la même enseigne les magasins premium, les magasins intermédiaires et les magasins populaires selon leur localisation géographique et la sociologie économique de leur environnement. Ces différents types de magasins se distinguent naturellement par les compositions de leurs assortiments, les points de vente premium proposant plus de produits frais, plus de produits importés (parfois exclusifs), qui sont par conséquent beaucoup plus chers et très souvent de meilleure qualité.

B. Le prix

Le prix reste un élément important dans le choix et la décision du consommateur, sans aucun doute d'ailleurs et bien souvent l'élément le plus important. Les travaux en management de la distribution montrent pourtant que bien que le prix soit régulièrement évoqué comme facteur essentiel dans la fréquentation de tel ou tel magasin, les consommateurs méconnaissent assez largement les prix de la plupart des produits qui leur sont proposés. À cela, on peut ajouter que le degré de sensibilité au prix varie selon les individus (indépendamment de leur consentement ou de leur capacité à payer) et les situations (achat pour soi *vs* pour offrir ; achat d'urgence *vs* achat planifié), et qu'*in fine*, les prix réels ont moins d'importance que l'image prix perçue par le consommateur à partir des signaux de l'offre.

Dans les pays émergents, où la classe moyenne est naissante et où le pouvoir d'achat des ménages reste assez limité, on peut considérer que le prix, qu'il soit réel ou perçu, joue un rôle toujours important dans le comportement du consommateur. D'Andréa *et al.* (2006) mettent cependant en garde contre cette prénotion et montrent que le prix, contrairement à ce qui pourrait être attendu, n'est pas le seul élément valorisé par les consommateurs des pays émergents : *« contrary to expectations, price is not the single driver of purchasing decisions for emerging consumers, though they are more sensitive to promotions, in light of their tighter constraints. However, our research shows that there are other important factors, such as proximity, variety and assortment, quality, and services, that play important role in emerging consumers' retailer selections and purchasing decisions »* (d'Andrea *et al.*, 2006, p. 3).

Selon le point de vente, le prix peut être affiché et fixe ou non affiché et être un enjeu de négociation et de marchandage. La première situation est plutôt typique du commerce moderne et la seconde propre à certaines formes du commerce traditionnel (souks, vendeurs ambulants, etc.). On notera néanmoins que ces deux catégories ne sont pas figées et que les logiques différentes de prix ont tendance à s'interpénétrer. Autrement dit, même lorsque les prix sont affichés et semblent fixes, on peut observer au Maroc des stratégies de marchandage, qui parfois sont concluantes. De même, une logique de prix non affichés n'implique pas nécessairement que le consommateur ne connaisse pas les prix en question, ni qu'il est négociable. C'est le cas dans les épiceries (et dans une moindre mesure dans les souks en raison des variations sensibles de prix) où les consommateurs connaissent relativement bien le prix des biens et en particulier celui des produits de consommation courante.

C. Les promotions et la politique promotionnelle

Le rôle des actions de promotion sur l'attraction des clients est une question centrale pour tout distributeur. Si de nombreux travaux se sont intéressés à la promotion, il demeure néanmoins difficile d'isoler cette variable promotion de toutes les autres variables marketing qui entrent en ligne de compte. Pierre Volle (2000) montre par exemple qu'il n'existe pas vraiment de lien significatif entre marketing promotionnel et taux de visite d'un magasin. Selon lui, le client reste fidèle à son magasin principal dans lequel il réalise la majorité de ses achats. Ainsi, les prospectus et autres supports n'auraient que peu d'influence, et le cas échéant uniquement ponctuelle, sur le choix du point de vente. Plusieurs explications peuvent être avancées à cet état de fait : d'une part la saturation des clients en prospectus conduirait à une très faible attention accordée à leur contenu ; d'autre part l'inertie des clients face à un éventuel changement du lieu d'achat habituel, sauf en cas d'incident sérieux affectant l'expérience de magasinage et enfin le scepticisme croissant des consommateurs face aux promesses et discours liés aux techniques de promotion (de Pechpeyrou et Odou, 2012).

Dans le cas du Maroc, et même s'il n'existe pas à ce jour d'études et recherches sérieuses sur la question, on observe que les flyers et les prospectus, tout en constituant l'outil de promotion privilégié des enseignes, sont loin d'avoir atteint le niveau de saturation observé en Europe et en particulier en France. En effet, si toutes les enseignes diffusent ce genre de documents promotionnels, dans leur zone de chalandise, ce levier reste encore efficace et présente même des marges de progression intéressantes, notamment auprès de la clientèle âgée en grande partie analphabète, qui utilise ces supports comme une mémoire externe permettant de repérer les produits promus dans le magasin à partir de leurs photos dans les dépliants et prospectus. Par conséquent, il est clairement établi que les opérations promotionnelles sur flyer connaissent un réel succès qui légitime le recours en masse des enseignes de distribution à cette pratique. Ainsi en est-il par exemple des vendredis de BIM qui, au-delà des clients traditionnels, attirent même les revendeurs sédentaires (épiceries de quartier) ou ambulants : « tous les vendredis, revendeurs et particuliers font la queue devant les magasins BIM afin de ne pas rater la bonne affaire de la semaine. Chaque semaine l'enseigne propose des promotions sous un thème différent : ramadan, plage, rentrée… Généralement ces produits se vendent en trois jours seulement. Parents, enfants et revendeurs se ruent vers le hard-discounter BIM tous les vendredis pour les offres spéciales. Prix cassés et promotions, et ce tout au long de l'année, c'est là où repose le cœur de la stratégie du distributeur turc. Des publicités qui se limitent à un flyer imprimé et distribué en semaine, afin de prévenir la clientèle des bonnes affaires à venir[1] ».

D. La qualité perçue comme élément de choix des lieux de magasinage

La qualité perçue de l'offre et la question des risques sanitaires encourus jouent un rôle important dans le choix du consommateur en matière de produits alimentaires et d'hygiène et par conséquent dans la stratégie des magasins. Une remarquable étude menée par Issam Mounir (2004[2]) a permis d'appréhender les risques sanitaires perçus par le client en milieu urbain ainsi que sa forte demande de qualité. L'enquête menée auprès d'un échantillon de nationaux et de touristes localisés à Rabat et Marrakech révèle que 87 % des consommateurs estiment que les produits de la grande distribution représentent le moins de risques pour la santé. L'épicerie se situe juste après avec 62 % d'opinions favorables. Les vendeurs ambulants, à l'inverse, sont considérés sans doute à juste titre, comme la forme de vente la plus risquée. De fait, l'auteur avance que l'introduction de la grande distribution au Maroc a eu un impact très positif sur la qualité des produits alimentaires[3] et sur la réévaluation par les consommateurs des critères d'hygiène et de préservation de la santé. Ainsi, une note du ministère de l'Industrie, du Commerce et des Télécommunications (2004, p. 4) soulignait que : « la prise de conscience des règles de qualité et d'hygiène par le consommateur marocain et l'attraction des magasins modernes ont été à l'origine du changement du comportement du consommateur qui est devenu plus exigeant ». La presse nationale se fait également l'écho d'un consommateur de plus en plus exigeant. Ainsi, une étude réalisée par *« élu service de l'année au Maroc »* révèle que les

---

[1] « Hard discount, la percée de BIM », *L'Économiste*, n° 4598, 1er septembre 2015.

[2] Que soit remercié ici Rachid Hamimaz, professeur à l'IAV de Rabat pour nous avoir transmis un nombre important de travaux de mémoires et de thèses sur la distribution, réalisés au sein de l'IAV.

[3] 70 % des répondants estiment en effet que la grande distribution moderne a eu un impact positif.

consommateurs marocains ont régulièrement recours à un service client (62 % en 2016), en particulier dans le secteur de la téléphonie, de l'habillement et de la grande distribution. Certains y voient la démonstration d'une « véritable mutation du consommateur marocain devenu aujourd'hui plus mature qu'auparavant et attendant désormais d'une marque un service irréprochable ainsi qu'une réelle garantie après-vente[1] ».

Figure 3 : Classement des lieux d'approvisionnement selon le niveau de risque perçu par le consommateur

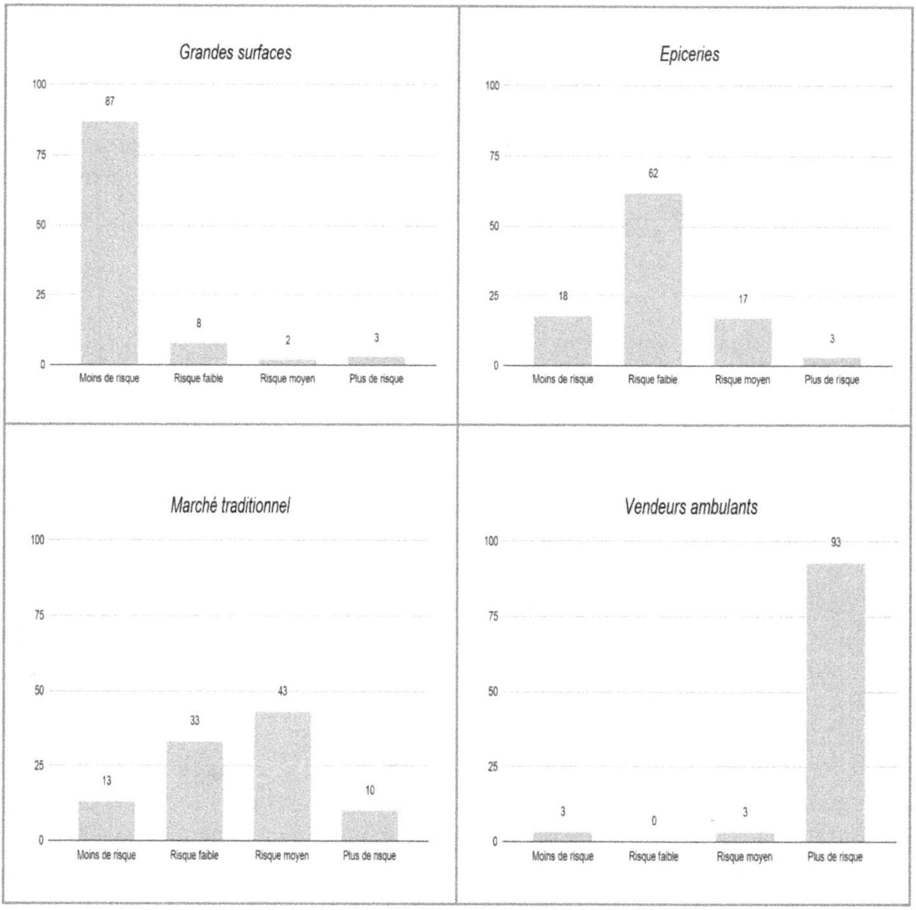

Source : Issam M. (2004).

Une étude plus récente menée par Messaoudi (2017) apporte cependant quelques nuances en se focalisant sur la question de la date limite de

[1] « Service client : le consommateur de plus en plus exigeant », *L'Économiste*, n° 4894, 9 septembre 2016.

consommation (DLC) ainsi que sur celle de la fraîcheur des produits en grande distribution. L'auteur révèle un fossé assez profond entre les positions des distributeurs et celles des consommateurs. Ainsi, selon lui, si 72 % des distributeurs considèrent que le contrôle de la DLC est systématique à tous les niveaux, il n'en demeure pas moins que plus de 40 % des consommateurs considèrent, à l'inverse, qu'il existe trop de produits périmés (ou considérés comme tels[1]) dans les rayons des grandes surfaces. Messaoudi (2017, p. 764) souligne également que la problématique de la fraîcheur des produits est un point important pour le consommateur : « il s'avère que la grande distribution n'est pas encore parvenue à garantir au *shopper* des produits frais malgré les efforts déployés… En effet, 61,2 % des clients jugent que les produits exposés dans les rayons sont de qualité semblable, voire inférieure aux mêmes produits commercialisés dans le secteur traditionnel, en l'occurrence l'épicerie (contre seulement 25,7 % qui considèrent qu'ils sont plus frais) ». Une large partie des points et *gaps* évoqués par Messaoudi a pu être vérifiée sur le terrain, par les auteurs, durant de longues périodes d'enquête et d'immersion.

Conclusion

Les facteurs d'attraction du consommateur au point de vente sont nombreux. Dans son comportement de magasinage, ce dernier cherche à acquérir des biens de consommation ; mais il cherche également à se divertir, à marquer une appartenance sociale et à établir du lien social avec les autres. De multiples variables influencent le choix du point de vente par le consommateur. Ces variables peuvent lui être propres comme l'âge, le sexe, le niveau d'éducation et la catégorie socioprofessionnelle. Dans ce chapitre, nous nous sommes centrés sur la catégorie socioprofessionnelle et nous avons mis en évidence des comportements fortement différenciés au Maroc, avec un marquage social fort des pratiques de consommation selon que le consommateur relève de la catégorie aisée, moyenne ou modeste (Bourdieu, 1979). Les autres dimensions sont également importantes ; mais nous avons choisi de les traiter plus en détail dans les chapitres suivants, en particulier dans le chapitre 2. Un autre élément central, qui a été peu traité dans la littérature, tout au moins occidentale, est celui de la religiosité. Cette dernière influe sur le choix du magasin, les pratiques de magasinage, le contenu du panier et le financement même des achats. En dehors des caractéristiques propres au client, les variables situationnelles jouent également un rôle important dans le comportement de magasinage et le choix du point de vente. Si globalement, le comportement du consommateur marocain en GMS rejoint celui du consommateur occidental, on perçoit quelques différences culturelles comme la réaction aux interactions sociales et au regard de l'autre. Ainsi, la foule n'est pas considérée dans ce contexte culturel comme une contrainte

---

[1] La parenthèse est de nous.

rédhibitoire. Fortes de ce constat, les enseignes de distribution déploient de multiples stratégies et tactiques en vue d'attirer le consommateur en jouant sur les leviers du produit et de l'assortiment, du prix, des promotions... Nous montrons que contrairement à ce que l'on pourrait croire, le (bas) prix n'est pas le seul élément valorisé par la classe moyenne et modeste au Maroc lors de la fréquentation des GMS. La qualité des produits et les dimensions symboliques associées jouent aussi un rôle significatif dans la configuration du comportement de magasinage et de consommation.

CHAPITRE 2

DU COMPORTEMENT DU CONSOMMATEUR EN MAGASIN AUX STRATÉGIES D'INFLUENCE DE LA GRANDE DISTRIBUTION

Le chapitre précédent nous a permis de comprendre ce qui motive le consommateur à magasiner et les modalités et démarches qu'il privilégie dans le choix d'un lieu de vente moderne, magasin traditionnel ou encore souk et autre marché informel. Une fois qu'il a fait son choix, il est également important, voire vital, pour le manager/le commerçant, de comprendre son comportement sur site, les objectifs de sa visite, les moments privilégiés où il fait ses courses, le temps qu'il consacre à ses achats et ses modalités d'appropriation de l'espace. La compréhension de ces éléments est d'autant plus utile que le manager/le commerçant dispose d'un certain nombre de leviers et d'outils pour influer sur le comportement du consommateur. Il peut par exemple jouer sur l'agencement et la disposition des produits, adapter sa politique promotionnelle, ajuster le niveau de service proposé, s'appuyer sur les compétences relationnelles et techniques du personnel en contact, et il peut enfin jouer sur l'atmosphère du magasin et plus généralement mettre en place une politique de GRC (gestion de la relation client) et de fidélisation.

Ce chapitre, qui aborde ces différentes possibilités, se décompose en deux sections. Dans la première, nous analysons le comportement du consommateur en situation de magasinage en mettant l'accent prioritairement sur les objectifs et buts de ses visites, les modalités temporelles de ces visites (et en particulier le temps consacré aux courses) et enfin l'appropriation de l'espace magasin. Dans la deuxième section, nous cherchons à mieux comprendre comment la grande distribution peut agir sur le comportement du consommateur. Nous analysons les principaux leviers mis en œuvre en vue d'influencer l'achat ainsi que les logiques de fidélisation et plus largement de GRC mobilisées pour entretenir, voire renforcer la relation.

2.1. Comportement du consommateur en magasin

Pour mieux comprendre les motivations du consommateur en magasin et celles qui l'y ont mené, on peut s'appuyer sur un certain nombre d'enquêtes réalisées au Maroc dans le cadre de travaux universitaires plus ou moins récents, sur des échantillons souvent de convenance, mais qui donnent néanmoins quelques indications utiles.

2.1.1. Les objectifs et buts de la visite

Dans une enquête menée en 2009 au sein de l'hypermarché Marjane de Oujda, Hafsi montre que près de 40 % des chalands fréquentent le magasin pour effectuer leur approvisionnement du mois (17,3 %) ou de la semaine (22 %). 24,6 % des chalands fréquentent le magasin pour un besoin spécifique ou urgent (autrement dit, dans une optique de dépannage), 24,5 % viennent dans une logique informative et d'exploration de l'offre et près de 11 % ont un but de promenade.

Figure 4 : But de la visite en magasin (hypermarché)

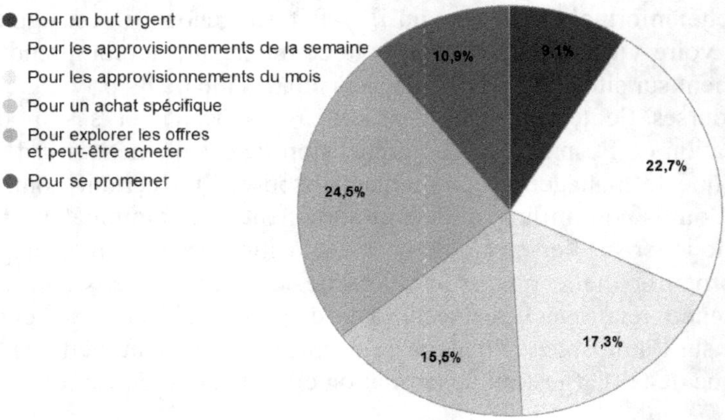

Source : Hafsi (2009, p. 53).

2.1.2. Les modalités temporelles de visite

Concernant la fréquence de visite au magasin, on dispose de nombreuses enquêtes sur des sites géographiques variés (Khouribga, El Jadida…). Si les données de ces enquêtes sont rarement comparables entre elles, on peut néanmoins observer une caractéristique récurrente qui est la permanence des comportements de visite et d'achat sur la semaine.

Ainsi, 43 % des personnes interrogées (échantillonnage aléatoire) dans le cas du magasin Marjane de Khouribga (Guettaya, 2014, p. 34) fréquentent l'hypermarché entre une à trois fois par semaine (22,5 % une fois par semaine et 20 % deux à trois fois par mois). Dans le cas de Marjane El-Jadida (Es-Saddouni, 2015, p. 39), la fréquence est encore plus forte puisque 68 % des répondants fréquentent le magasin deux à trois fois par semaine.

Figure 5 : Fréquence des courses et visites en magasin

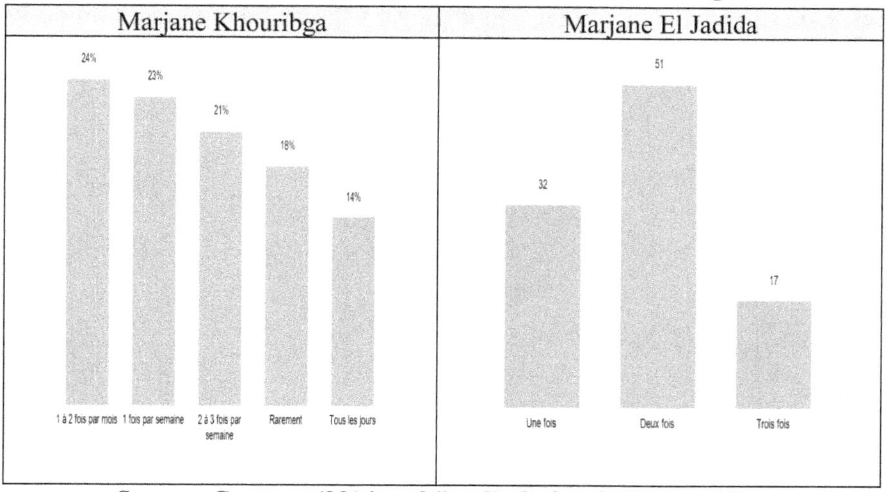

Source : Guettaya (2014, p. 34) et Es Sadouni (2015, p. 39).

De manière assez paradoxale, la fréquentation des hypermarchés marocains apparaît contre-intuitive et très peu conforme à ce qu'elle est en Europe ou en France. En effet, au Maroc, les hypermarchés sont encore très souvent utilisés comme des supermarchés, voire même des supérettes ou des épiceries ; autrement dit, dans l'esprit et dans la pratique de nombreux Marocains, l'hypermarché et le supermarché restent encore, comme l'était l'épicerie, une extension directe de la cuisine, où l'on peut s'approvisionner au jour le jour. L'hypermarché traditionnel à la française est localisé en périphérie, généralement dans un parc commercial. Il n'est accessible qu'en voiture puisque relativement éloigné des centres urbains (et ce, même s'il est régulièrement desservi par des lignes de bus). Au Maroc, l'échelle de distance est beaucoup moins importante et la périphérie renvoie souvent à des zones résidentielles à l'habitat plutôt dense. De ce fait, l'hypermarché reste encore largement intégré dans la ville et dans les quartiers d'habitation, ce qui facilite la pratique des courses non motorisées et donc induit des visites plus régulières (et par conséquent un panier moyen plus faible).

2.1.3. Le temps des courses

Le temps passé en magasin est globalement cohérent avec les différents objectifs de visite évoqués plus haut et surtout avec une fréquence quasi quotidienne des visites pour une partie des consommateurs. Ainsi, Hafsi (2009), dans son enquête sur les clients de l'hypermarché Marjane d'Oujda, montre que 25,3 % des personnes interrogées passent moins d'une demi-heure en magasin (dont 9,3 % moins de 15 minutes). À l'inverse, plus de 37 % des répondants consacrent entre 1 et 2 heures aux courses et 16 % plus de deux heures. On distingue bien ici l'opposition nette entre les deux usages opposés de l'hypermarché comme magasin de dépannage ou comme magasin où l'on fait le plein pour la semaine, la quinzaine voire le mois.

Figure 6 : Temps passé en magasin

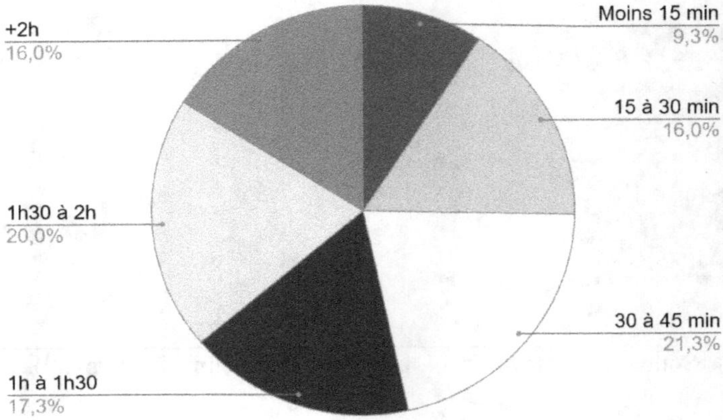

Source : Hafsi (2009, p. 53).

Le temps des courses est régulièrement le reflet des motivations au shopping. Il peut recouvrir les oppositions, que nous avons vues dans le chapitre 1, entre achat corvée et achat loisir, perspective utilitariste *vs* perspective hédoniste ou encore entre perspectives transactionnelle *vs* relationnelle. Par ailleurs, comme nous avons pu l'observer indépendamment de ces différentes logiques, le temps consacré aux courses est variable selon le moment de la journée, le degré d'affluence en magasin, la fréquence de visite, etc.

2.1.4. L'appropriation de l'espace magasin

Concernant le comportement du consommateur en magasin, Amine et Lazzaoui (2009, p. 202-203) ont mis en évidence des pratiques originales d'appropriation de l'espace par les consommateurs. Les auteurs écrivent ainsi : « la proximité géographique des grandes et moyennes surfaces par rapport au lieu de résidence des consommateurs et l'accueil chaleureux de certaines enseignes du commerce moderne suscitent chez les *shoppers* une tendance à s'approprier les lieux et l'espace. Ainsi, il n'est pas rare de voir des clients se rendre dans leur magasin en pantoufles et tenues décontractées d'intérieur pour réaliser leurs achats… À travers ces pratiques, le supermarché des quartiers résidentiels est ainsi considéré comme *une extension de chez soi* et suscite par conséquent des comportements familiers et des logiques d'appropriation naturelles et admises dans le commerce traditionnel en raison d'une longue relation personnalisée avec l'épicier ».

Le transfert de pratiques familières et largement acceptées en épicerie vers le magasin moderne ne se limite pas à la tenue vestimentaire. Il couvre également les pratiques typiques du souk comme par exemple le marchandage. Ainsi on peut parfois observer l'ébauche de formes de marchandage, en particulier au niveau des rayons à services des supermarchés et hypermarchés. Godefroit-Winkel *et al.* (2012, p. 459) décrivent un exemple particulièrement illustratif de cet état de fait. Ces auteurs montrent comment une cliente d'une GMS utilise ses compétences de marchandage auprès d'un poissonnier d'un supermarché local : *« bargaining is a traditional behaviour in moroccan souks. A moroccan consumer always bargains in a souk to get a better offer. But Sarah has noticed that she can use her bargaining skills in the supermarket as well. « One day I was watching the fishes on the shelf in a supermaket. The employee asked me if he could be of any help. I told him that I was hesitating, that I didn't know if I really wanted to have a fish, that they were quite expensive fishes. After a while, he proposed me to trust him : he would give me a good fish for a good price. And you know what he did ? he took a fish, cleaned it, emptied it and only then weighted it ! in a supermaket, the price that are for uncleaned fishes ! [...] So of course, I gave him a good tip. He made me spare a huge amount of money : almost half of the price ! Now I always buy fish from him »* (Sarah, 38, *housewife*). Autrement dit, sans le vouloir explicitement, cette cliente a contribué à reproduire en GMS et avec la « complicité bienveillante » de l'employé de l'enseigne, les liens et pratiques internalisés existant habituellement entre épicier et client dans le commerce traditionnel.

Pour notre part, nous avons pu observer des comportements similaires dans le cas de la distribution de meubles en kit (en particulier au sein d'Ikea Casablanca). En effet, face à des clients souvent réfractaires à la manœuvre, on observe que certains salariés acceptent de parcourir les rayons avec leurs « listes de courses », à la recherche des produits convoités. Les clients concernés quant à eux s'installent paisiblement au niveau du restaurant et attendent le retour du salarié ou des salariés avec leur Caddie plein.

2.2. Influer sur le comportement du consommateur : cas de la grande distribution

Influer sur le consommateur, tenter de modifier son comportement pour lui faire acheter plus et mieux, dans son propre intérêt (mais également et surtout dans celui du commerçant), est toujours un enjeu important du commerce. Cet enjeu est bien compris et intégré tant par la distribution moderne que par la distribution traditionnelle.

2.2.1. Les principaux facteurs influençant l'achat

Lorsque le client est à l'intérieur du magasin, le distributeur peut influencer ses actions, et en particulier son comportement d'achat, au travers de différents leviers marketing. On en distingue habituellement quatre : l'aménagement et l'emplacement des produits en magasin, le personnel et le rôle joué par la force de vente, la nature et l'intérêt des promotions et enfin l'atmosphère et l'ambiance générale du magasin.

Une étude menée en 2009 par Belahmidi (2009) permet de mettre en évidence le rôle important joué par les promotions et l'ambiance qui surpasse celui dédié au prix, à l'aménagement, ou encore au personnel de vente.

Figure 7 : Les facteurs influençant les achats

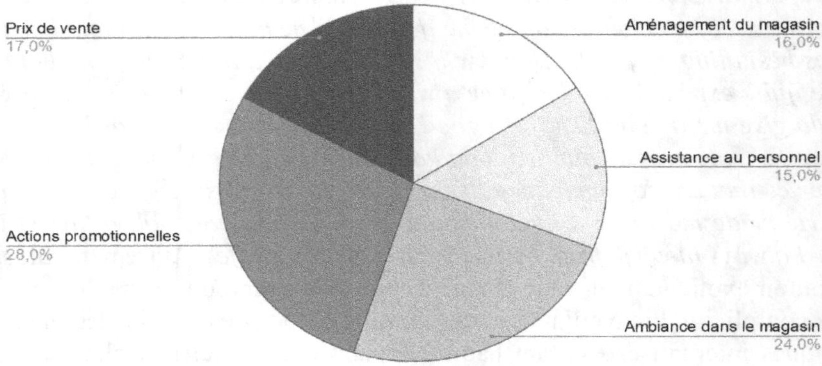

Source : Belahmidi (2009, p. 112).

A. Agencement et disposition des produits

Il existe bien peu de travaux sur les pratiques et les impacts du merchandising au Maroc. Abdelouahed Messaoudi (2017) analyse cette dimension en se focalisant sur la gestion du rayon et l'animation dans le magasin. Plus généralement, l'organisation du linéaire et l'optimisation du *facing* sont valorisées par le consommateur qui constate d'ailleurs une très nette amélioration sur ces dernières années. En effet, cette étude montre que 64,4 % des *shoppers* sont satisfaits de la présentation des produits en linéaire, ce qui facilite leur repérage et leur identification. Cependant, ce chiffre, bien qu'encourageant, reste sujet à critiques puisqu'il suggère que plus d'un tiers des *shoppers* souhaiteraient une gestion plus rigoureuse et une présentation plus lisible des produits en linéaire. Il met ainsi en évidence des défaillances importantes en termes de disponibilité et de repérage des produits sur le lieu de vente. Selon cet auteur, 60,2 % des *shoppers* affirment ne pas toujours trouver les produits dont ils ont besoin dans les linéaires. L'auteur montre que cette position des *shoppers* est relativement partagée par les distributeurs eux-mêmes qui sont 52,5 % à être plus ou moins d'accord avec l'affirmation des clients. Les défaillances observées s'expliquent selon eux par une mauvaise organisation des fournisseurs. En effet, 70 % des distributeurs considèrent que les fournisseurs ne respectent pas le timing des livraisons, ce qui induit des ruptures de stock récurrentes. Cependant, une part des dysfonctionnements affectant l'organisation des linéaires et la présentation des produits revient aussi au distributeur à travers sa gestion sous-optimale des rayons et des ruptures de stock en surface, des produits altérés (par les clients ou la manutention) mais figurant en linéaires, des changements d'emplacements qui désorientent les clients habituels du magasin, etc.

B. Promotions et politique promotionnelle

Les promotions et la politique promotionnelle semblent, sans surprise, jouer un rôle extrêmement important dans la grande distribution au Maroc. En témoigne par exemple l'extraordinaire succès des « vendredis de BIM », tant auprès des consommateurs finaux que des commerçants, quels qu'ils soient. Ces vendredis attirent régulièrement nombre de clients qui achètent en quantité, soit pour la consommation finale, soit pour la revente (cas des petits épiciers et des marchands ambulants). Les hypermarchés Marjane (mais cela est également vrai pour les supermarchés Marjane Market[1]) sont aussi très actifs en matière de politique promotionnelle. C'est sur la pratique de cette enseigne leader que nous souhaitons nous attarder dans ce qui suit.

La politique promotionnelle de Marjane est fixée annuellement dans le cadre d'une stratégie nationale et les actions de promotion sont planifiées tout au long de l'année. Elles sont régulièrement calées sur les événements importants (fêtes religieuses et autres événements nationaux en particulier), mais elles peuvent également s'appuyer sur des éléments de saisonnalité et contribuer à alimenter et irriguer les ventes en périodes creuses.

La politique promotionnelle a pour objectif principal d'accroître la fréquentation des magasins en nombre de clients, mais également, en termes d'augmentation du panier moyen : *« les objectifs de l'enseigne Marjane en sa totalité sont orientés chiffre d'affaires, c'est-à-dire que les promotions sont appliquées afin d'augmenter les ventes tout en écoulant l'excédent des couches des stocks dont la valeur devient de plus en plus faible. Nous envisageons aussi d'obtenir des marges supplémentaires à partir des promotions mais cela dépend des négociations avec les fournisseurs. Par contre, la promotion interne a comme but principal d'augmenter le trafic dans*

[1] Anciennement Acima.

le magasin, de liquider le stock et de communiquer avec nos clients » (chef de secteur food, hypermarché).

Il n'existe pas à notre connaissance d'études approfondies et fiables sur les actions et politiques promotionnelles de l'enseigne. On peut cependant avoir quelques idées des actions entreprises et de leur perception et évaluation par les clients au travers des données fournies dans la presse professionnelle et aussi au travers de la lecture de certains travaux de recherche appliquée (mémoires, thèses[1]). Le tableau 7, que nous empruntons à Serhrouchni (2015), présente ainsi le calendrier de l'ensemble des politiques et actions promotionnelles déployées chez Marjane sur l'année 2014 et qui concernent en priorité les produits frais, les PGC et les produits de bazar. Ce tableau, actualisé tous les ans, donne une idée précise du caractère extrêmement structuré des opérations de promotion menées au sein des magasins.

Tableau 7 : Recensement des promotions à Marjane, année 2014

Mois	Promotion pratiquée	Durée de la promotion	Départements concernés
Janvier	Spécial gratuité	22 janvier-2 février	Bazar, textile, EM, PGC, PF
Février	Petit prix MDD	5 février-16 février	Bazar, textile, EM, PGC, PF
	Hamz Lhamza (*tsunami*)	21 fevrier-9 mars	Bazar, textile, EM, PGC, PF
Mars	Arts de la table	5 mars-16 mars	Bazar, EM, PGC, PF
	Spécial lavage	26 mars-8 avril	Bazar, textile, EM, PGC, PF
Avril	SAGA	24 avril-12 mai	Bazar, textile, EM, PGC, PF
Mai	Pique-nique	13 mai-21 mai	Bazar, EM, PGC, PF
	Coupe du monde	22 mai-11 juin	Bazar, EM, PGC, PF
Juin	Chaaban	12 juin-2 juillet	Bazar, EM, PGC, PF
Juillet	Layali Ramadan	3 juillet-21 juillet	Bazar, EM, PGC, PF
	Aid Alfitr	22 juillet-12 août	Bazar, textile, EM,
Août	----	-----	-----
Septembre	Aid adha	18 sept.-7 octobre	Bazar, EM, PGC, PF
Octobre	Achoura	23 oct.-10 nov.	Bazar, textile, EM, PGC, PF
Novembre	MDD	11-19 novembre	
	Anniversaire Marjane	20 nov.-10 déc.	EM, Bazar, PGC, PF
Décembre	Fin d'année	17-31 décembre	Bazar, EM, PGC, PF

Source : Serhrouchni (2015, p. 72-73).

Au-delà des politiques et actions promotionnelles en elles-mêmes, la question centrale qui se pose, tant au chercheur qu'au praticien, est celle de leur impact sur le consommateur. Ainsi, Serhrouchni (2015), en s'appuyant sur une enquête menée auprès des clients de Marjane Oujda, met en évidence un impact relativement fort des promotions. Selon ses résultats, plus de 78 % des personnes interrogées y seraient sensibles, les promotions jouant un rôle important dans leur décision d'achat.

---

[1] Nous remercions nos étudiants de différentes institutions et en particulier ceux de HEC Rabat pour leurs contributions ainsi que nos collègues universitaires marocains qui ont bien voulu mettre à notre disposition les travaux de leurs propres étudiants.

Tableau 8 : Impact des actions promotionnelles sur le consommateur

	Les promotions ne jouent aucun rôle dans ma décision d'achat	Les promotions jouent un rôle dans ma décision d'achat	Total général
Je ne suis pas client	6,7 %	10 %	16,7 %
Je suis client	15 %	68,3 %	83,3 %
Total général	21,7 %	78,3 %	100 %

Source : Serhrouchni (2015, p. 78).

Les promotions les plus valorisées sont prioritairement les baisses de prix (53 % des répondants) et les gratuités (40 % des répondants). Les cadeaux se situent loin derrière avec 7 %.

Figure 8 : Types de promotions les plus attractives

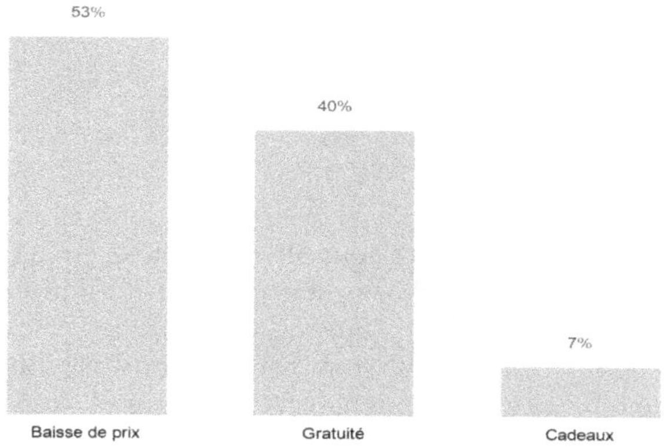

Source : Serhrouchni (2015, p. 82).

Une enquête menée quelques années plus tôt par Hafsi (2009) met en évidence des résultats similaires, mais tout en proposant plus de détail. Ainsi (cf. figure 9), les formes les plus valorisées sont les prix cassés (appréciés par 53,3 % des clients), les offres groupées (50,7 %), les cadeaux (37,3 %) et les bons d'achat ou de réduction (29,3 %). Les autres formes promotionnelles, et en particulier les jeux et concours, loteries, couponing, primes et échantillons, se situeraient quant à elles à des niveaux nettement plus modestes. De nombreuses réticences jouent à ce niveau, et renvoient (en particulier dans le cas des jeux concours) à un manque de confiance manifeste quant à la sincérité de l'opération[1].

[1] On est régulièrement surpris, dans le cadre des entretiens réalisés auprès des consommateurs en sortie de caisse, du manque de confiance manifeste en toutes les formes de jeux, concours et loteries organisés par la grande distribution (mais le constat est également vérifié dans d'autres contextes). Selon nos interlocuteurs, ces jeux seraient systématiquement biaisés et sujets à manipulations.

Figure 9 : Les formes de promotions les plus appréciées par les clients

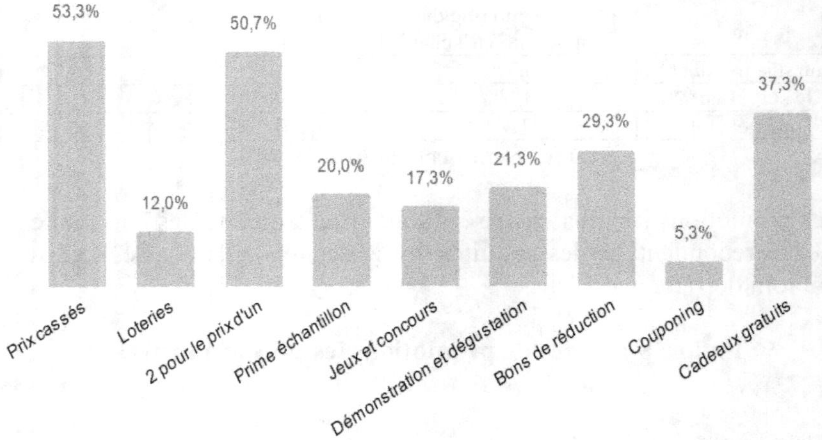

Source : Hafsi (2009, p. 63).

C. Le personnel en contact

Le personnel en contact (ELS[1], conseillers clientèle, ou plus généralement caissières…) joue un rôle central dans la perception et l'image que se forge le client du magasin. En effet, bien souvent, les échanges entre le client et le personnel de vente, même s'ils sont parfois brefs et sporadiques, vont déterminer le sentiment des clients envers le magasin. Amine et Lazzaoui (2009, p. 201-202) ont, de ce point de vue, mis en évidence la tendance des consommateurs marocains en grande distribution à rechercher des interactions sociales, transposant de fait une caractéristique typique du commerce traditionnel au sein du commerce moderne : « les classes moyennes tout particulièrement cherchent ainsi à tisser des liens interpersonnels lorsqu'elles se déplacent dans les GMS, même sans objectif d'achat… Elles veulent essentiellement parler et interagir avec les vendeurs, les caissiers et les autres clients… » À cet égard, il est clair qu'en grande distribution, en particulier alimentaire, le rôle des caissiers est d'une extrême importance puisqu'ils sont des vecteurs favorisant la satisfaction, la confiance et partant la fidélisation des clients.

« Il y a des clients fidèles et ils viennent chaque jour me chercher car ils se sentent bien en passant à ma caisse. Je parle un peu avec eux de ce qu'ils achètent, de leur famille… ça change et ça supprime l'ennui… Ils me disent tous, quand je suis pas là, ils me cherchent. Et moi wallah ça me fait plaisir…

---

[1] Employés de libre-service.

C'est presque comme si c'était la famille... c'est la famille... » (Malika, 28 ans, caissière, Marjane, Rabat)

« Quand je fais mes courses chez Aswak Assalam, j'aime bien toujours passer à la caisse de Mina. Elle est gentille et rigole tout le temps... et parfois, quand il n'y a pas beaucoup de clients, on parle un peu de la vie, de la famille et tout ça... J'aime pas aller aux autres caisses aussi. Elles sont plus jeunes, elles parlent pas beaucoup et parfois elles disent même pas bonjour et font pas attention à mes produits... Elles lancent sur le tapis et même je crois qu'elles sont contentes quand tout est mélangé... comme quelqu'un de jaloux on dirait, mais je sais pas vraiment » (Achoucha, 41 ans, cliente, Aswak Assalam, Tanger).

Les relations que les caissiers peuvent nouer avec certaines franges de clients, les seniors et les consommateurs illettrés notamment, sont encore plus singulières. Une recherche quasi ethnographique (alliant observations en magasin et entretiens avec les clients observés), effectuée par Bouzida (2016) dans deux enseignes d'hypermarchés à Oujda auprès d'une clientèle âgée et illettrée, a montré que cette population, pour laquelle l'offre en GMS n'a pas été particulièrement pensée, déploie des stratégies de *coping* pour se mouvoir dans cet univers de la consommation et pour ne pas en être exclue. Ainsi, ces consommateurs vulnérables utilisent les brochures et catalogues promotionnels, distribués dans leurs boîtes aux lettres ou disponibles à l'entrée du magasin, comme un support leur permettant retrouver les produits qui y figurent (synonymes de bonnes affaires) en magasin. Ils ont aussi recours aux membres de leur entourage pour les accompagner afin d'opérer les choix, les calculs de prix et éventuellement de porter les achats. Ils mobilisent les vendeurs ou les co-clients pour retrouver ou atteindre des produits en hauteur, et font intervenir les caissiers pour régler leurs achats en les laissant se servir dans leurs portefeuilles du montant à payer. Nous reviendrons sur ces différents points dans notre chapitre 3.

On constate cependant des défaillances perçues en termes de qualité de l'accueil. Messaouadi (2017, p. 772) note ainsi que des efforts importants restent à faire au niveau de l'amélioration de l'accueil en caisse, en ce sens qu'une part significative des clients (44 %) se plaint encore de la faiblesse, voire parfois de l'inexistence des manifestations de politesse envers eux, de la part des caissiers et caissières. Plus encore, selon cet auteur, et malgré le transfert dans les programmes de formation locaux des pratiques et rituels d'accueil du type SBAM[1] (de plus en plus courants dans le cas des GMS), plus de la moitié des *shoppers* interrogés relèvent des manquements importants. Ainsi, les hôtes et hôtesses ne diraient jamais au revoir (pour

[1] Sourire, Bonjour, Au revoir, Merci.

presque 20 % des *shoppers*) ou le diraient parfois (pour un peu plus de 33 % d'entre eux). Cette tendance au mécontentement des clients vis-à-vis de la qualité de service des caissiers et caissières est corroborée par l'étude menée par Boutaqbout (2019) qui met en évidence, dans un supermarché de Rabat, des taux d'insatisfaction des clients de plus de 20 %, ce qui reste considérable pour un supermarché de chaîne. Elle est enfin également confirmée par nos propres observations de terrain ainsi que notre pratique concrète en tant que consommateur (Gallouj, 2020).

Figure 10 : Accueil et disponibilité du personnel en magasin

Accueil et écoute de la part du personnel	Disponibilité du personnel
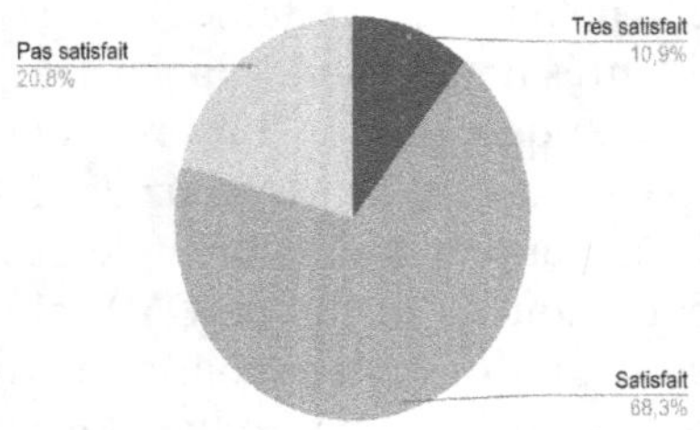	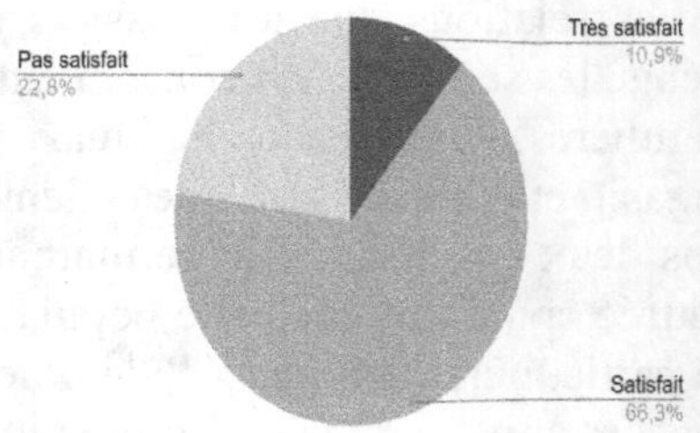

Source : Boutaqbout (2019).

La faible implication du personnel et son peu d'intérêt pour le client dépasse bien entendu l'espace caisse et Messaoudi constate que dans les grandes surfaces alimentaires, 63 % des clients sont totalement ou partiellement insatisfaits de la qualité de l'accueil qui leur est réservé. Ainsi, par exemple, plus de 27 % des clients affirment n'avoir jamais été salués par le personnel de l'enseigne.

Le faible intérêt pour le client est particulièrement mis en avant dans le cas des grands magasins : *« Le magasin Alpha 55, c'est un grand magasin qui a du mal à suivre l'évolution du commerce. C'était quelque chose avant... mais maintenant il n'y a plus rien de spécial... si sauf le personnel là-bas, il est spécial. On a l'impression qu'on n'est pas le bienvenu. Le personnel ne s'occupe pas de nous et parfois même, il nous regarde comme si on était des voleurs... »* (Ilham, 52 ans, Rabat)

En Europe, et en particulier en France, les travaux de recherche ont mis en avant la nécessité d'améliorer les modes de gestion des ressources humaines dans le grand commerce en recrutant des professionnels sur la base de leur potentiel à créer du lien social entre l'enseigne et ses clients et en diffusant une culture orientée client. Au Maroc et dans la grande distribution alimentaire, cette dimension est encore loin d'être à l'ordre du jour… et le niveau relationnel en grande distribution alimentaire apparaît globalement défaillant. La faible qualité de la relation client et de l'accueil concerne tout aussi bien la grande distribution alimentaire que la grande distribution spécialisée. On peut cependant constater que certaines enseignes semblent sortir du lot. Ainsi en est-il par exemple des enseignes de bricolage ou encore d'autres enseignes spécialisées dans le sport comme Décathlon.

Dans le cas des enseignes de bricolage, le marché marocain apparaît relativement spécifique. Il s'agit en effet, encore pour l'essentiel, d'un marché délégué ou d'un marché à prescripteurs. Les Marocains, pour de multiples raisons, n'étant pas bricoleurs, ils ont tendance à se reposer sur le *Maalem* qui les accompagne à l'occasion de leurs achats. Dès lors, les compétences du vendeur peuvent poser problème. En effet, dans ce cas particulier, l'acheteur, au travers de son prescripteur, est certainement plus compétent que le vendeur. La plupart des vendeurs en grandes surfaces spécialisées de bricolage, comme nous avons pu l'observer au cours de nos investigations, sont jeunes et finalement peu au fait des caractéristiques techniques et des performances des produits. Ils sont avant tout des vendeurs. Si les compétences techniques des salariés en question sont, comme nous avons pu en juger sur place, plutôt faibles, leurs compétences relationnelles et servicielles sont quant à elles relativement développées et compensent, dans une certaine mesure, leur défaillance technique (tout au moins aux yeux de certains clients).

« J'ai pris des lampes de jardin chez Mr Bricolage. J'avais besoin de 6 et il n'y en avait que 4 et rien en stock. Le vendeur m'a donné son numéro et m'a promis d'appeler. Il l'a fait et après deux semaines, j'ai eu mes lampes. Elles sont venues d'un autre magasin où il connaît un vendeur qui les a prises et les a envoyées par la CTM... et en plus il a même pas voulu de pourboire » (Fatima, 46 ans, Tanger).

« J'ai acheté un salon de jardin chez Bricoma qui était bien. 10 jours après mon achat, un vendeur m'a appelé pour me dire qu'il pense qu'il manque une petite vis qui permet d'ajuster les pieds des fauteuils et c'était vrai. Il a retrouvé la vis en rangeant et il s'est souvenu que c'était moi le client et il est allé regarder dans les fiches d'achat mon numéro… Normalement le salarié marocain d'habitude même s'il réalise, il jette la vis et plus rien… » (Karim, 38 ans, Tanger)

D. L'atmosphère du magasin

L'atmosphère du magasin renvoie à un ensemble d'éléments intangibles qui ont habituellement vocation à mettre en valeur le produit. De manière plus précise, la question de l'atmosphère se décompose en deux dimensions : une dimension liée à l'environnement physique (les lumières, les odeurs, la musique et les couleurs…) et une dimension de nature sociale (style vestimentaire des vendeurs, mais également des clients, management et gestion des foules…).

Il existe en Europe et en particulier en France nombre de travaux dédiés à l'atmosphère du magasin et à son incidence sur le comportement du consommateur. La question de la diffusion de musiques diverses ou de senteurs d'ambiance a été largement évoquée et analysée (Rieuner, 2000, 2017 ; Daucé, 2000 ; Barbet *et al.*, 1999). Si les résultats de ces différents travaux montrent que les facteurs d'ambiance (opportunément mobilisés) suscitent chez les consommateurs l'appréciation et l'agrément du lieu d'achat, ils semblent loin de prédire leur impact sur ce qui intéresse le plus directement le directeur du magasin ou de l'enseigne, à savoir le montant dépensé. Ainsi apprend-on par exemple qu'un environnement odorisé permet de prolonger la visite d'un consommateur en rendant l'atmosphère agréable, mais ne permet aucunement d'augmenter le panier moyen ; que certaines musiques comme la musique classique donnent une connotation haut de gamme au magasin, alors qu'à l'inverse des musiques de variété connoteraient un positionnement plus populaire et donc plus *low cost*. On constate également que certaines musiques traduiraient un positionnement jeune alors que d'autres refléteraient un centrage sur une cible plus âgée[1]. Comme le précisent Cliquet *et al.* (2002, p. 76-77) : « les recherches effectuées sur l'impact de l'atmosphère sur les comportements des clients concluent pour la plupart que cette variable est capable d'influencer l'agrément au point de vente, l'image du magasin ainsi que le temps passé. En revanche, les chercheurs ont du mal à mettre en évidence une influence directe des variables d'atmosphère sur le montant dépensé par les clients. Une variation de la musique ou d'une odeur, si elle reste dans les limites de l'acceptable, ne suffit donc pas à pousser le client à l'acte d'achat. Néanmoins on peut préciser que l'atmosphère influence l'achat sur le long terme. Le client deviendra plus facilement fidèle à l'enseigne qui lui est agréable ».

Dans le cas du Maroc, à quelques rares exceptions près, les chercheurs en marketing se sont très peu intéressés à cette question de l'atmosphère[2]. Un rapide *survey* des principales revues marocaines spécialisées en marketing (REMAREM, RIMS, RPCoM, RPM) suffit d'ailleurs à s'en convaincre. Pour notre part, nous pensons qu'il est un besoin urgent de travaux contextualisés sur la question (cf. encadré 1).

---

[1] Cliquet *et al.* (2002).

[2] De ce point de vue, la Tunisie semble faire exception, les travaux sur l'atmosphère et l'ambiance magasin étant plus nombreux et plus riches (cf. Gallouj, Gallouj et Viala, 2021). Et ce, même si là encore, on peut évoquer et regretter un réel manque de contextualisation.

Encadré 1 : De la nécessité de contextualiser les travaux sur l'atmosphère du magasin

> Les travaux sur l'atmosphère du magasin sont riches et ont le mérite de mettre en avant des questionnements pertinents et ce, même si leurs résultats sont souvent mitigés. Pour autant, les résultats des recherches concernées sont difficilement transposables en ce sens qu'ils sont, pour l'essentiel, fondés sur des terrains occidentaux et ignorent les spécificités locales et la question de la spécificité culturelle. Si l'on se limite au cas de la musique, on peut imaginer qu'au Maroc (et dans nombre de pays émergents), l'opposition entre des musiques traduisant un positionnement jeune et d'autres reflétant une orientation vers des cibles plus âgées peut avoir un sens. Tel n'est cependant pas le cas de l'opposition entre musique classique et musique de variété (au sens occidental) qui ne fait sens que pour une très petite minorité de Marocains. Il en va de même pour les travaux sur les environnements odorisés. En effet, là encore, les travaux existants centrés sur le « nez occidental » sont difficilement transposables en l'état dans la zone MENA. Tous ces éléments plaident pour un renouvellement et une contextualisation plus poussée des travaux sur la dimension sensorielle en magasin dans les pays émergents.

Il est vrai également que la plupart des hypermarchés (que nous avons visités) ne semblent pas réellement enclins à valoriser l'ensemble des leviers d'ambiance. Ainsi, la sensorialité du magasin semble reposer beaucoup plus sur les aspects visuels que sur les dimensions olfactives ou sonores, beaucoup plus difficilement maîtrisables. Par exemple, on relèvera qu'encore une fois l'enseigne Aswak Assalam se démarque de ses concurrents par un souci réel apporté tant à son architecture qu'à ses décors et agencements intérieurs. L'enseigne tente ainsi d'adopter les attributs de la culture locale et de refléter l'ambiance des souks et de la décoration intérieure des maisons traditionnelles. Concernant la dimension sociale de l'atmosphère magasin, on notera que le style vestimentaire des clients a été évoqué dans la littérature en particulier dans les travaux d'Amine et Lazzaoui (2009, 2011) ou encore dans ceux de Harroud (2016), mais uniquement comme un facteur de mise en scène de soi (Goffman, 1973) et d'affichage social des clients, sur lequel l'enseigne ou le magasin n'a que peu, voire pas, de contrôle.

Les hypermarchés ont, au Maroc, au moins dans les premières années de leur diffusion, axé leur développement sur la clientèle aisée et la classe moyenne supérieure. Néanmoins, la poursuite de leur développement passe par une démocratisation qui pose parfois problème dans certains quartiers et certains magasins où l'appropriation des lieux par la classe moyenne les conduit à se rendre au magasin en pantoufles, tenues décontractées d'intérieur, voire dans les cas les plus extrêmes en pyjama. Les malls tentent pour leur part de maintenir une image de standing et de qualité en mettant en œuvre un certain nombre de stratégies visant à éloigner la clientèle indésirable, y compris sur le plan de l'accoutrement. Comme le note Harroud (2016, p. 68) :

« s'il est exceptionnel, voire rare d'assister à des situations d'expulsion de personnes appartenant à des catégories sociales jugées "indésirables", il est intéressant de souligner la présence d'autres formes subtiles de dissuasion et "d'intimidation" à leur encontre, rendant leur fréquentation parfois gênante. C'est en effet dans l'échange de regards qui s'établit entre les vigiles et ces personnes que se cristallisent ces pratiques de dissuasion. Les apparences physiques et vestimentaires servent à ce sujet d'indicateurs privilégiés pour "catégoriser" ces individus et les ranger soit dans le registre du "client potentiel" soit dans celui de l'indésirable ». Ce constat prend à rebours l'adage « l'habit ne fait pas le moine » dans la mesure où la tenue d'habillement devient un critère de catégorisation sociale et par conséquent de sélection des clients qui satisfont aux codes vestimentaires perçus congruents avec les lieux (*insiders*) et de disqualification des autres (*outsiders*). Néanmoins, l'efficacité de ces dispositifs reste souvent aléatoire et les manœuvres d'intimidation des vigiles, ainsi que leur potentiel dissuasif, ont de moins en moins d'effets sur les catégories visées. D'ailleurs, Harroud montre comment les profils non ciblés parviennent à se rendre dans les lieux sélectifs et excentrés que constituent les malls puis à y pénétrer malgré des barrières physiques et symboliques qui sont dressées à leur encontre en usant de ruses, de subterfuges et de stratégies de *coping* (Lazarus et Folkman, 1984) pour déjouer la vigilance des vigiles.

2.2.2. Fidélité, programmes de fidélisation et gestion de la relation client

Au-delà de faire venir le client en magasin et de le faire acheter, le commerce doit s'efforcer de le faire revenir à fréquence régulière et également de faire en sorte d'augmenter ses dépenses. Si les pratiques de fidélisation et de GRC ont régulièrement été abordées dans la littérature concernant la distribution moderne, celles souvent moins formalisées du commerce traditionnel ont quant à elles été plutôt négligées. Les pratiques de fidélisation et de GRC dans la grande distribution moderne marocaine sont cependant relativement récentes. Pour l'essentiel, elles datent de la toute fin des années 1990. À ce jour, la plupart des grandes enseignes nationales, et en particulier Marjane et Aswak Assalam, ont développé des programmes élaborés de fidélisation appuyés sur des cartes privatives diffusées avec largesse.

A. Marjane et la carte *Al Faïz*

Marjane a investi lourdement dans un programme de fidélisation de ses clients. Cette politique de fidélisation du leader national de la grande distribution alimentaire s'appuie prioritairement sur la diffusion de cartes de fidélité et en particulier sur la carte dite *« Al Faïz »* (*i.e.* le gagnant). Cette carte de crédit permanent *Al Faïz* a été lancée en janvier 1998 en partenariat avec AttijariCetelem. Exclusive à Marjane, elle permet à son détenteur, après étude de dossier, de disposer d'un crédit revolving de 5 000 à 50 000 dirhams et ce, moyennant une cotisation annuelle de 150 dirhams. Au-delà, la carte permet de profiter des promotions exclusives sur une large sélection de produits (remises immédiates, coupons de réduction exclusifs). Par ailleurs, elle permet un traitement privilégié lors des opérations exceptionnelles en magasin. Les titulaires de la carte bénéficient également de services exclusifs et personnalisés : caisses de paiement réservées permettant un gain de temps, relevés mensuels détaillés ou encore garantie contre la perte et le vol[1]. Six mois après son introduction, la carte *Al Faïz* aurait capté 1 500 abonnés (générant près de 2 % du chiffre d'affaires). À partir de 2002, Marjane, en collaboration avec AttijariCetelem, va étoffer les services offerts par la carte *Al Faïz* en introduisant le « paiement à débit différé » présenté à l'époque comme une innovation dans les procédés de paiement présents au Maroc[2]. Une application mobile reprenant l'ensemble des avantages offerts par la carte (*y.c.* stockage des tickets de caisse) a été lancée sur la période récente.

Figure 11 : La carte de fidélité Marjane

Source : Marjane.

B. Aswak Assalam : de Aswak Fidélité à Aswak Gold

L'enseigne Aswak Assalam a sans doute été un des précurseurs au Maroc sur la gestion de la relation client (GRC) et en particulier sur la fidélisation et les programmes de fidélité. En effet, dès 2009, l'enseigne offre à ses clients un service personnalisé au travers de la carte bleue dite « Aswak Fidélité ». Cette carte permet de cumuler des points qui débouchent ensuite sur des remises. En reconnaissant l'impact positif de la carte sur le chiffre d'affaires réalisé, la direction d'Aswak Assalam a cherché à capitaliser sur son expérience en upgradant son offre et en lançant en 2014 une nouvelle carte dite *« carte Gold »*.

---

[1] « Marjane lance sa carte privative », *L'Économiste*, n° 314, 22 janvier 1998.

[2] « AttijariCetelem et Marjane introduisent la carte à débit différé », *L'Économiste*, n° 1355, 17 septembre 2002.

Figure 12 : Les cartes de fidélité Aswak Assalam

Source : Aswak Assalam.

Selon ses promoteurs, la carte Gold aurait été en gestation pendant cinq années de 2009 à 2014. Sa préparation et son lancement se sont effectués en trois étapes : (a) 2009-2011, phase de recrutement des clients ; (b) 2011-2013, phase de stabilisation des données relatives à ces clients ; (c) 2013-2014, phase de développement. Ce fonctionnement par étapes aurait ainsi permis des analyses fines du comportement d'achat du consommateur ainsi que de son degré de fidélité. Ce sont les clients dont la fréquence d'achat dépasse les 50 fois dans l'année (soit environ une fois par semaine) qui sont éligibles à la carte Gold. Cette nouvelle carte offre de nombreux avantages valorisés par les clients. Ces derniers bénéficient en effet d'une caisse dédiée et d'un service personnalisé. Par ailleurs, l'enseigne a conclu des partenariats avec nombre de ses fournisseurs afin que les clients Gold puissent bénéficier de prix promotionnels ou encore gagner des bons transformables en chèques cadeaux.

La nouvelle carte Aswak Assalam s'inscrit bien dans une logique de développement du marketing relationnel. Comme le précise Faouzi Chaabi, directeur général de l'enseigne : « Le programme de fidélité nous permet d'identifier les habitudes d'achat et le mode de consommation de nos clients, grâce à des études psychographiques périodiques menées par un cabinet spécialisé. Cela nous permet aussi d'améliorer nos services en fonction des tendances de consommation en convergence avec un véritable enjeu d'instaurer un dialogue pérenne et de rester au plus près de nos clients[1] ». Autrement dit, la carte Gold est un moyen de mieux cerner les attentes et besoins des consommateurs et en particulier des clients fidèles et réguliers qui en bénéficient. L'objectif était de développer en grande distribution une connaissance et une relation proche de celle que l'on connaît avec l'épicier traditionnel. Faouzi Chaabi déclare par ailleurs sur ce point : « L'approche famille reste au cœur de notre stratégie de développement de manière générale. Nous voulons nous distinguer de nos concurrents en étant proche de

---

[1] « La fidélité des clients d'Aswak Assalam récompensée », *Yabiladi*, 11 juin 2014.

nos clients. Les comprendre et surtout les connaître représente une priorité ; chose qui est tout à fait nouvelle dans la grande distribution. Si les concurrents misent sur le prix, nous c'est surtout la qualité qui nous importe. L'objectif est de reproduire cette vision de l'épicier du coin dans nos magasins[1] ».

La carte de fidélité d'Aswak Assalam est considérée comme un succès retentissant dans la profession et, selon certaines sources, la carte Gold représenterait à ce jour 40 à 50 % du chiffre d'affaires de l'enseigne[2]. Si à la fin 2014 cette dernière comptait 500 000 clients fidèles, elle en revendique plus de 900 000 en 2018[3] et semble avoir dépassé le million au début de l'année 2019. L'enseigne revendique de fait le leadership national de la fidélisation au Maroc. L'efficacité du programme est régulièrement mise en avant. Ainsi, selon un communiqué de l'enseigne : « 50 % des adhérents de 2009 seraient toujours actifs en 2018. Par ailleurs, le panier moyen des clients détenteurs de la carte de fidélité aurait triplé en moins de 5 ans, de même que la fréquence de visite des hypermarchés serait quant à elle passée de 2 à 5 fois par mois[4] ».

« J'ai pris la carte Aswak depuis le début. C'est très intéressant surtout quand on a une grande famille avec les parents âgés. On a des points qui sont donnés. Moi, aujourd'hui, j'ai beaucoup de points et tu peux avoir des cadeaux avec des chèques... et après il y a aussi des bonnes affaires comme les promotions qui sont réservées pour ceux qui ont la carte... c'est très bien. Mais ce que je préfère aussi, c'est la caisse spéciale où je passe souvent pour gagner le temps. Bon normalement il faut l'autre carte Gold, mais la caissière elle me connaît et me laisse souvent passer... Je fais attention à toujours faire mes courses à Aswak aussi pour les points... » (Nadia, 44 ans, Rabat)

Il existe peu d'informations disponibles sur le fonctionnement des cartes de fidélité. Cependant, en nous appuyant sur des données issues de travaux de fin d'études de recherches appliquées, nous pouvons avancer quelques éléments intéressants. Ainsi par exemple, dans le cadre d'une enquête menée en 2012 au sein du magasin Aswak Assalam de Kénitra, Mehdi Bouaita montre que la notoriété de la carte Gold est relativement élevée (connue par 75 % des clients Aswak). Cette notoriété est surtout assurée au travers des actions en magasin (56 % des cas) et à un niveau plus modeste au travers des brochures (environ 20 %) ou encore du bouche-à-oreille (un peu moins de 14 %).

---

[1] « Aswak Assalam gâte ses clients », Les Éco.ma, 22 juin 2014.
[2] Albayane, 4 avril 2016.
[3] « Aswak Assalam célèbre ses 19 ans », Challenge.ma, 26 décembre 2017.
[4] « Grande distribution : un million d'abonnés pour le programme de fidélité d'Aswak Assalam », *Le Matin*, 28-30 décembre 2018.

Figure 13 : Sources de notoriété de la carte Aswak Assalam

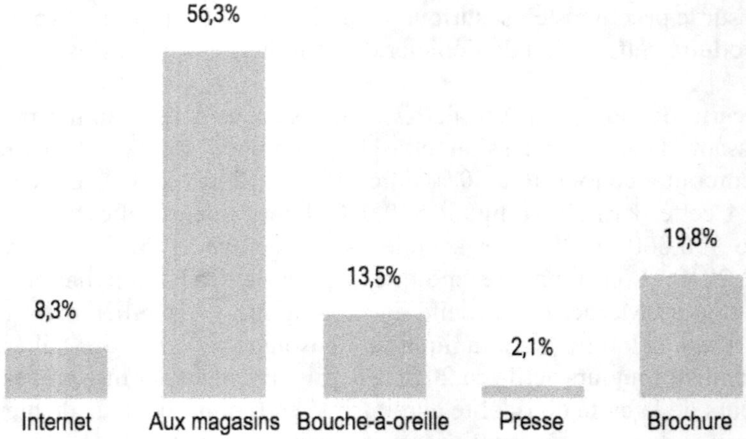

Source : Bouaita (2012, p. 42).

Plus encore, Bouaita relève que le taux de pénétration de la carte est relativement élevé puisque 72 % des clients interrogés sont inscrits au programme de fidélité. Par ailleurs, le système de récompense proposé par la carte est relativement bien valorisé par les clients puisque plus de 80 % des personnes interrogées le jugent globalement intéressant (regroupement des catégories assez intéressant avec 45,8 %, intéressant avec 19,3 % et très intéressant avec 15,6 % des répondants).

Figure 14 : Perception du système de récompense de la carte

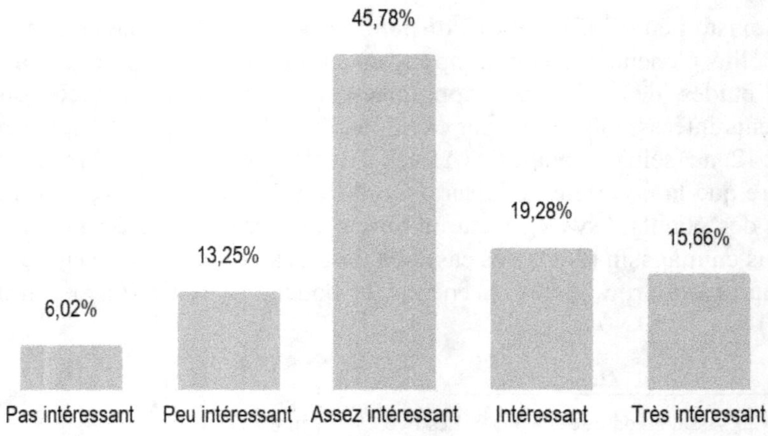

Source : Bouaita (2012, p. 43).

Ainsi, la possession de la carte et les avantages associés perçus font que 76 % des répondants déclarent que la carte influe significativement sur leur comportement d'achat. Par ailleurs, la carte de fidélité contribue tout aussi significativement à une forme de communication positive par bouche-à-oreille des possesseurs à l'égard de l'enseigne Aswak Assalam. Elle est en effet citée comme vecteur de communication sur la marque par près de 58 % des répondants (regroupement des catégories : occasionnellement, assez souvent et souvent, cf. figure 15).

Figure 15 : La carte de fidélité vecteur de communication positive sur la marque

Source : Bouaita (2012, p. 45).

2.3. Les malls comme nouvelles centralités de la consommation

La multiplication des malls, en particulier dans les principales villes du Maroc, contribue à faire passer au second plan le centre-ville traditionnel (médina et centre colonial) qui est dès lors abandonné aux classes modestes, voire populaires, de même que les supermarchés situés dans les zones résidentielles sont progressivement réduits aux achats d'urgence ou d'appoint. Le mall devient ainsi la centralité de référence, en particulier pour les jeunes (Harroud, 2009, p. 86) : « pour les jeunes… pour lesquels la valeur historique et nostalgique de la médina est faible, les malls constituent même la centralité principale. Ce ne sont plus les valeurs historiques, mémorielles ou patrimoniales qui donnent de la valeur aux lieux centraux, mais la possibilité de consommer moderne, de se divertir, d'être vus et de se faire voir par ceux qui peuvent identifier – à défaut d'apprécier – les signes de distinction mis en avant ». Ce déplacement des centralités de consommation vers les malls traduit symboliquement une sophistication des besoins et attentes des clients en termes d'offre (accès aux enseignes étrangères de luxe), d'affichage et de distinction sociale (se mêler à une clientèle nationale aisée et étrangère) et s'éloigner des catégories sociales modestes ou moyennes. Les malls sont ainsi devenus des lieux de sortie privilégiés pour la population marocaine, en particulier les week-ends et jours fériés et vacances (*§ 2.3.1*). Ces sorties s'inscrivent dans des logiques variées définissant autant d'usages catégoriels des malls (*§ 2.3.2*).

2.3.1. La clientèle des malls

Les malls du Maroc, et en particulier ceux des années 2010, ont connu une évolution remarquable de leur trafic, contribuant d'ailleurs par là même à accélérer le déclin des centres commerciaux traditionnels. Pour autant, le trafic reste cependant très lié à l'implantation périphérique ou centrale. Ainsi, par exemple, Borj Fès qui est implanté au cœur de la ville connaît un trafic important, y compris en semaine.

A. Clientèle locale *vs* clientèle internationale

Les clients sont majoritairement des clients locaux. « Au Morocco Mall, la clientèle provient essentiellement de la région du "Grand Casa" mais, pendant les périodes de vacances et les jours fériés, les habitants d'autres villes s'y rendent pour le shopping et les loisirs. Il est en outre souligné la présence de touristes internationaux de passage à Casablanca tout au long de l'année avec également de fortes visites des MRE pendant la période estivale. Pareil pour Al Mazar où 86 % des clients sont des habitants de Marrakech et qui représentent 80 % du chiffre d'affaires. Les touristes nationaux (résidents de Casablanca, Rabat, Agadir) constituent 9 % des clients et génèrent 15 % des recettes[1] ».

La clientèle internationale n'est pas en reste. Elle est de plus en plus présente en particulier au Morocco mall. Cette présence peut être observée en cours d'année dans la plupart des malls de Casablanca, Rabat et Marrakech ; mais, on peut également la percevoir au travers des nombreux commentaires en langue étrangère laissés sur les sites d'évaluation en ligne[2]. Par ailleurs, ces malls bénéficient également du boom du tourisme horizontal intra-MENA (zone Moyen-Orient et Afrique du Nord) et du tourisme intra-africain[3]. Ainsi en est-il par exemple de la classe moyenne et supérieure subsaharienne qui, de plus en plus lassée des formalités de visas et du piètre accueil qui leur est réservé en Europe, privilégie le territoire et les malls marocains qui proposent

---

[1] « Les Marocains craquent pour les malls », *La Vie économique*, 20 avril 2015.

[2] On notera que concernant cette clientèle, les commentaires ne sont pas souvent positifs en ce sens que les malls du Maroc, à quelques exceptions près, ne sont pas forcément aux standards des grands malls internationaux.

[3] Il ne faut pas oublier que Casablanca est devenu un *hub* important dans les mouvements de personnes entre la France et l'Afrique.

une offre équivalente à celle qui existe en Europe[1] avec une facilité d'accès et de desserte en constante amélioration.

B. Une clientèle différenciée selon la catégorie sociale

L'espace commercial du mall n'a pas été conçu pour toutes les catégories sociales. Ainsi, les classes populaires sont pratiquement exclues des malls (et pas uniquement du fait de la rareté des moyens de transport) qui restent fréquentés essentiellement par les catégories sociales aisées et les classes moyennes supérieures. Les propos suivants émanant d'un développeur de centres commerciaux sont, de ce point de vue, particulièrement significatifs : « le nouveau type d'espace fermé semble bien avoir remplacé les espaces publics urbains, du moins pour une bonne frange des limitrophes… Dans ce grand espace, ce sont les gens qui appartiennent aux classes aisées et moyennes qui viennent pour se rencontrer, prendre un café et, accessoirement, faire leurs courses et voir une vraie vitrine du monde occidental[2] ».

En effet, les promoteurs des malls mettent régulièrement en avant (avec force sondages et enquêtes) la nette prédominance d'une clientèle aisée… On peut cependant noter une certaine hétérogénéité des profils sociaux fréquentant les malls et, si les classes aisées – et les MRE à certaines périodes de l'année[3] – restent les catégories dominantes, on y observe, en particulier dans les *food courts*, mais de manière marginale, d'autres profils sociaux à revenus plus modestes.

C. Une clientèle différenciée selon une base temporelle

Tarik Harroud dans un article des plus stimulants sur les malls de Rabat montre combien « les rythmes de fréquentation des malls sont diversifiés selon les profils, revêtant ainsi une sorte de mixité sociale qui peut être qualifiée de désynchronisée dans laquelle les moments et les lieux de fréquentation tendent à se distinguer d'un individu et d'un groupe à l'autre » (Harroud, 2015, p. 80). L'auteur relève ainsi que les familles modestes ont tendance à privilégier la fin de semaine et les vacances. Pour autant, nos observations permettent de faire le constat que, contrairement aux conclusions de Harroud, ces familles se retrouvent principalement dans les centres commerciaux traditionnels, les parcs et galeries commerciales et sont très peu présentes dans les malls modernes. En effet, l'objectif ultime de ces ménages

[1] Le360.ma, 16 avril 2015.
[2] *L'Économiste*, n° 2710, 8 février 2008. Propos d'un développeur de centres commerciaux à Casablanca.
[3] Principalement durant les périodes estivales.

étant bien souvent les courses alimentaires opérées dans les centres commerciaux, la promenade dans le mall ayant plutôt le statut de produit joint.

Les populations plus jeunes et les étudiants, pour reprendre les résultats de Tarik Harroud, ont quant à eux tendance à plébisciter les après-midi, moments privilégiés pour fréquenter les diverses salles de jeu et les multiples cafés et *food courts*.

2.3.2. Les malls et leurs usages

Les malls et centres commerciaux donnent lieu à une diversité d'usages qui recoupent d'ailleurs largement ceux que nous avons pu observer dans les pratiques de marchandisage dans la grande distribution (Marjane en particulier). Pour autant, si les usages sont diversifiés, ils restent marqués par davantage d'entre-soi.

A. Consommation, information, divertissement et flânerie

Les malls sont tout à la fois des lieux d'approvisionnent, de consommation et d'achat, mais également des lieux d'information, des espaces de promenade, de déambulation et de flânerie ; des lieux de divertissement, de rencontres et de socialisation (cf. sur ce point Harroud, 2009).

a) Des lieux d'achat et de consommation

La fonction première du mall en tant qu'espace commercial est d'être avant tout un lieu d'achat et de consommation même si son rôle déborde largement cette fonction (pour laquelle il a été initialement conçu) pour englober des fonctions hédoniques, symboliques et sociales. Les malls constituent des espaces confortables, esthétiques et sécurisés promouvant la liberté de consommer, notamment pour les femmes dont la place, par contraste, est plus ou moins contestée dans les commerces traditionnels, comme en témoigne le propos suivant d'une de nos interlocutrices : *« dans le mall, c'est super pour faire ses achats de vêtements, de cadeaux et même parfois quand ça existe, d'alimentation. Moi je préfère le mall pour acheter parce que c'est couvert, tu n'as pas la pluie, tu n'as pas le soleil et quand tu as fini tes courses, tu peux te reposer tranquille au café… et tu peux même donner rendez-vous aux amies pour faire les courses ensemble »* (Maïmouna, 38 ans, Rabat).

b) Des lieux d'information

Les malls sont également souvent utilisés comme lieux d'information et d'exploration à la fois sur les produits (nouveaux produits, nouvelles tendances…) et les prix. Ils sont un catalogue « vivant » à la portée de tous.

On y vient donc pour s'informer, se former, butiner… quitte même parfois à aller acheter ailleurs lorsque les prix sont jugés trop élevés.

Il est vrai que dans des environnements où l'information est rare et souvent coûteuse à obtenir, le marché peine à remplir pleinement son rôle. Dans ces conditions, les malls jouent un rôle économique et social de premier plan en contribuant à améliorer les compétences du consommateur et partant à réduire fortement les asymétries informationnelles typiques des pays émergents. Dans les malls, comme dans les grandes surfaces, les produits sont exposés et visibles, les prix sont affichés et l'information est libre. Cette information peut même être riche et circonstanciée quand elle prend la forme de conseils donnés par des vendeurs expérimentés.

« Oui moi je vais au mall parce que c'est pratique pour comparer les produits et les prix, demander des conseils, etc. J'achète pas souvent parce que c'est cher mais après, quand je vais dans les grandes surfaces, je sais négocier et je comprends mieux les offres » (Rabi3a, 43 ans, Casablanca).

« Quand je vais au mall, c'est comme à la télé, je vois tout ce qui est bien et qui vient de la France… parfois j'achète quand c'est pas très cher, parfois je note ou je prends la photo avec mon iPhone. Je sais que ça existe et je note dans ma tête pour plus tard. Surtout pour les bonnes marques, quand c'est trop cher… comme ça tu peux attendre de faire un peu d'économie » (Milouda, 39 ans, Casablanca).

c) Des lieux de divertissement, de flânerie et de rencontres

Les malls sont aussi un lieu de divertissement surtout parce qu'un certain nombre d'entre eux (les plus récents) ont été conçus en intégrant cette finalité. Autrement dit, l'on vient au mall pour s'amuser ou participer à des activités ludiques et « accessoirement » pour consommer, notamment pour les consommateurs aux ressources contraintes.

Dans un article au titre évocateur : « Les Marocains craquent pour les malls », le journal *La Vie économique* constate que les centres commerciaux sont devenus au cours des dernières années « les principaux lieux de sortie des Marocains pendant le week-end ». Les Anglo-Saxons ont l'habitude d'utiliser la notion de *« retailtainement »* pour mettre en avant cette idée d'alliance entre « parc de loisir » et « parc de consommation ». Cette notion est maintenant partie intégrante du quotidien des Marocains, dans les grandes villes tout au moins : *« Dans les malls, il y a toujours plein d'activités que tu peux faire avec tes amis. Tu peux faire le bowling, la patinoire… Tu peux faire du cinéma dans certaines villes… J'ai vu à Tanger surtout. Donc tu te retrouves avec tes amis et tu profites de la journée… et quand tu as fini ta journée tu vas manger au food court ou tu vas faire tes achats dans les boutiques avec tes copines, c'est bien !* » (Farida, 28 ans, Rabat)

Les activités de divertissement que les malls proposent se doublent, dans les pays en développement (pays MENA, Afrique, etc.), d'une tendance des visiteurs à utiliser ces espaces aux fins de promenade, de flânerie et de rencontres pour des raisons culturelles (importance du lien social), climatiques (seuls espaces publics climatisés en été et chauffés en hiver) et de ressources contraintes (moyens limités pour accéder aux marques notamment étrangères) : « *nous on aime bien aller au mall dans l'après-midi. C'est très animé et c'est jeune. C'est là qu'on retrouve tous nos amis. Au mall tu es toujours sûr de pas être seul. C'est "the place to be" comme disent les Américains et en plus c'est bien climatisé, on peut tourner toute la journée calme et en sécurité... Il fait pas trop chaud et y a pas la pluie et t'as pas de problèmes quand tu connais trop bien les vigiles... On tourne, on tourne, on prend des cafés et aussi parfois des glaces... on regarde aussi les filles et parfois on marche avec elles pour discuter un peu... tu vois. Parfois on les invite pour une glace et elles disent oui et aussi on va au food court pour traîner dans les restaurants même si c'est un peu cher et ça passe le temps, c'est très bien* » (Mohamed, 24 ans, Tanger).

B. Consommation... mais dans l'entre-soi

Pour la clientèle plus large, le mall participe bien entendu de valeurs hédonistes et individualistes mais également de valeurs communautaires. Il permet de se retrouver entre pairs, entre personnes de la même catégorie sociale et dans tous les cas, limite très fortement le brassage social inévitable dans les centres urbains traditionnels et devenu fort probable dans les anciens centres commerciaux désormais accessibles au large public *via* les transports en commun. Dans ce sens, Tarik Harroud (2016) montre comment l'inscription spatiale de ces malls ou centres commerciaux de nouvelle génération par rapport aux réseaux de transports collectifs (bus, tramway) contribue à favoriser la segmentation sociale. En effet, ce n'est que dans des cas très rares que le réseau de bus dessert ce type de malls, ce qui constitue un obstacle important pour les catégories sociales modestes généralement non motorisées. Ces espaces de vente sont ainsi pensés et situés de manière exclusive des franges populaires et modestes de la population, qui non seulement n'ont pas les moyens d'accéder à l'offre proposée, mais sont généralement sources d'importunités et de désagréments pour les clients des classes moyennes supérieures, aisées et les étrangers en capacité d'acheter des marques premiums. Ces clients nantis cherchent refuge dans ces malls dans une perspective de distinction et de séparation de ceux qui ne sont pas comme eux, qui n'ont pas les mêmes valeurs, les mêmes référentiels et les mêmes niveaux de ressources.

Conclusion

Une fois qu'il est dans le magasin, le consommateur se caractérise par des comportements et des parcours particuliers. Il est dès lors nécessaire, pour le responsable marketing du magasin, de cerner les objectifs de visite du consommateur, les contraintes temporelles auxquelles il est soumis, les logiques sous-jacentes à son appropriation de l'espace du point de vente.

La distribution moderne met par conséquent en œuvre un certain nombre d'actions visant à influer sur le comportement du consommateur et sur la teneur et la valeur de son panier moyen. Ces actions passent par l'agencement et la disposition des produits, la politique promotionnelle, le management *ad hoc* du personnel en contact, la « manipulation » de l'atmosphère en magasin et plus largement la mise en place de logiques de fidélisation et de GRC. Ce faisant, la distribution moderne vise à remplir un éventail de fonctions recherchées simultanément ou « disjointement » par les consommateurs, en l'occurrence les fonctions premières d'achat et de consommation (large ou segmentée), mais aussi d'information et d'exploration (des nouveautés) et enfin de divertissement, de socialisation et de flânerie.

Conclusion

CHAPITRE 3

PROFILS ET FIGURES SINGULIÈRES DE CONSOMMATEURS

Très récemment, les recherches en marketing se sont intéressées plus spécifiquement à certaines catégories de consommateurs, traditionnellement délaissées, car ne représentant pas les cibles *mainstream*. Il s'agit en particulier des consommateurs pauvres, des consommateurs âgés, des jeunes et enfin des femmes. Ces différentes catégories de consommateurs se démarquent par des comportements de consommation singuliers dont la compréhension présente un grand intérêt pour les chercheurs mais également pour les praticiens du marketing. Pour autant, si ces catégories ont fait l'objet d'un nombre croissant de travaux en Europe et plus largement dans les pays occidentaux, il n'en va pas de même dans les pays émergents, et notamment au Maroc où, de manière générale, les réflexions sur le consommateur restent à la fois rares et peu abouties.

En nous appuyant sur les quelques données parcellaires dont nous disposons, nous souhaitons, dans ce chapitre, faire le point sur l'état des connaissances sur ces catégories singulières de consommateurs et sur leurs pratiques. Nous abordons ainsi successivement les consommateurs pauvres qui, du fait de leur poids important, constituent une vraie problématique de recherche dans le cas du Maroc (et des pays émergents) ; puis les seniors ou personnes âgées qui, pour de nombreuses raisons que nous évoquerons par la suite, sont une catégorie qui recoupe fortement la précédente, mais accumule d'autres vulnérabilités physiques, de « littératie », etc. L'analyse des comportements d'achat et de consommation de cette catégorie est d'autant plus attendue que le Maroc connaît un vieillissement démographique et que les seniors commencent à y représenter une part importante de la population (Gallouj, 2014). Dans un troisième temps, nous nous intéressons aux jeunes consommateurs qui ont un rôle souvent important en tant que prescripteur, ont une appétence pour la consommation, maîtrisent les outils informatiques pour préparer ou finaliser leurs choix, mais qui ne disposent pas forcément de ressources économiques suffisantes. Enfin dans une dernière section, nous nous intéressons plus spécifiquement aux consommatrices en montrant en particulier qu'elles peuvent être vues comme de « nouvelles entrantes » dans la sphère de consommation moderne qui leur offre un espace d'expression et de liberté dans une société patriarcale qui restreignait leur accès au dehors (à la sphère publique et de loisirs) il y a quelques années encore.

3.1. La problématique du consommateur pauvre

Traditionnellement, le marketing, que ce soit en théorie ou en pratique, s'est intéressé prioritairement aux consommateurs solvables, disposant de ressources physiques, cognitives et économiques, en l'occurrence aux classes moyennes et supérieures. C'est d'ailleurs en large partie la montée de ces classes moyennes qui reste l'élément descriptif le plus récurrent dans les réflexions sur les pays émergents. Depuis les années 2000 cependant, les consommateurs pauvres commencent à faire l'objet d'une attention renouvelée, en raison de l'élargissement de leur base (y compris dans les pays développés) et de l'émergence de cadres théoriques permettant d'analyser leurs comportements et pratiques (BoP – Prahalad et Hart, 2000 ; capabilités – Sen, 1985 ; TCR – Mike *et al.*, 2012).

3.1.1. Consommateur pauvre : une problématique inscrite dans l'histoire

La problématique du consommateur pauvre n'est pas nouvelle en sciences humaines et sociales, et les réflexions et pratiques marketing qui s'y intéressent peuvent s'appuyer sur de larges corpus théoriques tant en économie qu'en sociologie. Par exemple Engel (au milieu du XIXe) fait un lien entre pauvreté et dépenses alimentaires. Il avance l'idée, très largement répandue depuis lors, selon laquelle, plus un ménage ou un consommateur est pauvre et plus la part des dépenses qu'il consacre à l'alimentation est importante. Au début du XXe siècle, en s'appuyant sur les travaux précurseurs de Frédéric le Play, Benjamin Seebohm aborde lui aussi la pauvreté en évoquant la question du besoin ressenti par les individus. L'auteur évoque la nécessité de l'établissement d'un « panier de biens nécessaires ». Maurice Halbwachs, pour sa part, considère que la pauvreté ne peut s'analyser qu'au prisme de la dimension économique. Ainsi, il importe d'étudier les goûts des consommateurs et leurs systèmes de préférence qui sont largement affectés par les conditions sociales du moment et la culture locale.

Le travail de Caplovitz (1963) souligne la double peine que subissent les consommateurs pauvres. Ces derniers disposent de ressources économiques limitées qui constituent une barrière quant à l'accès à la sphère de la consommation des biens ; mais par ailleurs, ils paient généralement plus cher qu'un consommateur avisé pour accéder à ces biens puisqu'ils ne disposent pas des connaissances du marché leur permettant d'optimiser leurs choix. Cette conception de la pauvreté a été critiquée, car elle ne prend en considération que les besoins physiques et ne tient pas compte des besoins psychologiques et sociaux (Bauman, 2005). Partant de là, la pauvreté a été comprise comme l'absence de ressources (y compris sociales) ou comme le résultat de l'incompétence des individus dans leur maniement. Cette position, intéressante au demeurant, dépasse le cadre de l'absence des ressources (économiques, sociales ou culturelles) pour inclure la capacité de l'individu à les mobiliser lorsqu'elles sont disponibles. Cette idée converge avec la théorie des capabilités de Sen (1985) dont le principe central est que, afin de fonctionner efficacement dans la société et d'élargir leurs choix de vie, les individus ont besoin de disposer d'un assez large éventail de capabilités et pas seulement d'un revenu suffisant. Enfin plus récemment, Serge Paugam (2012) met en avant le concept de « disqualification sociale » qui renvoie au « processus d'affaiblissement ou de rupture des liens de l'individu avec la société, au sens de la perte de la protection et de la reconnaissance sociale ». L'auteur distingue trois formes principales de pauvreté : la pauvreté intégrée qui correspond à une société où les pauvres se distinguent relativement peu des autres couches de la population, la pauvreté marginale qui touche une partie de la population et qui a tendance à diminuer avec la croissance économique et le développement des transferts sociaux[1], et enfin la pauvreté disqualifiante qui menace subjectivement tous les travailleurs du fait de la crise du marché du travail.

3.1.2. Cerner les consommateurs pauvres au Maroc

La définition même du consommateur pauvre n'est pas stabilisée, d'autant qu'elle est relative et multidimensionnelle. En effet, la pauvreté ne peut pas être que monétaire. Au-delà de la dimension monétaire, on doit également tenir compte d'autres variables comme l'insertion sociale et le niveau de vie. Par ailleurs, la pauvreté peut s'inscrire dans une logique objective (observation et analyse des données quantitatives de revenus), tout comme elle peut être subjective (perception par les individus des niveaux et conditions de vie). Les travaux existants permettent de distinguer deux catégories de consommateurs pauvres : (a) les consommateurs pauvres caractérisés par une demande solvable ; autrement dit, des personnes qui ont un emploi plus ou moins stable mais dont les revenus sont faibles ; (b) les consommateurs pauvres caractérisés par une demande non solvable, qui n'ont pas de revenus ou des revenus plutôt aléatoires (les travailleurs journaliers ou à la tâche, les marchands ambulants[2], etc.).

En 2014, et selon un rapport du HCP (Haut-Commissariat au Plan), 1,6 million de Marocains (soit 4,8 % de la population) étaient en situation de

[1] C'est également cette forme de pauvreté qui s'applique aux individus inadaptés au changement du marché du travail, aux handicapés et autres nomades…

[2] Sur ce point, on se référera à notre contribution : *« Informal retailing and itinerant marchants in Morocco : between repression and institutionalization »* (Gallouj, 2017).

pauvreté absolue et 4,2 millions en situation de vulnérabilité[1], en régression par rapport à 2009 (cf. figure 16). On peut cependant penser que ces chiffres du HCP doivent être très largement revus à la hausse sur la période récente où, du fait de la pandémie COVID 19, de nombreux consommateurs à la marge ont sans aucun doute basculé dans la pauvreté absolue.

Figure 16 : Indicateurs de pauvreté et de vulnérabilité entre 2007 et 2014

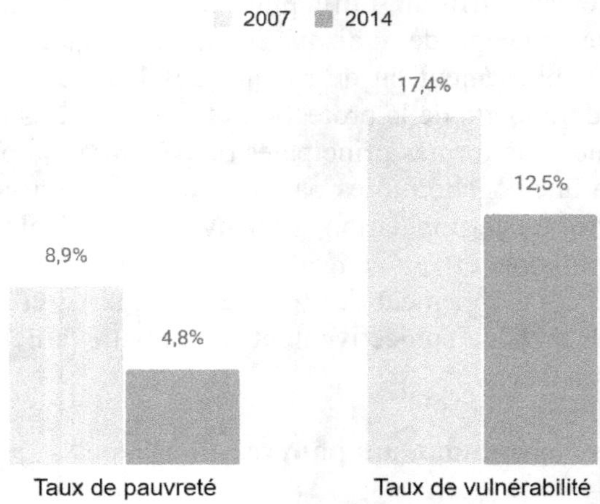

Source : HCP-ENNVM 2006-2007 et HCP ENCDM 2013-2014.

Pour autant, la pauvreté et la vulnérabilité, telles qu'elles sont mesurées en termes monétaires, n'offrent pas une image réelle et complète de la pauvreté telle qu'elle est. Cette dernière n'est pas uniquement un phénomène technique quantifiable, elle est également sociale (rupture des liens) et par conséquent ressentie. On parle alors de pauvreté subjective. Cette forme ou vision de la pauvreté est mesurée par le HCP à partir de questions portant sur les perceptions qu'ont les ménages eux-mêmes de leurs propres situations en comparaison avec les autres ou avec un idéal type. On constate ainsi que bien que le Maroc ait enregistré une amélioration globale de son niveau de vie, la pauvreté subjective est passée de 41,8 % en 2007 à 45,1 % en 2014.

3.1.3. Comportements et stratégies de consommation du consommateur pauvre

Dans le cas du Maroc et de la plupart des pays émergents, de nombreuses familles à faible revenu ne disposent pas de salaire mensuel fixe et sont

---

[1] Ces pauvres sont principalement localisés en milieu rural. En effet, les campagnes comptent pour 40 % de la population mais pour 79,4 % des pauvres et 67,4 % des vulnérables (leconomiste.com, rapport : 1,6 million de pauvres au Maroc).

amenées à vivre « au jour le jour ». C'est bien ce caractère très aléatoire de leurs rentrées d'argent qui les amène à effectuer leurs achats chaque jour et en petites quantités (Agriculture et agroalimentaire Canada, 2014).
Dans tous les cas, les consommateurs pauvres sont des individus vulnérables qu'il importe de cerner afin d'adapter les propositions d'offres en termes de biens et services, d'une part parce qu'ils restent rentables pour partie (Prahalad et Hart, 2002) et d'autre part dans une perspective d'inclusion sociale (Mick *et al.*, 2011). À ce niveau, on a vu que *moul'hanout*, du fait de sa proximité géographique et sociale, est sans doute mieux positionné que la grande distribution pour servir et s'adapter au consommateur pauvre, ce qu'il fait sur une base régulière. En effet, dans les quartiers populaires, les commerces de proximité – notamment alimentaires – fractionnent les unités de produits emballés pour les vendre en toutes petites quantités, adaptées au pouvoir d'achat de ces populations vulnérables (l'huile vendue au verre, le sucre vendu au nombre de morceaux, etc.). La grande distribution tente quant à elle de s'adapter. Nouvelle venue sur ce créneau, elle doit intégrer le fait que le prix n'est pas l'unique levier d'action à destination des consommateurs pauvres. Elle doit donc tenir compte également de questions de distance et d'accessibilité, car la mobilité des consommateurs pauvres est en effet fortement contrainte par l'absence de moyens de transport personnels et par la carence des moyens de transport publics.

Par ailleurs, il est également nécessaire de tenir compte de la question de l'intensité monétaire des produits et des formats de conditionnements qui ne sont pas adaptés aux besoins de ces consommateurs. Ces derniers ne souhaitent pas acheter ou plutôt n'ont pas la capacité d'acheter des gros volumes, voire même des volumes normaux, tels qu'ils sont proposés actuellement en grande distribution. La tension se situe donc au niveau de l'arbitrage entre les conditionnements en petites quantités qui coûtent plus chers à l'unité de mesure, comparés à un conditionnement en grand format et la mise à disposition de ces publics vulnérables/pauvres de produits accessibles financièrement. La latitude des enseignes de grande distribution s'annonce plus grande en ce qui concerne les marques de distributeur sur lesquelles elles disposent d'une maîtrise des coûts tout le long de la chaîne de valeur, ce qui fait des MDD le champ d'expérimentation possible d'une stratégie BoP fondée sur l'adaptation de l'offre aux besoins contraints de cette large population vulnérable (Prahalad et Hart, 2002).

Nos investigations en hypermarchés et supermarchés montrent d'ailleurs que la grande distribution nationale a en partie intégré cette question des conditionnements et du fractionnement des produits. Ainsi, on peut observer que dans de nombreux magasins les packs de yaourts sont régulièrement fractionnés et l'on comprend que le consommateur peut acheter un ou deux yaourts au lieu d'un pack de 6 ou de 12 unités, ce qui est beaucoup plus rare dans d'autres pays… en France par exemple[1].

Les consommateurs pauvres se caractérisent ainsi par un certain nombre de routines de consommation. Si l'on fait abstraction des pauvres à revenus aléatoires, on constate que les travailleurs (salariés le plus souvent) pauvres fréquentent les grandes surfaces et y font leurs courses en tout début de mois (période qui correspond à la réception de la paye mensuelle), puis se font plus rares ensuite en attendant la prochaine paye. Entre-temps, leurs besoins sont, pour l'essentiel, couverts par l'épicerie de quartier et le *moul'hanout* qui leur permet de finir le mois à crédit sans intérêt. Lorsqu'ils font leurs courses en grandes surfaces, et comme l'ont montré nombre d'auteurs (Amine et Lazzaoui, 2009a, 2009b ; Gallouj, 2018a, 2018b ; Godefroit-Winkel, 2012, 2013), ils mettent en place des processus et méthodes de gestion du budget souvent élaborés comme par exemple : le calcul du montant à chaud, au fur et à mesure de leurs achats, la mise en œuvre de routines dans leurs achats (ce qui permet d'éviter les surprises), le recours à l'aide de la caissière, qui apparaît souvent très compréhensive de ce point de vue (sans doute parce qu'elle a l'habitude d'être elle-même confrontée à la même problématique).

3.1.4. Pauvreté et subvention à la consommation

Au Maroc, une caisse de compensation a vocation à subventionner certaines denrées alimentaires de consommation de base de manière à réduire la pression des prix sur les plus vulnérables et à limiter l'irrigation de la pauvreté et de ses effets. Le budget alloué à cette caisse est relativement conséquent. Il est passé de 8 milliards de dirhams en 1998 à près de 32 milliards en 2014[2] pour revenir à environ 13 milliards en 2021. L'essentiel des subventions touche les produits pétroliers et le gaz butane (plus de 80 % du total des subventions en 2014). Le reste concerne certains produits alimentaires (farine, sucre…) ainsi que l'éducation[3]. Samira Mizbar montre cependant un biais relativement important dans l'usage ou la consommation des subventions en question. L'auteure écrit ainsi qu'en 2014 : « la structure de consommation des ménages en produits subventionnés, selon la classe sociale, a surtout profité aux riches. La classe aisée a en effet bénéficié de 14,4 % du total des subventions alors même que son poids démographique n'est que de 10,1 %. La classe moyenne quant à elle représente 58,7 % de la population mais a bénéficié de 62,2 % des subventions alimentaires et

---

[1] Pour les yaourts standards tout au moins. Plus récemment, il est vrai que Michel et Augustin ont réintroduit la tradition de vente du yaourt à l'unité (mais à un prix plutôt élevé).

[2] Il a même atteint plus de 56 milliards en 2012.

[3] Au 1er janvier 2015, le gouvernement marocain met fin aux subventions sur le gazole. Celles visant le gaz butane sont cependant maintenues (avec la farine et le sucre).

énergétiques (gaz butane[1]). La classe modeste en revanche, avec un poids de 31,2 %, n'a profité que de 23 % des subventions alimentaires et de butane » (Mizbar, 2018, p. 105), ce qui semble présenter un réel problème d'équité dans l'attribution et la gestion des subventions.

3.2. Le cas des personnes âgées… et analphabètes

Le Maroc est traditionnellement considéré comme un pays jeune et la question du vieillissement est encore perçue comme secondaire. Pour autant, ce pays, comme nombre de pays émergents, est aujourd'hui en pleine transition démographique et commence à être affecté par un phénomène de vieillissement beaucoup plus rapide que celui qui a touché les pays européens. De fait, tant les institutions que les populations ne semblent que très peu préparées aux mutations en cours et surtout à leurs effets et conséquences à venir, en particulier en termes d'impact sur les logiques et comportements de consommation (Gallouj, 2018c) et de pression sur les régimes de retraite et de prise en charge qui les soutiennent.

3.2.1. Les personnes âgées : une catégorie sociale en pleine expansion

La problématique du consommateur âgé a été largement traitée dans les travaux académiques. Dans des recherches antérieures, nous avons proposé une synthèse des réflexions menées en Europe et en Amérique du Nord sur la question de la relation personnes âgées, consommation et vieillissement (Gallouj *et al.*, 2010). L'analyse des travaux en question montre là encore que ces derniers se caractérisent par un biais marqué en faveur des pays occidentaux comme champs d'études et il n'existe à notre connaissance aucune réflexion scientifique et structurée sur ce phénomène dans le cas des pays émergents. Tout se passe comme si la catégorie des seniors se fondait dans les autres segments de population et était absente comme problématique spécifique de consommation dans les pays émergents. Cette situation trouve selon nous son explication dans deux phénomènes :

- Le premier renvoie au fait que beaucoup de pays émergents n'ont pas encore réalisé leur transition démographique. En effet, nombre d'entre eux se caractérisent encore par des taux de croissance de la population importants, appuyés sur une natalité soutenue et un poids également important des populations de moins de 15 ans.

- Le second renvoie au fait que dans les pays émergents qui ont réalisé leur transition démographique, et c'est le cas du Maroc (cf. Gallouj, 2017), les

[1] De manière plus précise : 60,6 % pour le sucre, 63 % pour la farine nationale de blé tendre et 62,3 % pour le butane.

populations concernées, contrairement à ce que l'on peut observer Europe, restent relativement pauvres (absence ou défaillance des systèmes de retraite…), et généralement analphabètes. Elles ne présentent de ce fait qu'un intérêt limité pour les recherches liées à la consommation, d'autant plus que cette frange de la population est la moins revendicative et que ses besoins propres restent ainsi plutôt invisibles.

Si au Maroc, les personnes âgées de 60 ans et plus comptent pour plus de 3,9 millions d'individus en 2020 (soit un peu plus de 11 % de la population totale), leur nombre devrait doubler d'ici 2030, date à laquelle elles devraient représenter plus de 16 % de la population. On estime même que d'ici 2050, les personnes âgées de plus de 60 ans devraient être plus de 10 millions, soit 25 % de la population[1]. Dans ces conditions, les spécialistes de la grande distribution, qu'ils soient chercheurs ou praticiens, ne peuvent pas faire l'économie d'une réflexion prospective sur les problématiques de magasinage et de consommation des personnes âgées. Il devient dès lors important pour les enseignes de mieux connaître la consommation et la structure de consommation de ces personnes âgées, leurs principaux postes de dépenses ainsi que leurs comportements et pratiques d'achat.

3.2.2. Consommation et structure de consommation des personnes âgées

Ici encore, on ne dispose que d'éléments parcellaires concernant ces problématiques au Maroc. Si l'on a pu dénombrer un certain nombre de rapports sur le vieillissement, on peut regretter que ces rapports soient à portée générale et ne s'intéressent que très rarement aux pratiques de consommation de ces populations.

La structure de consommation des ménages de 60 ans et plus comporte quelques différences par rapport à celle de la population globale. Si le poids de l'alimentaire dans leur budget (36,9 %) est globalement équivalent à celui de l'ensemble de la population (37 %), les différences sont plus marquées au niveau de l'habillement, de l'équipement ménager, des loisirs et bien entendu de l'enseignement où les ménages âgés sous-consomment largement par rapport au reste de la population marocaine. À l'inverse, comme il fallait s'y attendre, le poids des dépenses de santé est bien plus élevé. À ce niveau, il faut sans doute tenir compte d'un effet d'éviction du système de santé. En effet, il est clair que, faute d'un système d'assurance social universel et du fait de la défaillance des systèmes de retraites existants, nombre de personnes âgées, en particulier dans les zones rurales, renoncent simplement à se soigner.

---

[1] Cf. sur ce point Gallouj C. (2017), « Vieillesse et vieillissement au Maroc », *Revue francophone de gériatrie et de gérontologie*, mai, tome XXI, n° 205, pp. 174-180.

Tableau 9 : Dépenses annuelles moyennes par personne (DAMP en DH courants) et coefficients budgétaires (CB en %) selon les grandes catégories de biens et de services

		Ensemble	60 ans et plus
Alimentation	DAMP	5 874	6 154
	CB	37	36,9
Habillement	DAMP	513	462
	CB	3,2	2,8
Habitation et énergie	DAMP	3 659	3 938
	CB	23	23,6
Équipements ménagers	DAMP	504	485
	CB	3,2	2,9
Hygiène	DAMP	421	433
	CB	2,7	2,6
Soins médicaux	DAMP	965	1347
	CB	6,1	8,1
Loisirs	DAMP	300	283
	CB	1,9	1,7
Enseignement	DAMP	590	411
	CB	3,7	2,5
Transport	DAMP	1 133	1 188
	CB	7,1	7,1
Communication	DAMP	351	400
	CB	2,2	2,4
Autres dépenses	DAMP	1 567	1 586
	CB	9,9	9,5
Total	DAMP	15 876	16 685
	CB	100	100

Source : HCP (2016).

Ces différents points et constats généraux se retrouvent dans l'enquête[1] menée en 2017 par Wafasalaf (cf. figure 17) auprès des consommateurs âgés de 60 ans et plus. Selon cette enquête, trois postes de dépenses sont considérés comme prioritaires par les personnes âgées : alimentation (95 %), santé (82 %) et logement (69 %). On ne dispose pas ici d'informations sur le lien alimentation et santé. Ce lien est pourtant régulièrement évoqué dans les travaux *ad hoc* menés en Europe et en particulier en France.

[1] Base : échantillon de 508 répondants.

Figure 17 : Principaux postes de dépenses des 60 ans et plus[1]

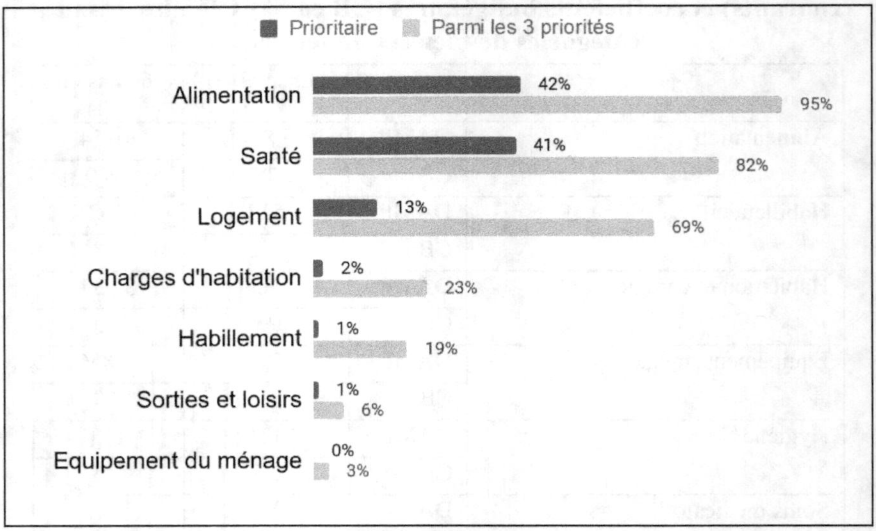

Source : *L'Économiste*-Wafasalaf, 22 décembre 2017.

Nombreux sont cependant les seniors qui déclarent éprouver des difficultés financières (83 %). Ainsi, près de la moitié des sondés avouent reporter ou diminuer certaines dépenses non vitales (voyages et loisirs) pour faire face aux priorités du quotidien. Plus encore, plus de la moitié des personnes concernées sont confrontées à ce type de situation tous les mois. Selon Wafasalaf, la pension est à 51 % la source principale de revenu de la population des seniors, suivie par l'aide de la famille et des proches (42 %). De manière générale, 52 % des seniors dépendraient du soutien financier familial, ce qui contribue à expliquer pourquoi ils se caractérisent par un taux d'endettement relativement faible. En effet, seuls 16 % des 60 ans et plus déclarent avoir des crédits en cours dont 42 % consistent en crédits à la consommation. Il est vrai que selon le HCP, 40 % des seniors vivent avec moins de 4 000 dirhams par mois et 17 % avec moins de 2 000 dirhams.

Par ailleurs, les consommateurs seniors souffrent régulièrement d'un double handicap : celui du vieillissement qui réduit leurs capacités physiques et cognitives et celui de l'analphabétisme qui apparaît encore très élevé à ces âges. De ce fait, en matière de magasinage et de pratiques d'achat dans la distribution moderne, les personnes âgées se caractérisent par des comportements, des stratégies de *coping* (Lazarus et Folkman, 1984) et des pratiques de substitution souvent originales. Nous en distinguons au moins trois que nous détaillons dans ce qui suit.

[1] « Les séniors préparent mal leur retraite », *L'Économiste*, n° 5174, 22 décembre 2017.

3.2.3. Stratégies de sélection et d'achat des produits par les personnes âgées[1]

Lorsqu'ils ont à faire leurs courses dans les GMS, les seniors mettent en place des stratégies d'ajustement de leurs pratiques d'achat à ces environnements marchands qui ne sont pas pensés, ni conçus pour eux (produits en libre-service sans intermédiation, surface de vente importante demandant un effort physique de déambulation, offre riche et variée qui ne facilite pas la tâche du choix, effet de foule, etc.[2]). Par exemple, l'installation de routines dans l'achat, en reprenant une catégorie de produits familiers et dont le prix est connu et généralement stable, est une option régulièrement observée dans les pratiques d'achat des personnes âgées analphabètes mais également d'autres catégories sociales à pouvoir d'achat limité et à capacités cognitives réduites (cf. Amine, 2018).

A. Un usage régulier des flyers magasin

Les flyers et autres prospectus distribués régulièrement auprès des foyers de la zone de chalandise et d'attractivité du magasin constituent un outil de présélection des produits à acheter et de réduction de l'incertitude pour les personnes âgées (en particulier analphabètes). Ces flyers sont perçus et compris comme présentant les bonnes affaires du magasin et servent donc de guide visuel aux personnes âgées dans leurs choix de produits. Par ailleurs, les flyers reçus au domicile peuvent permettre la présélection des produits avec le soutien cognitif des membres de la famille (enfants, petits-enfants, voisins…). Pour autant, cette pratique est très mobilisatrice de ressources humaines, d'abord pour les proches-aidants (enfants, petits-enfants, voisins, etc.) qui accompagnent les personnes âgées durant leurs achats, et à défaut, du personnel en magasin qui, dans les zones populaires, est très fortement sollicité pour guider les clients concernés vers les produits promus sélectionnés.

B. L'aide de la caissière et plus rarement des ELS[3]

Dans la mesure où les ELS sont très peu présents dans les rayons, les seniors s'appuient régulièrement sur l'aide de la caissière au moment du

---

[1] Cette section s'inspire très largement des éléments présentés et discutés par Abdelmajid Amine lors d'un colloque « Services, tourisme et distribution dans les pays émergents » que nous avons organisé à Rabat (HEC et CEPN-CNRS, université Sorbonne Paris Nord) en octobre 2018.

[2] Pour une analyse détaillée d'un côté des modalités de choix des circuits de distribution et de sélection des magasins par les seniors et de l'autre des stratégies d'adaptation de la grande distribution moderne, on se référera à Gallouj *et al.* (2010).

[3] ELS : employés de libre-service.

passage en caisse pour connaître le prix de tel ou tel produit. Cette pratique, reportée en fin de parcours de caisse pose problème puisqu'elle contribue à ralentir le flux des clients et génère des tensions dans la file d'attente. Elle se traduit dans un grand nombre de cas par le non-achat du produit et pénalise bien souvent la caissière empathique et coopérative, elle-même, à cause de la baisse de sa productivité. Elle contribue également à un encombrement de la caisse puisque les produits inadaptés sont souvent abandonnés sur place et nécessitent donc leur remise en rayon avec les risques de rupture de la chaîne du froid pour les produits frais. Le rôle de la caissière est à ce niveau beaucoup plus large puisque les personnes âgées, même lorsqu'elles ne sont pas analphabètes, ont tendance à développer des liens affectifs forts avec les personnels des magasins qu'ils appellent généralement par leurs prénoms… ou plus affectueusement par les plus classiques *« oueldi »* ou *« benti »*.

C. Le recours aux co-clients

Le recours aux co-clients est également une manière d'échapper au déficit cognitif et physique. Ce recours peut viser le co-client de manière passive ou active. Le recours passif consiste tout simplement à stationner dans un rayon et à observer le comportement d'achat d'autres consommateurs et à imiter leurs choix lorsque le senior est indécis ou ne retrouve pas le produit escompté. Les co-clients jouent ici le rôle de source d'inspiration et d'arbitrage entre les multiples options offertes par le rayon. Le recours actif passe par l'interpellation directe du co-client en lui demandant le prix des choses ; autrement dit, de lire l'étiquette produit, parfois en invoquant un problème de vue ou d'oubli des lunettes… voire d'intercepter des produits hors de leur portée (en hauteur, tout en bas ou volumineux).

« Il y a des produits hamdoulillah, je connais le prix et les prends. Après, quand je ne sais pas, j'attends dans le rayon. Il y a toujours quelqu'un qui passe et quand c'est un jeune, je lui demande souvent dis-moi "Oueldi", ce qui est écrit sur le prix ou parfois quand c'est des femmes modernes parce que celles qui viennent habillées traditionnel, elles sont souvent comme moi... elles savent pas. Mais il y a des fois des femmes habillées modernes, elles sont aussi comme moi... elles sont parfois gênées quand je leur parle et parfois je crois elles font semblant de pas comprendre et me disent de voir l'employé[1] *»* (Hachoucha, 64 ans, Tanger).

3.3. Place aux jeunes ?

Même si tendanciellement le Maroc vieillit et que la part des jeunes et des très jeunes (les moins de 20 ans en particulier) dans la population totale a

[1] Notre traduction de la langue arabe darija.

tendance à fléchir tendanciellement sur le long terme (Gallouj, 2018a), il n'en demeure pas moins que les jeunes constituent encore une part importante de cette population qui ne peut être négligée par toute recherche sur la consommation et le consommateur au Maroc. Pour autant, le périmètre de la catégorie « jeunes » reste très flou et difficile à circonscrire. Par ailleurs, la catégorie en question n'est pas homogène et il faut se garder de transférer mécaniquement des concepts, outils, voire même des représentations, élaborées dans les pays du Nord en les appliquant sans discernement, ni réflexion préalable aux pays du Sud. Il existe des jeunesses différentes qui pensent différemment et consomment différemment. Même si l'on perçoit une certaine tendance à la globalisation et à l'uniformisation des comportements, cette tendance ne gomme pas irrémédiablement les spécificités culturelles locales.

3.3.1. Une jeunesse pas comme les autres ?

Il existe à ce jour de multiples segmentations et catégorisations de la population jeune. Généralement, les travaux les plus courants distinguent la petite enfance, les pré-ados, les ados et les jeunes adultes. À chacun de ces groupes correspondent des intérêts différents, des attentes et des codes différents, des comportements spécifiques et bien entendu des modes de consommation propres. Pour autant, lorsqu'on s'intéresse au comportement des jeunes consommateurs, on doit également tenir compte de variantes culturelles importantes. Il est en effet clair que les conditions de vie et de subsistance d'une large catégorie de la jeune population marocaine incitent à la prudence quant au plaquage systématique de modèles d'analyse de société fait pour des espaces socioculturels autres.

S'il existe dans chacune des zones considérées : Europe, Afrique, Asie… une catégorie de population cosmopolite et mondialisée, il n'en va pas de même pour la grande majorité de cette population, et en particulier pour une grande partie des jeunesses respectives. En effet, on peut observer factuellement que, du fait sans doute des contingences matérielles de la vie quotidienne, la jeunesse marocaine, ou plus généralement africaine, garde cette spécificité de sortir de l'adolescence ou de la préadolescence bien avant ses homologues européennes[1].

[1] Ainsi par exemple, en zone rurale, l'on peut régulièrement croiser de très jeunes garçons ou fillettes de 4 à 5 ans à peine, qui marchent seuls le long de la route, et ce des kilomètres durant, pour rejoindre leur école, ou aller puiser l'eau et aider aux tâches ménagères. Les discussions sporadiques que nous avons pu avoir avec eux montrent des degrés de maturité dans le discours et l'argumentation sans commune mesure avec ce qu'on peut observer chez des enfants de leur âge en France par exemple. Aussi les besoins qui caractérisent et distinguent les différents segments peuvent fluctuer largement d'une culture à l'autre, d'un pays à l'autre, remettant ainsi en cause les réflexions sur les pratiques de consommation des catégories concernées.

3.3.2. Consommation et comportement de consommation des « jeunes »

Si notre connaissance du comportement du consommateur âgé reste, on l'a vu, parcellaire, on peut considérer que lorsqu'il s'agit des jeunes et des enfants, la connaissance parcellaire se transforme d'emblée en méconnaissance. Il existe bien entendu quelques réflexions et travaux généraux sur les jeunes ; mais ces derniers abordent plutôt des questions sociétales inscrites souvent dans une logique prospective (Ouard, 2009 ; Kadiri, 2015 ; CESE, 2018) et ce n'est que très rarement qu'est évoquée la problématique des jeunes consommateurs et de leur comportement de magasinage et de consommation.

Une enquête menée en 2016 par Wafasalaf au travers de son observatoire de la consommation montre que l'enfant (6 à 15 ans) prend une place de plus en plus importante dans les décisions des foyers marocains. Selon cette enquête[1], les enfants de 6 à 15 ans sont désormais largement impliqués dans les prises de décision effectuées par les parents lors de leurs achats. Ils deviennent par ailleurs de plus en plus prescripteurs et les parents sont davantage à l'écoute de leurs enfants et de leurs besoins (82 % des parents toutes CSP confondues). Cette écoute accrue aurait un impact marqué sur les dépenses des ménages qui auraient tendance à augmenter fortement, en particulier au niveau des postes éducation et scolarisation, sorties et loisirs, et habillement. Selon Wafasalaf, les enfants seraient ainsi associés à l'essentiel des dépenses du foyer. Dans 80 % des décisions, ils sont acteur principal comme par exemple dans le choix des vêtements (où près de 50 % exigent des marques), les fournitures scolaires ou l'équipement de leur chambre. L'enquête relève également que les enfants participent aux décisions concernant la liste de courses, les sorties et voyages en famille, voire même l'achat d'une voiture[2]. Elle met aussi en évidence un taux d'équipement des enfants en produits électroniques grand public non négligeable. 47 % de ces enfants disposeraient d'une tablette, 48 % d'un micro-ordinateur, et 28 % d'un Smartphone. La notion d'argent de poche serait également bien ancrée auprès de cette catégorie de population. En effet, 59 % des parents déclarent verser chaque semaine de l'argent de poche à leurs enfants dans une fourchette située entre 9 et 109 dirhams selon la CSP.

Sensible à la problématique des jeunes consommateurs (et aussi prioritairement à leur éducation), le ministère de l'Industrie, du Commerce, de l'Investissement et de l'Économie numérique a produit en 2014 un manuel « d'éducation des jeunes consommateurs » à destination des écoles, collèges

---

[1] 10 réunions de groupe avec des parents dans trois villes Casablanca, Tanger, Agadir et un questionnaire auprès de 600 parents d'enfants de 6 à 15 ans.

[2] « Les parents esclaves de leurs enfants », *Le Matin*, 27 octobre 2016.

et lycées[1]. Ce rapport circonscrit le jeune aux âges compris entre 11 et 17 ans, considérant qu'avant cela, la consommation et l'intérêt des groupes considérés sont souvent « axés sur une gamme très restreinte d'univers » (quelques produits alimentaires industriels à très forte communication, l'univers ludique avec une incursion dans le jeu numérique). Selon ce rapport, l'âge de 10-11 ans est celui à partir duquel, tant en termes de moyens (agent de poche) que d'autonomie, l'enfant bascule véritablement dans un nouvel âge où il peut prétendre à une certaine latitude décisionnelle et à une forme de responsabilité. La catégorie des jeunes, telle qu'elle est définie dans le rapport, est relativement importante. En effet, au niveau quantitatif, les 10-19 ans représentent, au Maroc, un effectif de 6 115 000 individus[2], soit 18,9 % de la population. Les jeunes en question recevraient soit au fil de l'eau, soit régulièrement au travers de l'argent de poche, entre 40 et 100 dirhams mensuels[3], ce qui globalement constitue une manne financière comprise entre 199 et 498 millions de dirhams par an. Ce budget est généralement dépensé dans des univers bien identifiés : confiserie, loisirs (cinéma, magasines...), jeux vidéo, consoles et logiciels, téléphones portables (consommation), vêtements et accessoires divers... Au-delà de la consommation au sens strict, ce qui est également important (en particulier pour les industriels et professionnels du marketing), c'est le pouvoir de prescription de ces jeunes, leur pouvoir d'influence sur les choix familiaux engageant des dépenses plus conséquentes (destinations de voyages, voitures, équipements électroniques du ménage, etc.).

L'Association marocaine du marketing et de la communication (AMMC) a réalisé en 2017 une étude originale sur les attentes et aspirations des *millenials* marocains (âgés de 15 à 24 ans[4]). Si l'on se limite aux aspects de consommation, l'étude met en avant des systèmes d'influence très divers. Elle montre en particulier que les jeunes en question sont influencés dans leurs choix de consommation par leur famille (81 %), leurs amis et camarades (74 %), la culture et la religion (58 %) et beaucoup plus faiblement par les célébrités et les médias. Les marques comme critère de choix se situent à un niveau intermédiaire (39 %). La place prise par la culture et la religion est ici, à notre sens, une caractéristique distinctive importante qui démarque fortement la jeunesse marocaine de son homologue française par exemple.

---

[1] Ministère de l'Industrie, du Commerce, de l'Investissement et de l'Économie numérique, mars 2014, manuel introductif pour l'enseignement à l'école au collège et au lycée, « éducation des jeunes consommateurs ».
[2] 3 111 000 garçons et 3 004 000 filles.
[3] Les 11-12 ans perçoivent en moyenne 40 dirhams, les 13-14 ans environ 50 dirhams et les 15-17 ans environ 100 dirhams. Nous pensons néanmoins qu'à l'échelle du Maroc, ces chiffres sont sans doute gonflés (par la logique déclarative) et que par ailleurs ils ne tiennent compte que des consommateurs localisés en zones urbaines.
[4] Enquête menée en collaboration avec le cabinet d'études Kantar-Millward Brown.

Figure 18 : Les éléments qui influencent le plus au quotidien (% d'accord)

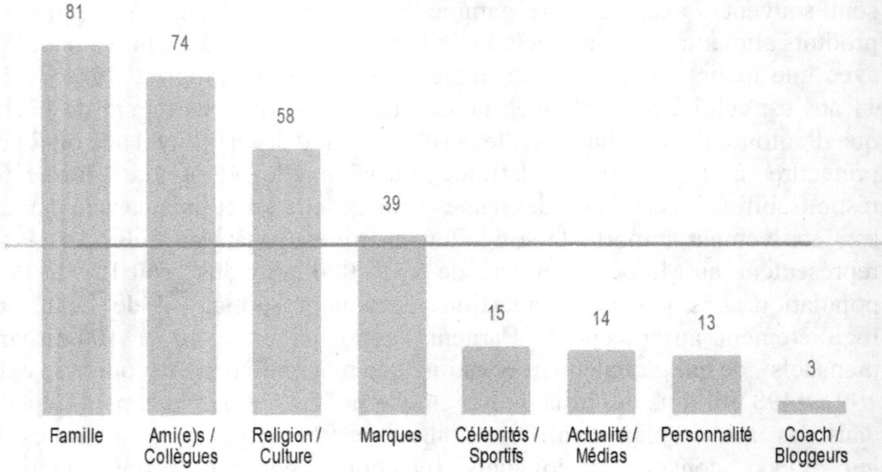

Source : AMMC et Kantar Millward Brown (2017).

En termes d'univers de consommation concernés par la participation des jeunes à la décision d'achat, la priorité va aux vêtements (à 89 %), à la téléphonie et au gaming (86 %), à la restauration et à l'alimentation (72 %).

Figure 19 : Consommation des différentes catégories de produits (en %)

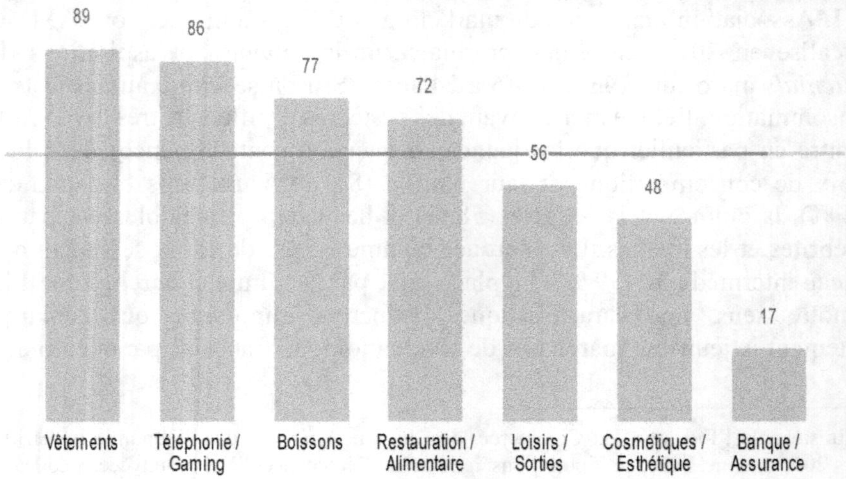

Source : AMMC et Kantar Millward Brown (2017).

Concernant les marques, les jeunes Marocains plébiscitent les grandes marques internationales dans leurs catégories de référence : téléphonie, fast-food, boissons et loisirs. Plus largement, une enquête menée par Sunergia-

L'Économiste en 2018[1] montrait une forte opposition entre les 15-24 ans et le reste de la population (à l'exception des 25-34) dans la valorisation des marques étrangères *vs* les marques marocaines. Les plus jeunes, tout en étant sensibles aux marques nationales, ont ainsi une plus forte propension à acheter des marques étrangères. Il n'empêche que cette position n'est pas antinomique d'une vision relativement positive de leur pays. Ainsi, 74 % déclarent être fiers d'être marocains et confiants dans l'avenir de leur pays.

Dans ses travaux sur les malls, Tarik Harroud évoque lui aussi les pratiques de magasinage et de consommation des groupes de jeunes dans les centres commerciaux. L'auteur montre comment les centres commerciaux sont devenus des destinations privilégiées des jeunes chalands ; en particulier, ces groupes d'adolescents et d'étudiants colonisent les *food courts* comme principaux lieux de rencontres, d'interactions et de rassemblements. Dans ces lieux, ces derniers peuvent se libérer, voire transgresser les règles socialement reconnues dans l'espace public et domestique (Harroud, 2017, 2021). L'auteur observe également que les jeunes « effectuent de véritables parades » au cours desquelles ils cherchent à montrer leur appartenance à cet univers « mondialisé de consommation, tant pour marquer leur intégration sociale et économique que leur distance à leur milieu d'origine souvent stigmatisé socialement » (Harroud, 2017). Cet affichage de l'appropriation de cet espace commercial qui s'effectue en communauté (en groupe) n'est pas toujours apprécié par les commerçants du centre commercial dont les cibles principales sont les segments d'âges mûrs ou les seniors, dont les propensions à dépenser et à consommer sont largement plus importantes.

3.4. Des consommateurs aux consommatrices : quelles spécificités ?

Comme on a pu le voir précédemment, le Maroc est un pays de tradition patriarcale. Les courses sont le plus souvent dévolues aux hommes et ce sont les hommes qui ont traditionnellement la charge de l'approvisionnement du foyer. Dans les campagnes, la « confiscation » des courses par les hommes est d'autant plus marquée que la société rurale cherche à éviter au maximum les interactions mixtes entre hommes et femmes qui seraient inévitables dans les souks par exemple, lieu d'approvisionnement par excellence dans les contrées reculées. Il est vrai également qu'au travers d'un processus hérité et auto-entretenu, c'est l'homme qui dispose (ou du moins est censé disposer) des ressources financières et des compétences en matière de marchandage et négociation, de repérage des (bons) produits, d'évaluation de la qualité et du prix. Pour autant, les femmes ne sont pas totalement exclues des souks. Elles y sont bien présentes (et sans aucun doute de plus en plus). Parfois même ces

[1] « Les Marocains préfèrent consommer local », *L'Économiste*, 28 novembre 2018.

dernières monopolisent l'espace, comme c'est le cas dans les « souks des femmes ».

3.4.1. Les femmes dans le commerce traditionnel : le cas du souk

Les souks ont régulièrement été perçus comme un domaine exclusivement masculin, que ce soit du point de vue du vendeur ou de l'acheteur, et ils le sont encore dans une certaine mesure. Nos observations dans les souks rifains montrent encore une écrasante domination de la fréquentation masculine[1]. Dans les souks en question, les femmes ne sont pas totalement absentes mais elles sont extrêmement minoritaires et souvent extérieures à la bourgade. Néanmoins, la féminisation tant des vendeuses que des acheteuses est déjà bien avancée dans la plupart des régions du Maroc. Dans les faits, la présence des femmes semble avoir été variable selon les régions. Les essais de la littérature coloniale ou parfois postcoloniale donnent régulièrement quelques indices de la présence même marginale des femmes dans les marchés ouverts. Ainsi par exemple, en référence aux années 1940, Nicolet (2015, p. 41) écrit : « il y avait aussi le coin où l'on ferrait les chevaux et les mulets, ça sentait la corne brûlée, celui des marchands de tissus où se pressaient les femmes… »

Il semblerait cependant que ce soit par les vendeuses et non par les acheteuses que s'est opérée la féminisation des souks. En effet, ces vendeuses ont intégré le souk par la contrainte de survie. Il s'agit de femmes âgées, divorcées, veuves ou abandonnées sans ressources par leurs maris qui ont pour l'essentiel infiltré le marché avec des marchandises de contrebande rapportées des villes du Nord ou avec des produits de l'agriculture ou du petit artisanat local. Ces femmes ont créé leur propre marché et continuent d'ailleurs à le développer en diversifiant leur offre et en attirant de nouvelles générations de vendeuses. Cependant, les vendeuses s'adressent majoritairement à des acheteuses, notamment parce que la majorité des produits proposés par les femmes concernent prioritairement une clientèle elle-même féminine. Il serait pourtant erroné de penser que cette tendance est généralisée et il existe encore de très nombreux souks en particulier en zone rurale où les femmes seraient encore tout à la fois malvenues et mal vues. Et lorsque c'est le cas, cet affranchissement des normes et de la pression sociales n'est pas total dans la mesure où ces femmes, vendeuses et encore plus acheteuses, sont généralement accompagnées d'autres femmes ou d'enfants qui jouent le rôle de paravent ou de protection symbolique de leur intégrité et de leur réputation.

[1] On relèvera également que longtemps les souks ont été des espaces de paix et de trêve encastrés dans des zones de désordre et de guerre… ce qui laisse inévitablement peu de place aux femmes. C'est ce qui explique que le souk est longtemps resté un lieu où l'on se rendait systématiquement armé (même si parfois la coutume et les règles locales exigeaient de laisser ses armes à l'entrée du marché).

On se rappellera également que dans les épiceries en zone rurale, si la contrainte peut faire que les femmes se rendent à l'épicerie, elles le font soit à des horaires atypiques, pour réduire les opportunités de croiser les hommes, soit selon des parcours et modes d'accès périphériques et alternatifs (cf. le cas de la fenêtre de service[1]).

3.4.2. La singularité des souks dédiés aux femmes

Certains auteurs (Hajjarabi, 1987, 1988) ont mis en évidence l'existence et surtout l'importance des souks féminins en particulier dans le Rif central. Dans ses travaux, Hajjarabi dénombre ainsi huit marchés hebdomadaires réservés exclusivement aux femmes et localisés à proximité immédiate du chef-lieu d'Al-hoceima. Ces souks sont relativement anciens et attestés historiquement tout au moins dans le cas du Maroc[2]. Déjà en 1895, Auguste Mouliéras dans son œuvre magistrale sur *Le Maroc inconnu* faisait état de l'existence de souks féminins dans le Rif : « sept grands marchés se tiennent chaque semaine dans la tribu : deux le lundi, un le mardi, deux le mercredi, un le jeudi et un le samedi ; ce dernier est réservé aux femmes seules » (p. 96). Ils étaient initialement concentrés exclusivement sur la vente de productions domestiques avant de s'étendre plus récemment à la distribution de produits divers dont une large partie est issue de l'économie mondialisée, constituant ainsi une mutation par rapport à l'idée originelle de commercialisation de biens autoproduits témoignant d'un savoir-faire local authentique.

Des pratiques ou expériences similaires sont par ailleurs relatées dans le cas de la Tunisie et à Oman (Beaudevin, 2004). L'exemple très singulier des marchés des femmes d'Oman est d'ailleurs souvent évoqué dans la presse professionnelle (cf. encadré 2).

Encadré 2 : Ibra : souk exclusivement réservé aux femmes

Chaque mercredi à l'aube, des dizaines de femmes prennent d'assaut une place de la ville omanaise d'Ibra, s'installant à même le sol pour vendre leurs produits dans un souk exclusivement réservé aux femmes. La tête couverte de longs châles bariolés, le visage parfois caché par la burqa, un masque particulier laissant apparaître seulement leurs yeux, les femmes déballent leur marchandise avant l'arrivée des clientes. Des tissus chatoyants aux parfums orientaux en passant par les produits de beauté, les bijoux et les vêtements pour enfants, le souk d'Ibra, une ville de l'intérieur omanais située à 80 kilomètres à l'est de Mascate, ne diffère guère des autres marchés traditionnels. Mais les femmes voilées qui se promènent entre les marchandises étalées sur des tapis affirment toutes le préférer

[1] Cf. sur ce point Gallouj (2020c).

[2] Ils seraient apparus, semble-t-il, beaucoup plus récemment à Oman (dans les années 1980 et 1990), si l'on en croit Beaudevin (2004).

parce qu'elles y sont plus à l'aise, sans la présence des hommes et peuvent acheter plus librement. Certaines viennent même de villes assez lointaines du sultanat. *Concurrence masculine.* Les hommes ne sont pas interdits dans le souk, mais les Omanais préfèrent déposer leurs épouses, leurs mères ou leurs sœurs, à l'entrée du marché et les attendre dans la voiture. La société omanaise est en effet extrêmement conservatrice et les sexes sont encore strictement cloisonnés. Les femmes affluent dès les premières heures du matin, même pendant le ramadan, mois de jeûne pendant lequel tout fonctionne au ralenti. « Ce marché est un phénomène nouveau. Avant, les femmes ne sortaient jamais pour vendre ou acheter », ronchonne un vieil homme en regardant de loin le marché à ciel ouvert. « Nous étions un petit groupe de femmes à vendre des jouets et des pâtisseries à côté de l'hôpital central de la ville, puis la municipalité a décidé de nous accorder un terrain », dit Salama Bint Mabrouk, 43 ans, accroupie devant un étal d'épices et de bois de santal. Mais elle déplore que les affaires marchent moins bien qu'avant. « Nous vendions bien avant que des vendeuses commencent à affluer de partout, même de Mascate », dit-elle. « Le souk des femmes est devenu l'une des principales attractions touristiques de la région, et beaucoup de gens des différentes provinces du sultanat comme de nombreux touristes y affluent », dit Mehanna Hadrami, responsable des municipalités dans la région. Il indique que la municipalité « a des plans pour l'extension du souk, qui existe depuis huit ans », assurant que l'existence de ce marché « a contribué à dynamiser la vie économique de la province ». Mais à la limite du marché, les hommes commencent à contester les femmes sur leur propre terrain, des vendeurs ambulants s'installant pour proposer leurs marchandises.

Source : AFP-L'Orient le Jour (6 octobre 1997).

3.4.3. Le commerce moderne : voie d'émancipation des femmes et de leur intégration dans la société de consommation

L'implantation et la diffusion du commerce moderne (hypermarchés, supermarchés et surtout malls) ont sans doute été un puissant vecteur de l'accroissement du rôle des femmes dans la fonction d'approvisionnement du ménage. Godefroit-Winkel (2012) propose une analyse particulièrement intéressante de la manière dont les femmes marocaines sont parvenues à s'approprier le commerce moderne. L'auteur écrit ainsi en introduction de sa thèse : « l'observation de la réalité casablancaise actuelle montre que si les marchés municipaux ou les souks sont toujours un espace à dominante masculine, les femmes sont de plus en plus nombreuses dans les supermarchés, soit parce qu'elles y accompagnent leur époux, soit, et cela est plus inattendu, parce qu'elles y font leurs courses seules ou avec d'autres femmes… Depuis une dizaine d'années, les femmes sont devenues une clientèle visible des supermarchés marocains en général et casablancais en particulier » (Godefroit-Winkel, 2012, p. 11). À un autre niveau et dans des circonstances différentes, il faut rappeler que la sociologue Catherine

Grandclément (2011) a montré comment l'invention du libre-service dans le secteur de l'épicerie a pu constituer pour les femmes un réel avantage « en les affranchissant du rapport de combativité et de connivence qu'elles entretenaient avec l'épicier » (cf. Chabault, 2017).

Des nuances doivent cependant être apportées. En effet, il faut bien noter que la présence des femmes est fortement corrélée aux caractéristiques et plus précisément au standing du magasin concerné ; autrement dit, la part des femmes s'accroît au fur et à mesure que l'on passe du supermarché populaire au supermarché moyenne gamme puis au supermarché premium. Par ailleurs, on notera également que la présence des femmes est globalement plus importante dans les hypermarchés que dans les supermarchés. En effet, du fait de leur localisation et de leur taille, les hypermarchés favorisent l'anonymat à des niveaux très nettement supérieurs à ceux qui sont permis par le supermarché qui reste malgré tout un format de proximité. Aussi les femmes traditionalistes peuvent-elles y faire leurs courses (seules ou accompagnées) en réduisant fortement les risques d'y croiser des personnes de leur voisinage. Pour les femmes plus modernes et occidentalisées, la problématique se pose bien entendu en d'autres termes. Leur forte occidentalisation fait qu'elles ont une habitude de fréquentation des hypermarchés et supermarchés ; mais cette fréquentation est également amplifiée ici par l'idée que les grandes surfaces permettent d'abord une fréquentation entre pairs, en particulier dans les supermarchés premiums ou les hypermarchés localisés dans les quartiers résidentiels de haut standing. C'est aussi pour elles un lieu de marquage du statut social puisqu'elles sont secondées la plupart du temps de leurs bonnes ou de leurs chauffeurs à qui sont déléguées les tâches de pousser les chariots, saisir les produits, d'ensacher et de porter les biens achetés.

Concernant l'intégration des femmes dans l'espace de consommation moderne, Tarik Harroud va plus loin en faisant des malls un outil ou un vecteur de résistance utilisé régulièrement par certaines femmes pour s'affranchir des normes sociales et culturelles en vigueur. Ainsi, en colonisant cet espace commercial, les femmes s'ouvrent des interstices de liberté, d'émancipation et d'expression de soi dont elles ne disposent pas en dehors de ces lieux. « C'est surtout auprès des femmes et des jeunes filles, dans le rapport qu'elles entretiennent avec ces lieux, qu'il est intéressant d'explorer ces pratiques de résistance. Les images et les valeurs d'émancipation et de liberté que ces équipements affichent, correspondent parfaitement aux attentes et aspirations de cette clientèle. Que ce soit dans les grandes surfaces alimentaires ou dans les espaces de shopping et de loisirs, nous pouvons observer la présence manifeste de groupes de femmes qui se côtoient et déambulent sans gêne dans ces espaces de consommation… Cette ambiance occidentalisée leur accorde une plus grande liberté pour s'afficher socialement et se sociabiliser librement… Ces équipements marchands… permettent aux jeunes filles de s'extraire des territorialités du quotidien et de se libérer des codes socialement reconnus dans les espaces publics ou domestiques, voire de les "transgresser" » (Harroud, 2016, p. 11).

3.5. La consommation en ligne, un mode d'approvisionnement prometteur mais encore balbutiant

Le commerce en ligne connaît un réel développement au Maroc depuis le début des années 2010 en particulier sous l'impulsion et le soutien accentué de l'administration mais également d'un certain nombre d'institutions représentatives. Ainsi, le marché du e-commerce était globalement estimé à plus de 3,3 milliards de Dhs en 2018 [1]. Pour autant, les contraintes au développement de ce secteur, que ce soit en termes d'accès au réseau ou de confiance dans le système d'offre, restent nombreuses.

3.5.1. Le e-commerce au Maroc : principales caractéristiques

On dispose à ce jour d'un certain nombre d'enquêtes et de baromètres qui donnent à voir le poids du e-commerce ainsi que le comportement en ligne du consommateur au Maroc (cf. baromètre Averty, 2011, 2013 ; LMS-CSA, 2012 ; FNEM, 2014 ; Kaymu, 2015). Ces enquêtes permettent de dessiner les contours du e-consommateur au Maroc : les principaux marchés qu'il privilégie, les caractéristiques des clients et leurs motivations d'achat ou encore la place naissante du m-commerce.

Les éléments que nous présentons dans ce qui suit permettent d'avoir une vision globale du secteur et de ses tendances. Néanmoins, il est fort probable que la pandémie de COVID 19 ait très largement fait évoluer les choses en accélérant le développement du commerce en ligne.

A. Les principaux marchés et produits valorisés par le e-consommateur

La catégorisation des produits achetés principalement par les consommateurs, autrement dit, la présentation et l'analyse des différents marchés du commerce en ligne restent relativement difficiles dans la mesure où les données issues des enquêtes sont à la fois éparses et souvent difficilement comparables (et par ailleurs datées pour l'essentiel). Les études et baromètres dont nous avons fait état plus haut, ainsi que quelques autres, apparaissent rapidement obsolètes. Néanmoins, faute de mieux, et aussi parce que ces sources donnent malgré tout quelques indications tendancielles utiles sur les orientations de la consommation en ligne, elles conservent encore

[1] Chiffre d'affaires réalisé par les sites marchands affiliés au Centre monétique interbancaire (CMI).

quelque utilité, à condition bien entendu d'être contextualisées et complétées par d'autres sources.

Ainsi par exemple, selon la FNEM[1] (2014), les achats en ligne se concentrent encore largement sur les services (49 % du total) et le shopping y prend une place non négligeable (34 %). Le tourisme mais également les services des administrations publiques (e-gouv) sont en phase d'émergence avec respectivement un poids de 11 et 5 % des achats. Une enquête plus détaillée menée par le cabinet Averty (2013), qui confirme au passage les tendances et grandeurs déjà identifiées dans l'enquête LMS-CSA (2012), montre que les achats en ligne recouvrent des catégories de produits et services très diversifiées avec des pourcentages d'acheteurs en ligne élevés pour les voyages (65 %) et l'équipement informatique (45 %) et beaucoup plus faibles pour l'électroménager (20 %), la décoration (14 %) ou encore pour les produits alimentaires (13 %), marquant ainsi un début de développement des supermarchés en ligne. Ce dernier point est intéressant à analyser dans la mesure où il constitue un début de bascule dans les pratiques de magasinage développées dans les sections précédentes et qui associaient au shopping (notamment alimentaire dans les centres commerciaux) des vertus/valeurs de socialisation, de vécu d'expériences voire d'émancipation pour les femmes et d'incursion de ces dernières (plus ou moins légitimée) dans l'espace public (et en particulier dans les lieux de consommation).

Encadré 2 : Les origines des cybermarchés au Maroc

Le premier cybermarché marocain a vu le jour en 2003 à El Jadida. Néanmoins, ce projet faisait plutôt office de première expérimentation qui a d'ailleurs pris fin en 2006. Une deuxième expérience a été lancée à Marrakech en 2005, avec Supermarché Marrakech. Ainsi, c'est principalement à partir de 2008 que l'on commence à observer un réel intérêt des opérateurs pour ce marché avec le lancement de trois enseignes dans la région de Casablanca, qui seront rapidement suivies par d'autres, au point que l'on a compté près d'une quinzaine de cybermarchands dans le Royaume. À partir de 2007-2008, on a en effet assisté à de multiples ouvertures et expérimentations de cybermarchés (shop4you, Epicerie.ma, Lescourses.ma, Economat, Sokhrati.ma…). Néanmoins, la plupart de ces enseignes n'ont pas connu un niveau de rentabilité suffisant et beaucoup ont dû, depuis lors, cesser leur activité.

L'enquête la plus récente et sans doute la plus détaillée, dont nous disposons à ce jour, a été réalisée et publiée par l'ANRT (2019). Cette enquête met en évidence le poids important pris par le textile et l'équipement de la personne (vêtements, chaussures, articles de sport et accessoires) qui arrivent en tête des produits les plus achetés sur internet (68,8 % des répondants). Les résultats de cette enquête marquent une importante évolution de l'orientation

[1] Il s'agit de la fédération du e-commerce au Maroc devenue depuis 2016 la fédération nationale de l'économie numérique marocaine.

des achats en ligne comparativement aux données des études précédentes questionnant ainsi fortement les méthodologies utilisées dans les différentes enquêtes pour collecter les données et les catégorisations non équivalentes des services et biens achetés en ligne, rendant difficiles les tentatives de comparaison.

Figure 20 : Catégories de produits/services achetés en ligne

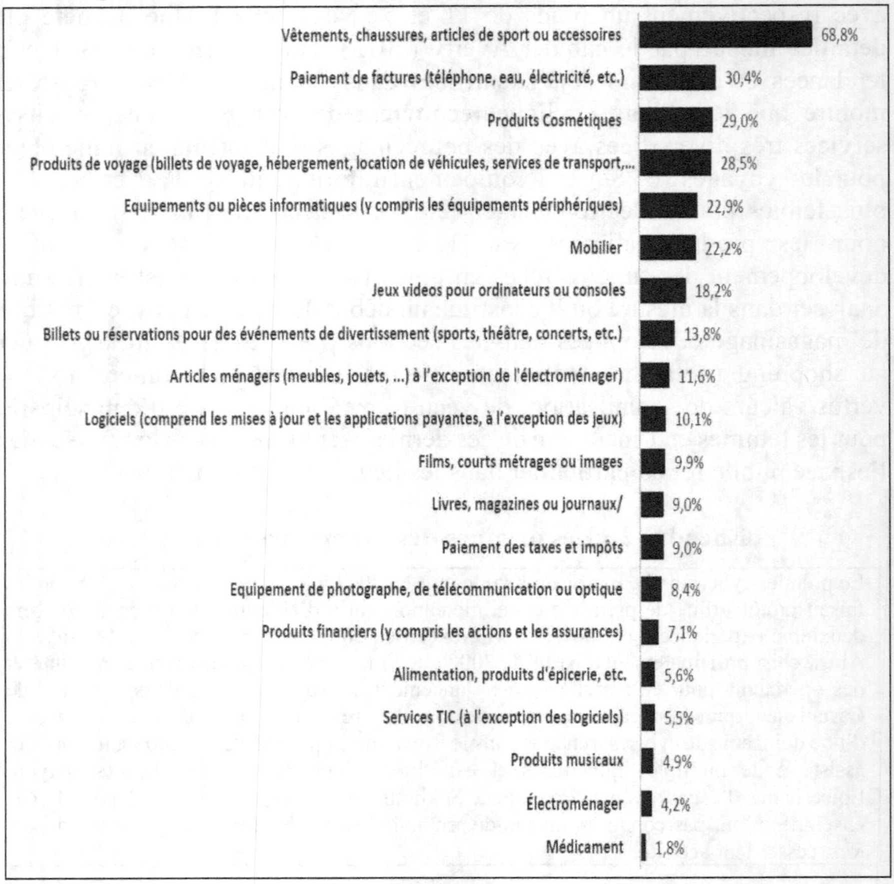

Source : ANRT (2019, p. 52).

B. Caractéristiques des clients, localisations et motivations d'achat

Nous abordons les caractéristiques principales des consommateurs en ligne à travers cinq dimensions : l'évolution de leur nombre, leur structure par âge, leur panier moyen, leur localisation et leurs motivations d'achat.

a) Le poids des e-consommateurs parmi les internautes

Si l'accès à internet se diffuse graduellement au Maroc, on constate que la proportion des internautes qui franchissent le pas vers l'achat reste relativement faible. Ainsi, d'après une enquête menée par l'ANRT en 2010, seuls 4 % des internautes achètent en ligne. Ce taux augmente graduellement d'année en année (cf. figure 21) et passe ainsi à plus de 14 % en 2018 (avec une inégale répartition entre milieu urbain : 19,2 % et milieu rural : 7,2 %).

Figure 21 : Évolution des commandes en ligne

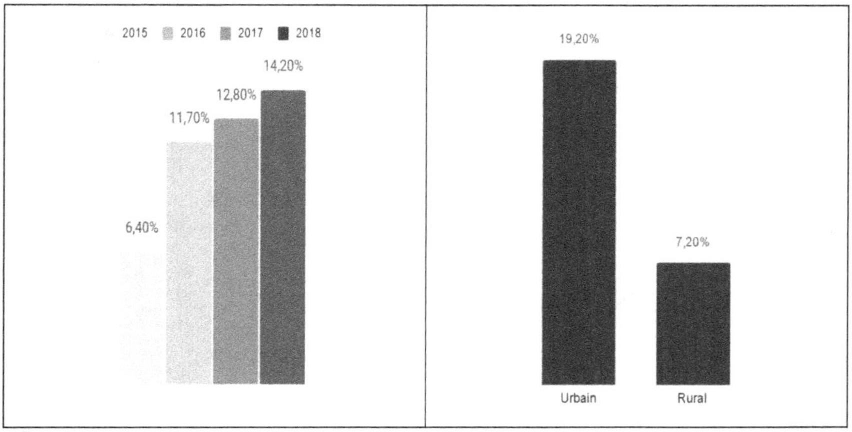

Source : ANRT (2019, p. 51).

Néanmoins, la définition de l'internaute reste ici très extensive. Par ailleurs, la notion de e-consommateur est également prise dans une acception large (incluant le paiement des factures et les relations à la e-administration par exemple). Si l'on se limite aux achats en ligne de biens alimentaires, ou d'équipement, le poids de ces e-consommateurs a tendance à se réduire fortement.

b) La structure par âge des e-consommateurs

La structure par âge des e-consommateurs est sensiblement identique à celle que l'on observe dans la plupart des pays occidentaux avec une domination des tranches d'âge les plus jeunes et une faible présence des ménages de plus de 50 ans. Ainsi, selon l'enquête Kaymu (2015[1]), l'acheteur marocain en ligne est relativement jeune, dans la mesure où 71 % des cyberacheteurs ont moins de 35 ans. Cette relation entre l'âge et l'achat sur internet a été explorée par Tariq et Eddaoudi (2009) dans une étude sur

[1] Exploitation des données collectées sur sa propre plateforme.

l'intention d'achat en ligne des consommateurs citadins au Maroc, qui a montré que l'âge impactait négativement l'intention d'achat. Dans la même veine, une enquête[1] menée par Mastercard en 2014 montre que si plus de 50 % des internautes marocains achètent en ligne, les 25-34 ans sont ceux qui achètent le plus souvent. Les 65 et plus ne sont pas pour autant exclus puisque plus du tiers d'entre eux (36 %) effectuent des achats ou réalisent des transactions sur internet (paiement de factures, approvisionnements en biens et services).

Figure 22 : Proportion d'utilisateurs selon l'âge

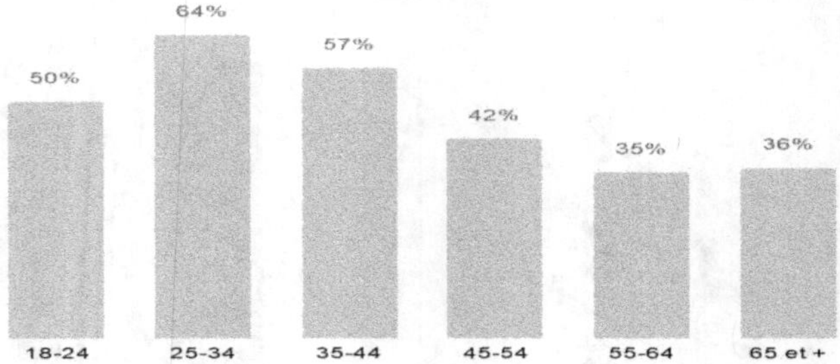

Source : Mastercard (2014).

c) Panier moyen en ligne

Le panier moyen de l'acheteur en ligne se situait autour de 700 dirhams (65 euros) en 2014. Ce panier moyen n'est cependant pas encore stabilisé et il apparaît très fluctuant selon les années (cf. figure 23).

Figure 23 : Panier moyen en ligne

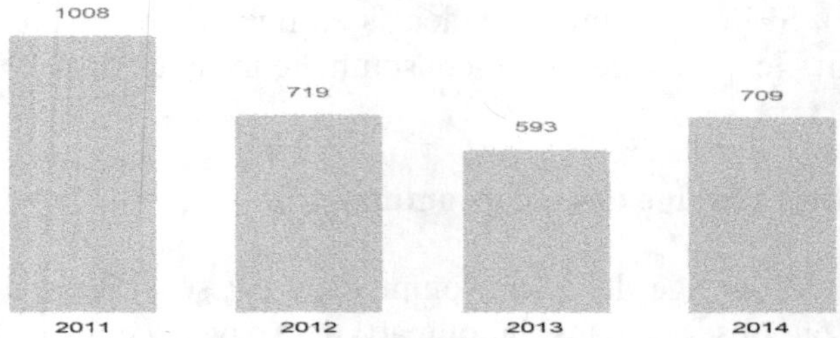

Source : FNEM (2014).

Situé à un niveau relativement élevé, le panier moyen du cyberconsommateur reflète la structure de ses achats concentrés durant la même période sur les voyages, le matériel informatique, le prêt-à-porter et autres marchés à panier moyen élevé.

[1] Extraction à partir de données d'entretiens auprès de 4 000 participants de la région MENA.

d) Localisation des acheteurs en ligne

La localisation des acheteurs en ligne, contrairement à ce que l'on pourrait penser, n'est pas moins inégalitaire que celle qui prévaut dans les cas de l'implantation des magasins physiques. En effet, plus de 57 % des clients sont localisés sur l'axe Rabat-Casablanca (cf. figure 24). Cette concentration est aussi en partie le reflet d'une offre elle-même fortement concentrée dans les grandes agglomérations nationales, là où l'infrastructure logistique et informationnelle est la plus complète.

Figure 24 : Répartition géographique

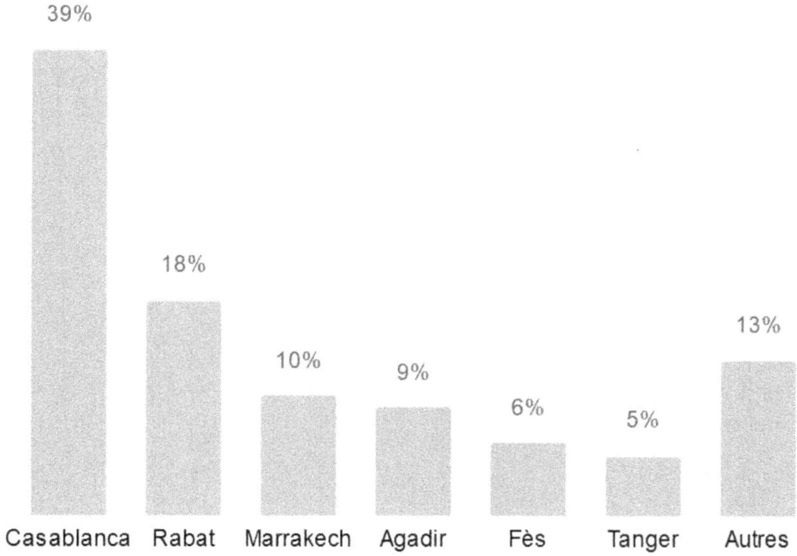

Kaymu (2015).

On peut cependant penser que cette configuration devrait évoluer dans les années à venir en particulier parce que la plupart des opérateurs du e-commerce cherchent à étendre leur emprise spatiale en dehors des grandes villes, d'abord pour échapper à la concurrence de plus en plus forte qui touche le secteur, mais aussi pour répondre à la demande de consommateurs éloignés qui ne disposent pas à proximité d'une infrastructure commerciale de qualité et diversifiée. Se pose cependant la question des coûts logistiques de mise à disposition des consommateurs des objets commandés en ligne dans des délais raisonnables, surtout lorsqu'ils résident dans des zones très reculées et mal desservies. Par conséquent, le rôle hypothétique du commerce en ligne comme vecteur de désenclavement des habitants des régions éloignées des principaux axes routiers et ferroviaires, et de leur inclusion dans la sphère de la consommation, reste pour le moins questionnable.

e) La question des motivations d'achat en ligne

Les motivations à l'achat en ligne sont diverses. Néanmoins, pour l'essentiel, les consommateurs marocains privilégient, sans surprise, l'achat en ligne d'abord pour le gain de temps qu'il permet (pour 66,1 % d'entre eux), ensuite pour la flexibilité offerte dans l'acte d'achat (faire ses courses quand on veut, sans restriction ni d'horaire ni de lieu) valorisée par 54,4 % des acheteurs et enfin pour les possibilités de comparer les offres (pour 47,5 % d'entre eux) et de bénéficier de propositions tarifaires avantageuses (pour 44 % des acheteurs en ligne).

Figure 25 : Motivations pour effectuer des achats en ligne

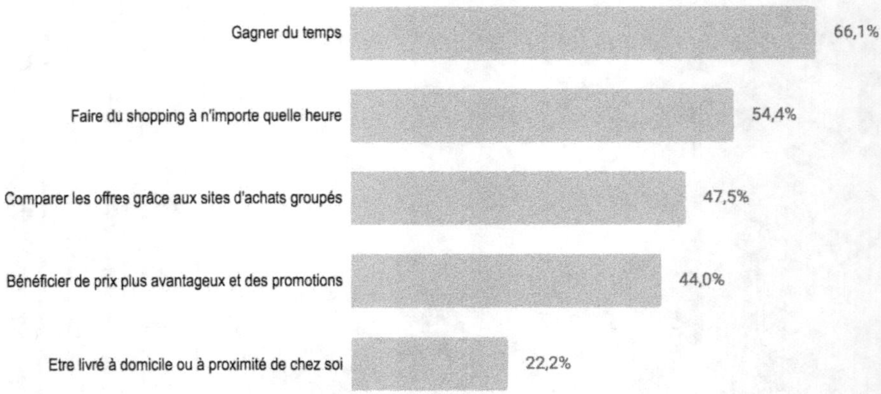

Source : ANRT (2017/19, p. 66).

3.5.2. Le cas particulier du m-commerce

La notion de mobile-commerce (ou m-commerce) renvoie à l'ensemble des applications commerciales et des achats liés à des terminaux mobiles (Smartphones ou tablettes…). Ces achats sont effectués le plus souvent en situation de mobilité, du moins sans contrainte de fixité dans un lieu ou à un moment donnés.

A. Des développements balbutiants…

Le marché du m-commerce est considéré comme encore balbutiant au Maroc. Selon une enquête de l'ANRT[1], à peine 3 % des possesseurs de téléphones mobiles utilisaient leur téléphone pour acheter ou commander des

---

[1] ANRT (2016), « Enquête de collecte des indicateurs TIC auprès des ménages et des individus pour l'année 2015 », avril.

biens en 2015. Une étude de Mastercard (2014) montre que même si le taux d'équipement en Smartphones augmente régulièrement, « seuls 9 % des participants [à l'étude] ont effectué un achat en utilisant leur téléphone portable[1] ». Selon le FNEM, l'offre est encore trop restreinte au Maroc où l'on dénombre en 2014 à peine plus d'une quarantaine d'applications m-commerce (contre un peu plus d'une vingtaine deux ans plus tôt). Par ailleurs, et en relation avec cette offre limitée, les trois principaux articles achetés *via* les téléphones mobiles sont les billets d'avion, les cadeaux et les vêtements (étude Mastercard, 2014). Actuellement à ses premiers soubresauts, « le commerce mobile au Maroc est appelé à gagner de l'ampleur à mesure que les consommateurs prendront conscience de la sécurité des transactions qu'il offre et qu'ils commenceront à se familiariser avec les nombreux avantages sous-jacents au fait de pouvoir acheter à tout moment » (M. Olivier, directeur des moyens de paiement émergents pour la région Mena, Mastercard).

B. … mais des perspectives prometteuses

Le marché du m-commerce possède de nombreux atouts. En effet, le taux d'équipement en Smartphones connaît depuis quelques années une croissance importante et atteint un taux de pénétration élevé. Cette démocratisation est une caractéristique observée dans de nombreux pays en développement, notamment en Asie et au Moyen-Orient, et s'explique par le rôle désenclavant et facilitateur de lien social joué par le Smartphone pour les populations éloignées des centres administratifs et économiques. Le taux d'équipement (des ménages marocains) en Smartphones était en 2018 de 86,3 % au niveau national (91,1 % en ville et 78,1 % en milieu rural). Par ailleurs, trois ménages sur quatre sont connectés à internet dont la quasi-totalité par le biais d'un téléphone mobile[2]. La pénétration et l'utilisation du Smartphone sont, au Maroc, supérieures à ce qui est observé au niveau de l'ensemble du continent africain. La plateforme leader, Jumia, montre que ces dernières années, les commandes passées à travers le mobile ont connu des évolutions extrêmement positives. Sur la seule période 2016-2017, ce sont 73 % des clients de la plateforme qui se sont rendus sur Jumia grâce à leur mobile avec un taux d'achats aboutis de 70 %, soit un niveau, là encore, nettement supérieur à la moyenne observée dans toute l'Afrique.

La prise de conscience par les consommateurs des caractéristiques de sécurité des technologies en place devrait les amener à se familiariser davantage avec le comportement d'achat mobile et à l'adopter. Il est clair qu'avec la croissance des taux de pénétration et l'introduction d'applications de commerce mobile très interactives, le m-commerce devrait ouvrir de

---

[1] « Le m-commerce toujours timide au Maroc », *Le Matin*, 1er avril 2014.
[2] ANRT (2019).

nouvelles voies pour les entreprises au Maroc. Le recours au m-commerce est contingent aux situations de mobilité dans lesquelles se trouve le consommateur. En effet, c'est souvent parce qu'ils ont un temps mort ou un temps court pour agir que les mobinautes ont tendance à avoir recours au m-commerce. De ce point de vue, les opportunités sont importantes pour les entreprises dans la mise en place d'une stratégie m-commerce : bons plans à proximité, réservation de taxis, location de voiture, billets de trains de dernière minute, annonces de ventes flash, etc. (Sur ce point, on consultera avec profit l'étude de Seck [2020] sur les services de paiement mobile en Afrique.)

3.5.3. Les freins au développement du commerce en ligne

L'enquête menée par El Karaoui et Khatori en 2015 sur le comportement d'achat en ligne du consommateur marocain montre que malgré une proportion d'utilisation d'internet située entre 84 et 94 %, seuls 11 % des sondés déclarent avoir une expérience d'achat en ligne, ce qui a conduit les auteurs de l'étude à se focaliser sur le comportement de non-achat plutôt que sur celui d'achat du consommateur marocain en ligne. Le faible développement du e-commerce au Maroc s'explique par un certain nombre de freins dont la plupart sont souvent évoqués dans la littérature *ad hoc* (Tariq et Eddaoudi, 2009 ; El Karaoui et Khatori, 2015). L'enquête annuelle de l'ANRT (2019) montre que le principal frein réside dans la préférence pour l'achat en présentiel avec un contact interpersonnel (56,7 %).

Figure 26 : Les freins à l'achat sur internet

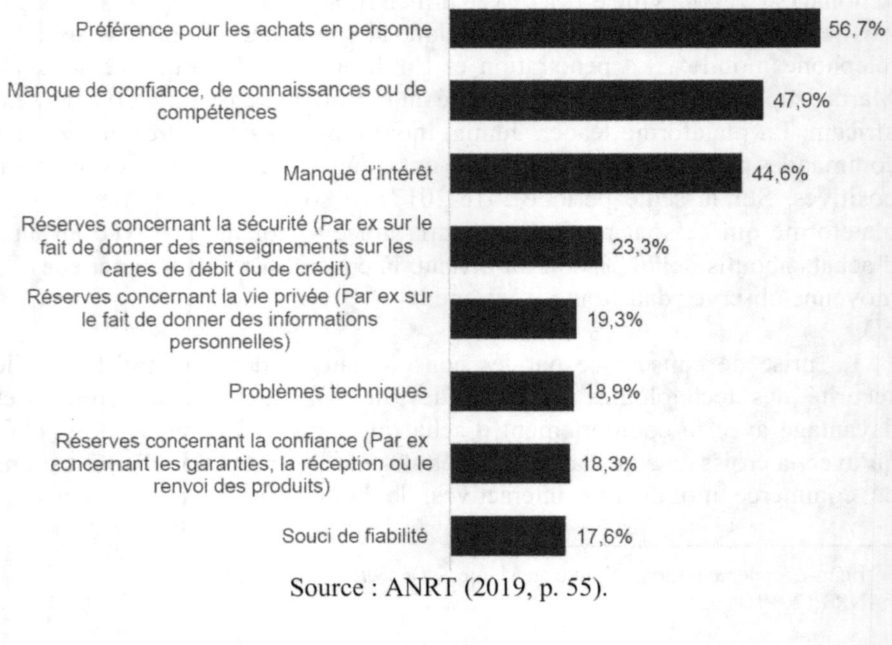

Source : ANRT (2019, p. 55).

Vient ensuite le déficit de confiance, de connaissance ou de compétence associé à ce canal (47,9 %), suivi du manque d'intérêt pour ce mode d'approvisionnement (44,6 %). D'autres catégories de facteurs sont évoquées mais dans des proportions moindres (réserves concernant la sécurité, intrusion dans la vie privée, problèmes techniques, manque de confiance par rapport au processus serviciel, fiabilité).

A. Les contraintes financières et cognitives au niveau du client

Les contraintes financières et cognitives des clients marocains sont souvent un frein important au développement du e-commerce et de l'achat en ligne[1]. Ces contraintes renvoient à la faiblesse relative du revenu moyen des Marocains d'un côté et à leur faible taux de bancarisation de l'autre. Au-delà, même lorsque le taux de bancarisation s'élève, il n'induit pas nécessairement la possession d'une carte bancaire (pas plus d'ailleurs qu'il ne préjuge de l'utilisation effective de cette dernière).

Le taux de bancarisation au Maroc était d'environ 18 % au début des années 2000. Ce taux relativement faible s'explique certes par la faiblesse des revenus évoquée plus haut et leur caractère parfois aléatoire, mais aussi par un niveau d'analphabétisation encore assez élevé dans le pays. À cela s'ajoute une méfiance, voire un rejet, de l'institution bancaire à la fois pour des raisons d'opacité du système pour les non-initiés et pour des raisons religieuses renvoyant à l'illicéité des taux d'intérêt. La faiblesse globale de la bancarisation est d'autant plus accentuée que le taux en question tient compte du cas des fonctionnaires qui bénéficient pourtant d'une bancarisation automatique.

Néanmoins, la bancarisation a beaucoup progressé ces dernières années. Selon les données de Bank Al Maghrib, le taux serait passé de 24 % en 2004 à 64 % en 2014 puis à plus de 78 % en 2020. Cependant, la même source relève que la multibancarisation, relativement importante, dope considérablement les chiffres. Ainsi, en s'appuyant sur un indicateur de bancarisation neutralisant l'impact de la multibancarisation, Bank Al Maghrib estime le taux réel de bancarisation à 56 % contre une moyenne mondiale de près de 62 % [2] . Bien entendu, le taux de bancarisation varie aussi considérablement selon l'âge, le genre ou la catégorie socioprofessionnelle. Ainsi, les personnes âgées de 15 à 24 ans détiendraient un compte bancaire à

[1] En particulier d'ailleurs aux niveaux les plus âgés de la population. Néanmoins, cette situation est plus large et ne se limite pas forcément à cette catégorie de population.

[2] « Le taux de bancarisation réel au Maroc se situe à 56 % fin 2017 », *Média24*, 9 août 2018. Une étude du cabinet Kantar TNS estime quant à elle le taux de bancarisation réel de la population marocaine à 37 % (*La Vie économique*, 12 décembre 2017).

hauteur de 28 % contre 68 % pour les 25-59 ans et 82 % pour les 60 ans et plus[1]. Par ailleurs, on peut noter que 79 % des hommes adultes possèdent un compte bancaire contre seulement 44 % des femmes en 2019.

Le nombre de cartes bancaires, moyen de paiement agréé pour les transactions sur internet, est aujourd'hui évalué à plus de 16 millions, ce qui, malgré la multidétention de cartes, marque une certaine démocratisation opérée sur à peine plus d'une dizaine d'années. En effet, au début des années 2000, la carte bancaire était plutôt réservée à une élite (touristes et MRE). On dénombrait ainsi 1,5 million de cartes en 2002 (toujours selon Bank Al Maghrib). On notera cependant que le taux de bancarisation et sa progression ne préjugent pas de l'utilisation effective des cartes de crédit. En effet, le ratio reste au Maroc particulièrement bas. Selon certaines estimations, il serait d'environ 15 %. Autrement dit, sur les 16 millions de cartes en circulation au Maroc en 2020, environ 2,4 millions seraient actives en paiement[2], symbolisant de fait une certaine réfraction des ménages marocains à l'usage des outils de paiement électroniques ou digitaux.

B. L'équipement des ménages en produits technologiques grand public et en TIC

Si le taux d'équipement moyen des ménages en téléphonie mobile est élevé, 99,8 % en 2018, ce chiffre tombe à 86,3 % pour les Smartphones (78,1 % en milieu rural). De même, le taux d'équipement en ordinateurs et tablettes est de 56,6 % en moyenne (mais seulement de 35,9 % en zone rurale). Enfin, en ce qui concerne l'accès à internet (mobile pour l'essentiel), le taux d'équipement moyen est de 74,2 %, mais tombe à 57,1 % en zone rurale. Ces chiffres traduisent à la fois une pénétration significative à forte des outils TIC dans la population en général, avec cependant des disparités élevées entre le milieu urbain surdoté et le milieu rural sous-doté.

La principale explication évoquée pour justifier le faible équipement relatif des ménages est celle de l'absence du besoin, suivie par le coût de l'équipement jugé trop élevé. Le manque de compétences ou de connaissances ou plus généralement un taux d'analphabétisme élevé (qui réduit nécessairement la capacité d'appréhension technique) est un élément explicatif important du faible taux d'équipement des ménages mais également de leur faible bancarisation. En effet, le manque de connaissance ou de compétences pour utiliser internet était cité par 56,4 % des personnes interrogées en 2015.

---

[1] Ces données nous semblent cependant assez surprenantes et, même si elles émanent de Bank Al Maghrib, nous n'y adhérons que partiellement.

[2] « Paiement par carte, 20 % du parc de terminaux sont inactifs », *Les Eco*, 1er septembre 2016.

Figure 27 : Évolution du taux d'équipement TIC au Maroc (%)

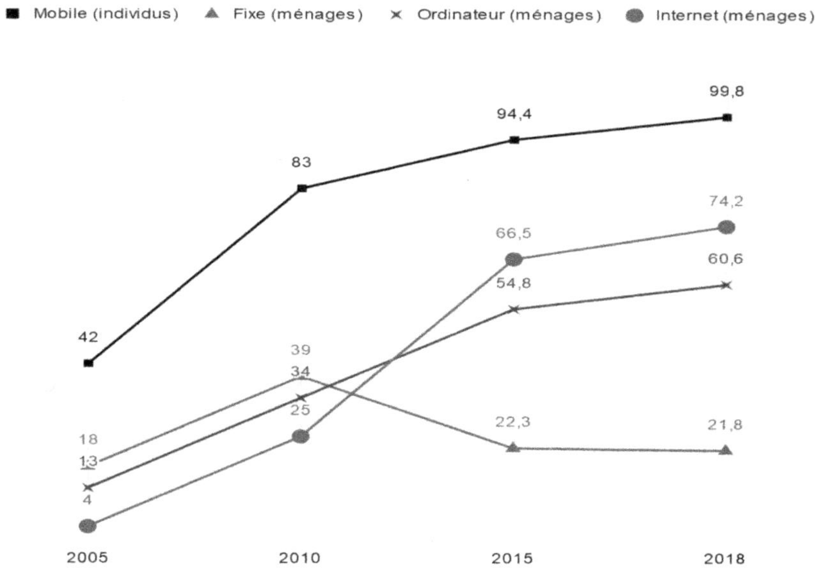

Source : ANRT (2016, 2018).

C. La confiance *vs* méfiance à l'égard du digital

La confiance est un élément central dans les contraintes qui pèsent sur le développement du e-commerce et de l'achat en ligne au Maroc. Comme le précise Sevan Marian, directeur de Kaymu Maroc[1] : « la clé dans le e-commerce est de gagner la confiance du consommateur habitué au contact physique avec les vendeurs. Il existe une défiance par rapport à ce nouveau mode de commerce, une difficulté en relation avec le paiement en ligne en avance ».

Cette dimension, pourtant centrale dans les relations d'échange, est récente dans la plupart des études traitant de la diffusion du e-commerce au Maroc (cf. Tariq et Eddaoudi, 2009). La confiance touche de multiples étapes de la chaîne de valeur de l'achat en ligne, de la décision d'achat initiale jusqu'au service après-vente (en passant par le paiement, la réception et éventuellement le renvoi ou la réclamation).

La première incertitude et donc le premier enjeu de la confiance du consommateur marocain résident dans la pérennisation et la stabilisation des sites et enseignes existantes. Le marché des « magasins » en ligne est marqué

[1] « E-commerce les 25-34, premiers clients », *L'Économiste*, n° 4636, 28 octobre 2015.

par un réel foisonnement, appuyé par un large soutien de l'État. De multiples structures se créent, disparaissent faute de rentabilité, et sont remplacées par d'autres. Cette situation conduit naturellement le e-consommateur à une confiance mesurée dans l'offre existante. Au-delà, dans une société marquée par l'incertitude et où les éléments de contexte sont forts, un des principaux freins à l'achat, a fortiori à distance, réside dans la peur de l'arnaque et de la contrefaçon. Cette peur se nourrit d'un réel manque de garantie sur la description des biens et de leurs caractéristiques. Ainsi, nombre de consommateurs mettent en avant le fait de ne pas pouvoir toucher et évaluer le produit avant l'achat. Au-delà du produit lui-même, l'autre incertitude réside dans le paiement en ligne et la sécurité des transactions qui sont un frein majeur, même si des progrès notables ont pu être réalisés comme le confirme Boubker Badr, directeur de l'économie numérique au ministère de l'Industrie[1] : « Le manque de confiance dans la sécurité des transactions en ligne était un frein majeur au développement du commerce électronique au Maroc. Les banques et les acteurs de paiement ont déployé de grands efforts pour améliorer la sécurité du paiement en ligne. Ils ont donc pu réussir à développer des plateformes de paiement qui respectent les normes internationales en matière de sécurité des transactions. Des mécanismes d'authentification forts ont été adoptés aussi, choses qui peuvent rassurer les e-consommateurs marocains. Il faut dire que ces derniers osent de plus en plus passer des transactions en ligne ».

Enfin, la troisième contrainte porte sur la livraison et le SAV, en l'occurrence la gestion des retours, des remboursements et des réclamations. En effet, pour beaucoup de Marocains, le paiement ne garantit pas la livraison effectuée, pas plus qu'elle ne garantit la durée de mise à disposition des produits et services achetés. Est aussi souvent évoqué le fait que les délais de livraison sont rarement respectés et que les temps d'attente sont souvent longs, ce qui rend les magasins plus attractifs. Par ailleurs, les quantités disponibles sont régulièrement très limitées et réduites au strict minimum, ce qui débouche sur des ruptures de stock trop récurrentes.

Les différents éléments que nous venons d'évoquer expliquent que les Marocains privilégient le paiement à la livraison au détriment du prépaiement par carte. De ce fait, le *cash on delivery* est un concept novateur qui est censé rassurer le client et qui présente un certain nombre d'avantages pour ce dernier. Comme le précise le directeur de Jumia, « une fois la livraison reçue, le client peut essayer ses vêtements ou autres appareils, les tester avant d'effectuer le paiement[2] ». Pour autant, cette modalité reste coûteuse pour le prestataire, puisqu'elle augmente les possibilités de désistement de dernière

---

[1] www.leseco.ma.

[2] « Jumia, leader de l'e-commerce au Maroc, lance sa *market place* », *h24info*, 7 mai 2014.

minute. À ce jour, et comme le précise le même directeur de Jumia, « bien que la confiance gagne peu à peu du terrain, les Marocains demeurent toujours effrayés par le prépaiement ». Ainsi, en 2015-2016, à peine 15 % des commandes étaient réglées par carte bancaire. À une échelle plus globale, une estimation de la FNEM[1] porte à 90 % les transactions en ligne qui seraient payées en espèces à la livraison.

Conclusion

Ce chapitre est centré à dessein sur des figures choisies et peu étudiées du consommateur. Ces figures, et en particulier les pauvres, les seniors et les jeunes ont suscité, ces dernières années, un intérêt renouvelé de la part des chercheurs en marketing. Dans le cas spécifique du Maroc, il nous a semblé également très pertinent d'aborder le cas des consommatrices. En effet, contrairement à ce que l'on peut observer en Europe, les femmes ont longtemps été exclues de l'espace externe au domicile dédié à l'achat et à la consommation ; les courses étant avant tout (et à quelques rares exceptions près) une affaire d'hommes. L'avènement de la distribution moderne a contribué à faire entrer les femmes de plain-pied dans l'univers des courses. Dans ce cas très particulier, on peut même penser que la diffusion de la distribution moderne a sans doute contribué à l'émancipation et à l'*empowerment* des femmes consommatrices ou tout au moins à l'accroissement de leurs compétences d'acheteuses.

Par ailleurs, malgré des difficultés techniques liées à un faible taux relatif de bancarisation, le e-commerce a lui aussi connu un réel développement au Maroc et, là encore, il nous est apparu utile de cerner les contours et spécificités du e-consommateur marocain… Une originalité importante, que l'on retrouve dans les pays émergents, est le paiement cash à la livraison qui est censé rassurer les acheteurs, et pallier l'insuffisance de dotation de moyens de prépaiement électronique. Nous mettons également en avant les nombreux freins qui limitent le développement du e-commerce et en particulier la question de la (non-)confiance que le consommateur marocain éprouve à l'égard de ce nouveau canal. On rappellera ici pour finir, comme nous l'avons d'ailleurs évoqué en introduction, qu'il est fort probable que la pandémie de COVID 19 ait fortement impacté les évolutions et les chiffres concernant le e-commerce.

---

[1] *L'Économiste*, n° 4792, 10 juin 2016.

Conclusion

CHAPITRE 4

CONSOMMATEUR ET COMMERCE TRADITIONNEL : DES COMPORTEMENTS SPÉCIFIQUES ?

Les ouvrages en comportement du consommateur, mais également les chapitres *ad hoc* des manuels de *Retailing*, abordent régulièrement les différentes facettes du comportement du consommateur dans un environnement bien spécifique : celui de la distribution moderne. Or, dans nombre de pays émergents, la distribution moderne est loin d'être dominante. Au Maroc, selon les estimations existantes, cette dernière ne dépasserait pas à ce jour 20 % du marché total (sans compter le marché informel difficilement estimable). De fait, il est essentiel à qui veut saisir les logiques et modalités de consommation dans les pays émergents, de comprendre le comportement du consommateur à l'égard du commerce moderne certes, mais également et surtout face au commerce traditionnel (épiceries, souks, marchands ambulants) qui constitue un trait caractéristique du système de distribution dans ces pays. Au-delà du comportement du consommateur *stricto sensu*, il est également utile, ici, d'envisager (comme nous l'avons vu dans le cas du commerce moderne), les dispositifs et pratiques mis en place par les acteurs du commerce traditionnel, dans l'optique d'influer sur le comportement du consommateur. Dans ce chapitre, nous abordons la question des clients et des consommateurs dans les trois grandes catégories de commerce traditionnel que sont l'épicerie, le commerce ambulant (*ferrachas*) et le souk. Ces trois catégories ou ces trois mondes se recoupent souvent fortement puisque les logiques de prix, de marchandage, de théâtralisation ou encore les stratégies d'attraction et de rétention des clients se retrouvent dans les trois modes.

4.1. L'épicerie, ses clients et sa GRC[1]

L'épicerie traditionnelle reste encore très largement ancrée en milieu urbain dans les quartiers populaires mais également, pour une part, dans les secteurs résidentiels et, à un autre niveau, constitue l'archétype du commerce en milieu rural. Elle s'adresse prioritairement aux consommateurs modestes mais n'est pas pour autant totalement rejetée par les CSP moyennes supérieures et élevées, même si ces dernières tentent de l'éviter quand elles

[1] Gestion de la relation client.

peuvent. Comme nous l'avons vu dans le chapitre 1, les classes modestes plébiscitent le petit commerce et en particulier l'épicerie de quartier (ou en milieu rural, l'épicerie du village). Ce plébiscite est lié à la problématique de la capacité financière à la fois réduite et aléatoire de ces catégories sociales, qui trouvent ainsi une réponse dans une offre de services *ad hoc* de l'épicier qui leur permet de s'ajuster à cette contrainte forte (vente à crédit, prêt d'argent liquide selon le même principe, fractionnement des produits et des unités de conditionnement afin de réduire l'intensité monétaire, livraison à domicile des objets lourds ou volumineux, etc.). Mais le plébiscite du petit commerce est aussi et surtout lié à la question des relations sociales qui s'y nouent naturellement. L'importance de ces relations sociales de proximité est même souvent considérée comme un frein culturel important à la diffusion de la grande distribution dans les pays émergents. Goldman (1974, p. 11) met l'accent sur le rôle crucial de ces relations sociales dans le commerce : *« low income consumers in developing countries tend to place a great deal of emphasis on personal relationships with their retailers and shy from unfamiliar environments. This behavior may result in loyalty to a specific food store and, therefore, in foregoing better shopping alternatives. Also the ability of people in developing countries to project themselves in unfamiliar situations -empathy- was generally found to be low. The lower a person's empathy the more limited is his outreach. Outreach may also be limited when consumers view the corner store as a social center where they meet their friends and neighbours. This is likely to decrease the tendency to shop in a modern store located in another neighbourhood ».* Pour autant, des travaux plus récents mettent en avant l'intérêt d'une frange des consommateurs pour le côté impersonnel de la distribution moderne, en particulier dans certains pays émergents. En effet, en favorisant l'anonymat, la grande distribution évite les situations délicates auxquelles sont parfois confrontés les consommateurs dans l'épicerie traditionnelle où « tout se sait ». Par ailleurs, comme l'ont montré Godefroit-Winkel *et al.* (2012), Godefroit-Winkel (2013) ou encore Harroud (2009, 2016), le côté impersonnel de la distribution moderne est un puissant facteur d'intégration des femmes dans la sphère de l'achat et de la consommation de par l'anonymat dont elles peuvent bénéficier et qui leur permet aussi de se mouvoir dans un environnement protégé en s'affranchissant des normes et des pressions sociales.

Les classes moyennes sont dans l'entre-deux. Elles se caractérisent par une forme de panachage des formules de distribution modernes et traditionnelles… enfin les CSP +, tout en privilégiant le commerce moderne, ont parfois recours au petit commerce traditionnel dans une logique de dépannage. C'est ce qui explique que même dans les quartiers les plus chics, comme par exemple le quartier des ambassades à Souissi-Rabat, on peut retrouver quelques épiceries de petite taille mais avec un standing sensiblement amélioré et un assortiment plus sophistiqué (comparativement à leurs homologues des quartiers populaires).

4.1.1. Un monde de services

L'épicerie se démarque des autres formes commerciales (en particulier modernes) par son offre de services totalement customisée et contre laquelle, malgré ses efforts, le commerce moderne peut difficilement rivaliser. Ces services sont fortement valorisés par le consommateur, avec une nette différenciation selon les statuts. Les consommateurs pauvres valoriseraient principalement les services financiers ou assimilés (paiement différé, microcrédit, fractionnement des produits de manière à en réduire l'intensité monétaire...). Les consommateurs de la classe moyenne (et le cas échéant, beaucoup plus rare il est vrai, de la classe supérieure) valoriseraient quant à eux les signes de distinction sociale dont ils font l'objet, mais également la multitude de services hors norme et sur mesure que ne manque pas de leur proposer l'épicerie : livraison à domicile, préparation de certains produits (légumes, viande, poisson, ou encore poulet), fourniture de services sous-traités[1] : *« Ah oui, Abdelbaki, il est formidable. C'est comme un magicien et il connaît tout le monde dans le quartier et même plus loin... Et donc, tout ce que tu veux, il peut te le trouver. Tu veux de l'huile d'argan de bonne qualité et vraiment naturelle... 3 à 4 jours maximum et Abdelbaki, il te dit voilà, c'est mon cousin qui habite Agadir. Il est venu en CTM pour voir la famille et il a ramené l'huile pour toi. Mon mari il dit toujours : les Souassa dans leurs épiceries, c'est mieux qu'Amazon... Les gens d'Amazon, ils devraient même venir faire des stages ici, avec Abdelbaki... Ils vont apprendre beaucoup, beaucoup... Moi je sais pas... »* (Abla, 56 ans, Rabat)

4.1.2. Une connaissance contextualisée du client

La gestion de la relation client, telle qu'elle est régulièrement évoquée dans les manuels de distribution, se focalise en effet exclusivement sur les pratiques de la grande distribution moderne. Pourtant, la distribution traditionnelle n'est pas en reste et ses pratiques de GRC plus anciennes, bien que souvent non formalisées, sont au moins aussi efficaces que celles de la grande distribution moderne.

Si l'on définit la GRC comme l'ensemble des techniques et outils permettant de collecter, traiter et analyser les informations utiles relatives aux clients et prospects de manière à leur offrir un service adapté dans le but de les fidéliser, le petit épicier tout comme le soukier ou le bazariste devraient figurer en bonne place dans les *textbooks* de marketing et distribution. En

---

[1] L'épicier peut acheter le journal, s'occuper de faire laver la voiture, réaliser ou faire réaliser quelques tâches administratives.

effet, l'épicier est le pivot de son quartier ; il est tout à la fois un centre de collecte, de partage et de diffusion de l'information. Il connaît parfaitement bien ses clients, leurs familles, leurs proches, les relations que les uns entretiennent avec les autres. Plus encore, l'information dont il dispose est autrement plus fine et en tout cas, plus contextualisée que celle qui est à disposition de la grande distribution au travers des études de marché, ou encore du traitement des données issues des cartes de fidélité. La différence tient au volume de clients, plus limité dans le cas de l'épicier et beaucoup plus important dans le cas des GMS. L'épicier offre par ailleurs de nombreux services qui lui permettent de fidéliser et retenir les bons clients. Néanmoins, il faut quand même se garder des images d'Épinal qui brouillent habituellement le raisonnement dès lors que l'on s'intéresse au petit commerce. En effet, la bienveillance de l'épicier de quartier envers ses clients n'est pas forcément universelle et se limite bien souvent aux clients réguliers et connus. Ces derniers sont les seuls à bénéficier d'un traitement spécifique et d'attentions renouvelées. Les clients de passage ou nouveaux et inconnus ne sont que très rarement sujets des mêmes attentions. Plus encore, dans nombre de situations, ces derniers bénéficient d'un service plutôt médiocre et ce, tout en payant un surprix à l'épicier.

4.1.3. L'épicerie comme extension de chez soi

Au Maroc, l'épicerie est souvent considérée comme une extension de chez soi, pour reprendre les termes d'Amine et Lazzaoui (2009a, 2009b, 2011). En effet, de nombreux consommateurs utilisent l'épicerie comme une sorte d'arrière-cuisine et peuvent faire leurs courses plusieurs fois par jour en fonction des besoins du moment et des préparations culinaires en cours. Il n'est pas rare, en particulier en zone rurale ou dans les quartiers urbains populaires, de voir des adultes ou plus régulièrement de jeunes enfants, habillés en tenue d'intérieur (pyjama assez souvent), venir chercher deux œufs, quelques pincées de sel ou encore un oignon. Cette dimension « extension de chez soi » témoigne d'une appropriation de l'espace allant jusque chez l'épicier, repoussant ainsi les frontières du dehors (qui exige une tenue et un comportement différents). Cet élargissement de l'espace domestique (ou du dedans) est d'ailleurs parfaitement cohérent avec l'idée évoquée plus haut selon laquelle un des avantages de l'épicerie, plébiscité par les clients modestes, était le fractionnement des produits de manière à permettre l'achat d'unités à faible intensité monétaire.

4.2. *Ferrachas* et marchands ambulants

Le commerce informel, autrement dit les *ferrachas* et autres catégories de marchands ambulants, représente un poids important dans le commerce des pays émergents et en particulier au Maroc. Même si, on l'a vu (cf. chapitre 1), les consommateurs mettent en avant un niveau de risque élevé quant à la qualité des produits, les *ferrachas* restent plébiscités par les classes modestes et assez fréquentés par les classes moyennes.

4.2.1. Marchands en marge pour clients à la marge ?

Les *ferrachas* et autres marchands ambulants et à la sauvette constituent, pour l'essentiel, une catégorie de population bien spécifique (cf. Gallouj, 2017). De manière générale, le secteur commercial informel est souvent perçu comme un secteur refuge pour des personnes en situation de forte précarité. Bien entendu, le secteur concerne en réalité, et de plus en plus souvent, des personnes en activité, de niveau d'instruction et de formation variables. Il mobilise à la fois des migrants, des chômeurs, des actifs occupés, des petits fonctionnaires, des femmes et des enfants et également, parfois, des jeunes diplômés en situation de déclassement. De fait, la population concernée dispose en général d'un faible niveau d'études et de faibles revenus. Il s'agit donc essentiellement d'une population en marge, de « débrouillards » qui répondent à une demande d'un consommateur lui-même souvent à la marge ou tout au moins relevant des catégories sociales modestes. En effet, les *ferrachas* proposent à la vente des marchandises issues des surplus ou des « coulures » des industries délocalisées (textile en particulier), mais également des produits de contrebande originaires des *Présides* de Sebta et Melilla, des marchandises neuves ou de seconde main transférées par les MRE ou encore des stocks d'invendus de la grande distribution ou du commerce franchisé passés par des circuits de remise en circulation. De ce fait, les marchands ambulants sont à même de proposer des prix, en moyenne 20 à 30 % moins chers que ceux des boutiques et commerces de centre-ville et de la grande distribution traditionnelle. Ces produits sont donc très largement recherchés par les consommateurs aux revenus modestes et souvent aléatoires. Pour les mêmes raisons, les classes moyennes constituent également une clientèle importante de ces *ferrachas* notamment en quête de produits d'importation en contrebande à prix abordables et jugés de meilleure qualité que les produits nationaux.

4.2.2. Mobilité et fidélité : les clés d'une fidélité dans la mobilité

Les *ferrachas* et marchands ambulants se caractérisent prioritairement par leur mobilité et leur agilité, en particulier lorsqu'il s'agit d'échapper aux rafles occasionnelles de la police. On peut difficilement imaginer qu'ils puissent nouer des relations durables avec les clients de passage. L'observation sur site révèle néanmoins une étonnante stabilité dans les emplacements des uns et des autres, la mise en place de routines ainsi que l'émergence de relations de fidélité et de connivence qui sont ainsi régulièrement à l'œuvre entre le *ferrach* et ses clients habituels.

« Mohand, c'est mon vendeur de DVD. Tous les samedis, je passe le voir à la médina et il a déjà préparé les nouveautés pour moi. Il connaît bien mes goûts et ceux des enfants et il me prépare toutes les nouveautés... et des fois, je passe et il me dit : il n'y a rien pour toi... et en plus, comme je lui achète beaucoup, j'ai toujours droit à un ou deux DVD gratuits... et aussi, maintenant qu'il me connaît, il me donne son avis sur ce qui est bien et même sur la qualité du DVD... Parce que parfois, c'est des screaning comme ils disent. Je sais pas mais lui il sait que j'aime pas les trucs comme ça... alors il me dit aussi si tu aimes pas tu le rends la semaine prochaine... » (Kamal, 43 ans, Rabat)

La fidélité des clients aux marchands ambulants n'est pas, bien entendu, liée uniquement aux produits techniques. Elle est beaucoup plus large et touche presque tous les secteurs du commerce en question (fruits et légumes, vêtements, bazar et ustensiles de cuisine…). Là encore, les relations de longue durée, la fidélité et l'adaptation fine de l'offre à la demande sont presque systématiques. Dans le cas des vêtements, mais également du petit appareillage électroménager, le *ferrach* fait montre d'une agilité et réactivité exceptionnelles, en ce sens qu'il peut fournir son client du jour au lendemain si le produit désiré ou la taille recherchée n'est pas disponible le jour « j ». Les relations interpersonnelles entre les consommateurs et les *ferrachas* sont d'ailleurs parfois si fortes, que l'on voit bien souvent des clients s'interposer entre le *ferrach* et la police lors des descentes. L'interposition visant principalement à lui éviter la confiscation de la marchandise, seule source de ses maigres revenus.

4.3. Les souks

Si les souks ont fait l'objet, très tôt, de l'intérêt de nombreux chercheurs, on note pour notre part que les recherches concernées relèvent essentiellement de deux champs disciplinaires distincts : celui de la géographie d'un côté et celui de l'anthropologie de l'autre. Les réflexions gestionnaires sur les souks et en particulier sur le comportement du consommateur dans ces souks sont plutôt rares. Si l'épicerie est une forme de commerce traditionnel marquée par un clivage social fort, les classes aisées (et parfois moyennes) cherchant autant que faire se peut à l'éviter, il n'en va pas de même pour le souk (urbain) qui reste fréquenté par toutes les catégories sociales.

Cette situation surprenante de non-ringardisation du souk peut s'expliquer, outre le côté pittoresque que conservent encore la plupart des souks, par le fait que ces derniers restent très fortement valorisés par différentes franges de la population, y compris les touristes occidentaux et autres visiteurs nationaux. Il s'agit de lieux expérientiels au premier sens du terme, qui activent les différents sens à travers la variété des couleurs et des senteurs, la possibilité de toucher les produits, de les goûter aussi, d'échanger longuement avec les vendeurs et les co-clients, etc. Les souks permettent ainsi de mixer différentes classes sociales qui s'y rendent pour des raisons différentes. Ainsi, les catégories sociales supérieures locales, largement occidentalisées, sont amenées, dans les souks, à côtoyer leurs pairs… européens et internationaux, à développer les mêmes codes et comportements. En parallèle, les classes sociales modestes ou populaires y trouvent une atmosphère authentique, des produits répondant à différents niveaux de ressources, des possibilités de marchander (pour s'approvisionner aux meilleurs prix), mais aussi des opportunités de nouer des relations sociales durables.

4.3.1. Souks et choix du consommateur

Les souks restent très dynamiques au Maroc et, contrairement à ce que l'on aurait pu imaginer, connaissent un certain développement, y compris dans les zones urbaines. Cette forme de commerce, loin d'être ringardisée, reste très valorisée par les clients de toutes les catégories sociales. Une enquête menée en 2015 auprès des clients de Marjane El Jadida (cf. Es Saddouni, 2015) montre que les lieux d'approvisionnement des consommateurs sont variés et que le souk continue d'être une source d'approvisionnement non négligeable.

Figure 28 : Lieux d'approvisionnement privilégiés par les consommateurs

(% des répondants fréquentant les différents lieux d'approvisionnement)

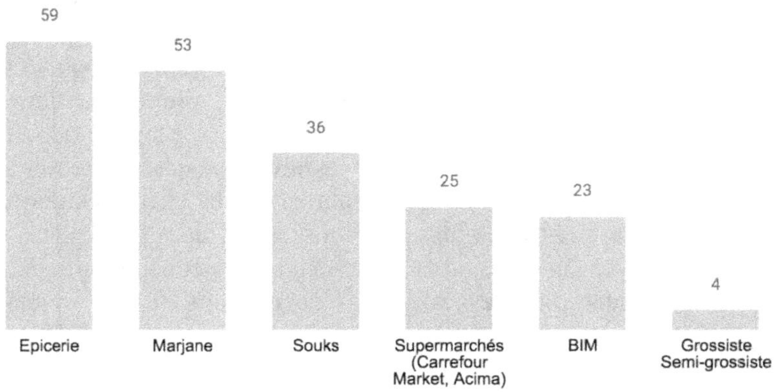

Es Saddouni (2015, p. 38).

Quant au choix de l'échoppe, si la plupart des résidents locaux sont parfaitement informés sur la qualité des produits offerts par l'une ou par l'autre et restent fidèles à deux ou trois d'entre elles, en particulier en ce qui concerne l'achat de produits courants, il n'en va pas de même pour le chaland irrégulier, autrement dit, le touriste de passage ou le MRE. Le choix s'avère plus difficile et semble s'être amplifié avec la bazardisation accrue. Dans *Les voix de Marrakech*, Elias Canetti, prix Nobel de littérature (1980, p. 27), s'interroge justement sur les modalités et plus concrètement sur les difficultés apparentes dans le choix de « magasinage des clients » : « si l'on considère les choses avec naïveté, il semble incompréhensible que l'on s'adresse à un maroquinier plutôt qu'à un autre, alors qu'il y en a vingt autres à côté de lui, dont les marchandises se distinguent à peine des siennes. On peut aller de l'un à l'autre et revenir au premier. La boutique où l'on achète n'est jamais choisie a priori. Même si l'on avait préféré celle-ci ou celle-là, on a toutes les occasions de se souvenir d'une troisième ». Il est vrai que dans la majorité des cas, rien ne prédispose le consommateur à favoriser telle échoppe plutôt que telle autre. Les échoppes s'offrent ainsi au choix apparemment aléatoire du consommateur ou relevant d'un algorithme complexe d'évaluation difficilement saisissable et encore moins prévisible. Si l'on observe régulièrement, en particulier dans les nouvelles boutiques (tenues par des jeunes commerçants le plus souvent), la mobilisation de *greeter* ou rabatteurs chargés de capter l'attention du client de passage et de l'attirer dans telle boutique plutôt que dans telle autre, la norme est plutôt « à la nonchalance et au laisser-faire » doublés de formules toutes faites des vendeurs ou gérants de magasins pour faire rire ou faire réagir les chalands.

4.3.2. Le souk et l'*empowerment* du consommateur

La problématique de l'*empowerment* est devenue incontournable dans les travaux de sciences de gestion et en particulier en marketing dans le cadre des relations d'échanges marchands ou non marchands. On peut cependant s'interroger sur la signification réelle de cette notion d'*empowerment* dans un environnement où l'accès à l'information est, toute proportion gardée, une donnée le plus souvent acquise. En effet, sur la plupart des marchés occidentaux, l'accès à l'information sur les produits est facilitée et souvent directe. Le consommateur peut, en visitant quelques sites en ligne choisis, connaître les caractéristiques des produits ainsi que leur prix. Il peut également s'appuyer sur les avis et *posts* des autres consommateurs… Cela vaut particulièrement pour les catégories de produits et de services et les univers de consommation familiers pour le consommateur. En revanche, lorsqu'il s'agit de biens et services techniques et complexes (produits financiers, produits technologiques complexes, etc.), l'accès du consommateur à l'information n'est pas un levier d'*empowerment* dans la mesure où l'asymétrie en sa défaveur sur le plan des ressources et des compétences nécessaires à la transaction l'inscrit de fait dans une situation de vulnérabilité. Dans le cas des souks, ces facilités d'accès à l'information se réduisent et l'on peut considérer que les compétences du client sont d'emblée mobilisées en première ligne pour *« coper »* avec la situation d'échange. En référence à cette situation pour le moins paradoxale, Elias Canetti (1980,

p. 28) écrira : « dans un pays où il existe une morale des prix, là où règnent les prix fermes, ce n'est aucunement un art d'acheter. Le premier imbécile venu trouve ce dont il a besoin ; il lui suffit de savoir lire les chiffres et il parvient à ne pas se faire escroquer ». Ainsi, on peut émettre l'hypothèse que ce sont plutôt les environnements incertains caractérisés par de fortes asymétries informationnelles et de fortes probabilités de se tromper et d'être trompé qui favorisent le plus *l'empowerment* du consommateur. La fréquentation régulière des souks, les négociations récurrentes, l'observation des comportements des uns et des autres sont autant d'éléments qui contribuent à forger l'expertise des acheteurs et l'inclination vers le marchandage en tant qu'expérience à part entière... à accroître leurs compétences à la fois sur les caractéristiques du produit et sur le processus de négociation : *« quand je vais au supermarché pour acheter par exemple des fruits et légumes, c'est écrit les pêches 20 dirhams le kilo... Je ne réfléchis pas, je les prends. Je suppose que c'est le bon prix. Quand je suis au marché, je regarde plus, je compare, je vais voir un commerçant, puis un autre et à la fin je sais quel est le bon prix et aussi le bon produit... peut-être parce que je me méfie plus, je réfléchis plus, je discute, je marchande fort et je suis sûre que je me fais rarement rouler... wa'allahou a3lam et il faut aussi que le commerçant gagne sa vie »* (Mina, 48 ans, sans profession).

Il est d'ailleurs tout à fait symptomatique que le terme *Ch'tara* (marchandage) ou *Ajatar* s'applique à l'individu passé maître dans la pratique, fait bien référence à son caractère à la fois malin et subtil ; autrement dit, quelqu'un de rusé à qui *« on ne la fait pas »*. Deborah Kapchan (1996, p. 113) relève d'ailleurs que « l'acte de *Ch'tara* contient l'injonction stratégique d'être talentueux et adroit dans le processus de division sociale des biens ». À partir de là, on peut raisonnablement défendre la thèse selon laquelle, contrairement à ce que l'on retrouve régulièrement dans les travaux et recherches en comportement du consommateur, la domination progressive de la distribution moderne et l'accès de tous et toutes à l'information n'ont pas nécessairement conduit à l'*empowerment* du consommateur. Bien au contraire, on pourrait même dire que d'une certaine manière ce mouvement a plutôt conduit à un appauvrissement du pouvoir réel du consommateur dans l'acte d'échange dans la mesure où il est amené à subir la fixation des conditions de vente par l'enseigne (prix fixes, impossibilité de constituer son propre panier de choix) sans possibilité d'action.

4.3.3. Souks, prix et marchandage

Dans les souks, plus qu'ailleurs, la question du prix se pose avec acuité au consommateur. Ce prix n'est pas fixe, il est variable selon le moment de la journée (l'état de la fréquentation et de la trésorerie), la quantité de biens qui reste, et surtout selon l'impression et l'image que donne à voir le consommateur (son accoutrement, ses postures, son accent), son degré d'exigence, son statut apparent et son consentement perçu à payer. Aussi, le *« Pay What You Look Like »* (PWYLL) serait dans les souks, le pendant du *« Pay What You Want »* (PWYW) à cette différence près que dans le premier cas, la formule la plus juste devrait être *« Charge What the Customer Looks Like »* (CWCLL).

Cette dimension a également été perçue par Canetti (1980, p. 28-29) : « dans les souks… le prix que l'on vous annonce de prime abord est un casse-tête chinois. Personne ne le connaît à l'avance, pas même le marchand, car il y a, dans tous les cas, de nombreux prix différents ; chacun d'eux se rapporte à une situation, à un autre acheteur, à un autre moment de la journée, à un autre jour de la semaine… Il y a des prix pour les étrangers qui ne sont dans la ville que depuis un jour, d'autres pour ceux qui y vivent depuis trois semaines. Il y a des prix pour les riches et d'autres pour les pauvres… on pourrait penser qu'il a plus de sortes de prix que d'espèces de gens vivant sur la terre ».

Dans la mesure où, avec le temps, la plupart des clients potentiels sont au fait de ces pratiques, ils adoptent de multiples stratégies de contournement visant à cacher ou atténuer leur identité (pénalisante). Parmi ces stratégies de contournement, on peut citer les suivantes : s'habiller modestement (parfois en arborant les tenues locales) de manière à envoyer un signal sur sa familiarité avec le lieu et/ou sa faible capacité à payer (on retrouve ici un comportement diamétralement opposé à celui que ces mêmes personnes pourraient pratiquer dans les hypermarchés), se faire accompagner par une camarade, collègue ou membre de sa famille résidant à proximité, tout en restant un peu à l'écart de manière à tromper le vendeur sur le destinataire réel de la marchandise, sous-traiter totalement les courses de manière à ne pas éveiller les soupçons du vendeur, ou acheter en grandes quantités (*e.g.* des cageots entiers) qui appellent un prix revu à la baisse, quitte à partager les achats entre plusieurs foyers et donc bénéficier d'un prix à l'unité de mesure beaucoup plus avantageux.

Néanmoins, ces pratiques très courantes, par exemple dans les souks de la médina, sont beaucoup moins en vogue dans les souks ruraux ou périphériques à vocation alimentaire. Mulet (2018) montre que l'échange marchand avec négociation tel qu'il est par exemple analysé par Geertz (2003) reste plutôt marginal dans les souks ruraux où la grande majorité des échanges marchands se fait sur la base de prix plus ou moins fixes, certes non affichés, mais annoncés à l'avance par les vendeurs. L'auteur distingue ainsi plusieurs types de processus de formation des prix qui diffèrent selon les catégories de produits considérées : « les prix de certaines denrées (notamment les produits secs) n'évoluent pas d'une semaine sur l'autre. Le prix des produits frais cultivés au plat pays – notamment les fruits et légumes – évolue d'une semaine sur l'autre et même au cours d'une journée en fonction de la demande et des stocks des commerçants. Le prix de l'orge cultivée au plat pays peut changer fortement d'une semaine sur l'autre. L'influence de la demande locale et immédiate sur le prix est a priori faible. Il s'agit d'un produit sec que les commerçants spécialisés font circuler de souk en souk et peuvent conserver toute une saison, notamment jusqu'au moment de la soudure avant la nouvelle récolte. Les prix de la viande, enfin, peuvent évoluer d'une semaine sur l'autre en fonction des prix des ovins et caprins fixés la veille. Ils varient également en fonction de la relation entre vendeurs et clients » (Mulet, 2018, p. 115).

Du fait de l'incertitude sur les prix, le souk reste, par excellence, le lieu du marchandage. Ce marchandage est un processus complexe qui a été étudié prioritairement par les sociologues et les anthropologues. Nos enquêtes et observations de terrain nous ont permis, au-delà des mécanismes du marchandage, de dégager des typologies opérationnelles des acteurs du marchandage.

A. Principe et processus du marchandage : joutes verbales et scénarisation

Le marchandage a souvent été considéré comme un élément fondamental du fonctionnement des souks et de leur système de fixation des prix. Un certain nombre de travaux lui ont d'ailleurs été consacrés. Ainsi, Deborah Kapchan dans son ouvrage *Gender on the Market, Morrocan Women and the Revoicing of Tradition* aborde cette question dans un chapitre 2 dédié : « *Chtara* ou l'intelligence comme compétence ».

Tout comme le souk (ou souq) est considéré comme un élément fondamental de la culture marocaine et plus généralement maghrébine et berbère[1], le marchandage est lui-même considéré comme un élément culturel central, auquel d'ailleurs la littérature coloniale a cherché, avec plus ou moins de succès, à trouver une justification : « le marchandage est un grand plaisir pour ces peuples qui ont le temps », écrira par exemple de Tarde (1923, p. 42). Les guides touristiques regorgent par ailleurs de formules assez surprenantes qui en l'état relèvent plus, si l'on peut oser la formule, de la sociologie de bazar que d'une réflexion sérieuse et circonstanciée : « marchander est une nécessité, si vous ne le faites pas vous paierez trop cher et vous froisserez[2] le

[1] « Plus que pour l'arabisé le souq est nécessaire au berbère ; il lui est nécessaire comme l'air qu'il respire puisque c'est toute sa vie publique qui s'y déroule ainsi que sa vie économique », Surdon (1938, p. 175).

[2] Aucun vendeur, ni au Maroc ni ailleurs, ne se sentirait froissé d'avoir fait payer un prix élevé à un client considéré comme souverain !

marchand[1] ». Pour notre part, nous nous contenterons de considérer que le marchandage a été et reste un élément moteur du fonctionnement des souks et de leur système de fixation des prix. Ainsi, Deborah Kapchan (1996) analyse très finement le processus de marchandage sur le marché de Béni-Mellal entre deux interlocuteurs : Mohammed l'acheteur et Aïcha la vendeuse. Elle met en évidence le processus et les échanges verbaux entre les deux protagonistes, le recours aux mensonges blancs et aux stratégies de vérité, l'utilisation de serments et l'invocation de Dieu. Mais, là encore, on perçoit dans les travaux en question cette volonté de théoriser des pratiques et de construire des modèles séduisants intellectuellement mais très éloignés de la réalité de ceux qui font les pratiques. Ces jeux de marchandage sont également décrits parfois avec détail dans la littérature postcoloniale. Nicolet (2015, p. 71), en référence au souk des Aït Mehammed, écrira : « Partout chacun soupesait, touchait, lançait un prix, s'indignait, en lançait un autre, partait, revenait, pour enfin se mettre d'accord, et emporter l'objet désiré une fois réglé. En pays berbère comme dans toute l'Afrique, le marchandage est un élément culturel profond. Tout achat, toute vente est le résultat d'un combat verbal, où chacun avance ses arguments, réfute ceux de l'autre. C'est aussi un moment de convivialité, d'échange. L'important est de converger petit à petit vers un accord sans que personne ne perde la face ». En tant que pratique culturelle, le marchandage qui est initialement pensé/considéré comme un moyen pour l'acheteur de baisser le prix défini par le vendeur, deviendrait ainsi une fin en soi pour le plaisir que cette joute verbale et cet échange procurent (une sorte d'exercice de style) et peut tout à fait ne pas aboutir à une réduction significative du prix, voire même ne générer *in fine* aucune baisse de prix.

La logique du marchandage comprend en effet des règles, des rites et des routines, des comportements convenus, prévus et prévisibles. Ainsi le marchandage comporte une étape de proposition, une étape de réfutation puis d'offuscation et enfin de conciliation ; que cette conciliation soit réalisée directement, de gré à gré ou qu'elle passe par l'intervention d'un tiers. Elle nécessite des compétences permettant d'amadouer l'interlocuteur, de le valoriser, de le faire rire. L'expert en marchandage doit savoir prendre à témoin tant la foule, les hommes que le ciel ; il doit savoir partir et revenir… partir pour mieux revenir. Le marchandage, c'est d'abord et avant tout une joute oratoire qui doit s'appuyer sur la culture et les connaissances, les savoirs, savoir-faire et savoir-être des protagonistes. Ces derniers se doivent de maîtriser les bons mots et les formules chocs. L'intégration à intervalle régulier de citations du Coran ou de *hadiths* validés est également valorisée et reconnue comme un plus dans la négociation, ajoutant ainsi une dimension de religiosité dans un jeu tout à la fois profane et futile.

---

[1] Marchands dans un souk de Marrakech, www.coupsdecoeurpourlemonde.com, consulté le 24 mai 2019.

Tout comme le souk traditionnel a longtemps eu besoin d'un *amghar*[1] pour réguler et régler les litiges, le marchandage et son lot de joutes impliquent ou doivent impliquer souvent une tierce personne. C'est elle qui se charge d'effectuer l'appariement de manière à éviter que l'une ou l'autre des parties ne perde (trop) la face.

Toujours dans le monde de la littérature, Elias Canetti, encore lui, décrit de manière assez fine le comportement et le jeu des différents acteurs en présence. L'auteur montre ainsi toute la complexité du processus, la technicité requise de part et d'autre pour déjouer les pièges de l'un et de l'autre. Autrement dit, il montre bien que si le marchandage est un jeu, il s'agit d'abord *d'un jeu de compétences, savoirs et savoir-faire en confrontation* : « mais ce n'est que le début d'une affaire compliquée sur l'issue de laquelle on ne sait rien. On prétend que l'on doit parvenir à environ un tiers du prix demandé initialement. Mais ce n'est là qu'une estimation très approximative et une de ces plates généralités dont se satisfont les gens qui ne veulent pas ou ne sont pas capables de comprendre les finesses de cette antique procédure. Il est souhaitable que le mouvement pendulaire des négociations dure une substantielle petite éternité. Le temps que l'on consacre à l'achat réjouit le vendeur. Il faut que les arguments destinés à faire céder l'adversaire soient amenés de loin, remplis de complications, emphatiques et excitants. On peut être plein de dignité ou beau parleur, le mieux est d'être les deux. Par la dignité, on montre des deux côtés que l'on n'attache pas une grande importance à l'achat ou à la vente. Par la faconde, on amollit la résolution de l'adversaire. Il y a des arguments qui n'éveillent que l'ironie, mais d'autres vont droit au cœur. Il faut tout essayer avant de céder. Cependant, même lorsque l'instant est venu de le faire, cela doit se produire de façon inattendue et soudaine afin que l'adversaire soit désarçonné et qu'il donne l'occasion d'être percé à jour. Certains désarment l'interlocuteur par leur charme. Tous les sortilèges sont permis. Il est inconcevable de laisser l'attention se relâcher. Dans les magasins qui sont assez grands pour que l'on puisse y entrer et s'y promener, le vendeur aime à se concerter avec un autre employé avant de céder. Le second qui se tient en arrière-plan sans participer, comme une sorte de chef spirituel des prix, apparaît certes, mais ne marchande jamais lui-même. On ne s'adresse à lui que pour obtenir la décision finale. Il peut, pour ainsi dire contre la volonté du vendeur, autoriser de fantastiques fluctuations du prix. Mais comme il n'a pas participé au marchandage, personne ne perd la face » (Canetti, 1980, p. 28-31).

Le jeu du marchandage peut également parfois prendre des tournures inattendues voire même incongrues aux yeux de l'observateur externe. L'un

[1] Une sorte de juge de paix reconnu pour sa sagesse et qui fait autorité. Il arbitre les litiges entre les parties prenantes d'un échange ou d'une transaction.

des auteurs de ces lignes se souvient d'avoir participé à un jeu de marchandage autour d'un tapis dans la médina de Tanger. La négociation a duré plus d'une heure incluant le classique passage par la logique partir puis revenir suivie d'une pause thé offerte par le boutiquier. Une fois l'affaire conclue, dans une dernière discussion générale sur le sens de la vie et l'histoire du Maroc, alors que les employés chargent le tapis dans la voiture, le vendeur m'oriente sur mes origines : Al Hoceima et plus précisément Tafenssa Bacoya dans le Rif… tribu des Bni Bacoya. « Ah ! me répond-il. Les Bni Bacoya, descendants des fameux pirates du Rif et combattants les plus féroces parmi les compagnons d'Abdelkrim », et le voilà qui tourne les talons et retourne dans sa boutique en me lançant un « que Dieu te protège mon fils ainsi que tous tes ascendants et descendants ». Je réalise alors qu'il n'a pas encore été payé et le suit avec les 700 dirhams convenus. Malgré mon insistance, ce dernier refusera catégoriquement de prendre son dû : « Allah m'est témoin que je ne prendrai pas l'argent d'un fils de Bni Bacoya. » Il est clair que dès lors qu'il a prononcé la formule magique « sur Allah », le marchand qui me semblait dès le premier abord très pieux clôt définitivement la discussion… Après des remerciements gênés et les accolades de rigueur, je retourne rejoindre mes amis dans la voiture… Dans mon esprit grouillent les réflexions sociologiques et anthropologiques qui tentent d'expliquer cette situation plutôt inédite pour un Européen, mais au final pas si surprenante que cela, voire même prévisible pour un initié.

B. Typologies des acteurs du marchandage

Le processus de marchandage ou même le consentement au marchandage est variable selon les catégories de clients. Pour certains, il s'agit d'un jeu, pour d'autres d'une nécessité. Pour les uns, ce processus obligatoire reste une perte de temps (logique transactionnelle et utilitariste), pour les autres, il relèverait plutôt du passe-temps et plus généralement du plaisir de l'achat (logique hédoniste et relationnelle). Au travers de nos observations dans les souks de la médina, nous avons pu relever de multiples comportements et tactiques mises en œuvre par le chaland. Nous pouvons ainsi distinguer les « marchandeurs » selon deux prismes distincts mais qui se recoupent nécessairement : le degré de familiarité et de maîtrise des règles de négociation et l'origine géographique inférée/perçue.

a) Une typologie selon le degré de maîtrise des règles du marchandage par l'acheteur

Au prisme du comportement, nous pouvons distinguer cinq catégories : le passager, le réfractaire, le timoré, l'ignorant, le palabreur. Ces catégories ne sont bien entendu en aucun cas figées, et il peut exister une certaine porosité entre certaines d'entre elles :

- *Le passager* est un consommateur marocain habitué des souks et du marchandage. Il sait cependant que le marchand sait qu'il est de passage et qu'il n'est pas un natif de la ville. Autrement dit, qu'il n'y a pas nécessité de faire des efforts en termes de fidélisation. De son côté, le client tentera systématiquement de neutraliser sa manière de parler habituelle, dans l'espoir d'effacer l'accent qui le découvrira comme extérieur à la localité. Néanmoins, dans tous les cas, ce consommateur maîtrisant les langages, les codes et les techniques de marchandage, ses achats sont généralement très rapides, le commerçant ayant tendance à proposer un surprix raisonnable et le consommateur ayant tendance à tenter un compromis acceptable aux deux parties.

- *Le réfractaire*, soit par résistance au principe de marchandage, soit tout simplement par ignorance, paie le prix demandé et repart sans trop se poser de questions. Il est généralement satisfait tout comme le commerçant qui réalise le plus gros de sa marge avec ce type de client.

- *Le timoré* sait qu'il faut négocier systématiquement les prix. Il semble le faire à contrecœur mais le fait dans des proportions qu'il estime raisonnables, soit autour de 10 %. Il s'agit alors d'un marchandage pour la forme, mais le vendeur, pour la forme également, fait souvent mine de résister, sans doute pour encourager le consommateur et éviter de lui donner l'impression qu'il aurait pu descendre bien en deçà des 10 %.

- *L'ignorant* a lu et entendu dire qu'il fallait marchander systématiquement dans les souks de la médina et que les prix étaient régulièrement exagérés. Dès lors, il perd le sens des réalités en proposant des prix abusivement bas. Il n'est pas rare qu'il ose faire une proposition à 10 % du prix annoncé. Dans ce cas, la négociation tourne régulièrement court et l'on assiste à des situations de conflit ouvert, voire même parfois de violences verbales.

- *Le palabreur-volubile* renvoie à la catégorie des *empowered customers*. Il est un habitué, expert en marchandage et maîtrise les concepts et la gouaille des vendeurs… le prix de vente final apparaît secondaire et disparaît derrière le plaisir des joutes verbales qui lui-même reflète un égocentrisme exacerbé.

b) Une catégorisation selon l'origine géographique de l'acheteur inférée par le commerçant

Si l'on se réfère à la dimension géographique et l'origine spatiale du chaland, on pourra cette fois distinguer trois catégories spécifiques : le local, le touriste et le MRE. Cette typologie selon l'origine géographique est sans doute la plus évidente. Elle est d'emblée le premier signe, la première information que traite le vendeur dans l'énoncé de sa fourchette de prix proposés.

- *Le local : un client récurrent et toujours fidèle.* Le local est un consommateur qui habite aux environs du souk ou de la médina. Il connaît les marchands et les marchands le connaissent (en particulier dans les échoppes alimentaires). S'il lui arrive de fréquenter d'autres formes commerciales, c'est plus pour se tenir au fait des nouveautés et se maintenir au courant du prix des choses. Lorsqu'il achète, il négocie à la marge et souvent pour la forme puisqu'il sait que le prix proposé sera de toute manière ajusté et personnalisé.

- *Le touriste étranger : objet de toutes les attentions et « mal-intentions ».* Le touriste étranger est privilégié puisqu'on suppose qu'il se caractérise par un consentement à payer très supérieur à la moyenne. Dans les bazars de la médina, son cheminement et ses trajectoires, de même que la fréquentation de certaines boutiques plutôt que d'autres, sont régulièrement orientés, voire confisqués par les guides (souvent rémunérés par les commerçants eux-mêmes). Il existe, du point de vue des marchands, une gradation et une hiérarchisation des touristes. On pourrait même à ce niveau envisager une logique et trajectoire de type cycle de vie. En Europe, les touristes allemands et britanniques et plus généralement les touristes du nord sont nettement plus valorisés que les tourismes continentaux et méditerranéens (Français, Italiens, Espagnols) considérés comme beaucoup plus pingres et « moins rentables ». Les touristes anglo-saxons, américains et anglais sont également valorisés par leur faible propension à marchander (et pas uniquement pour des questions de maîtrise linguistique). Plus récemment, on a vu arriver les touristes asiatiques qui apparaissent également (sans doute, du fait de difficultés à communiquer) beaucoup moins sensibles à la problématique du marchandage : *« le client marocain, il négocie toujours... c'est les étrangers et surtout les Français, des fois ils négocient des fois ils prennent sans discuter... ça dépend. Mais dans cette catégorie, parfois, quand ils veulent négocier, on voit que c'est des ignorants, qu'ils ne savent rien. Peut-être l'agence de voyages leur dit qu'il faut être dur et ils demandent des prix ridicules sans réfléchir et parfois ça m'énerve ces gens-là. J'ai envie de leur dire dégage dans ton hôtel. J'ai déjà proposé un miroir pour 1 000 dirhams un grand et beau avec de belles décorations. Un Français, il me dit je te donne 50 dirhams. Dans quel pays du monde tu trouves un miroir grand comme la porte à 5 euros... même pas en Chine... Majid qui travaille avec moi lui a dit : moi je te donne les 5 euros pour que tu dégages et il est parti pas content. C'est pas bien, mais qu'est-ce que tu peux faire avec des wouhouches comme ça »* (Ali, bazariste, Al Hoceima).

- *Le touriste national : un acheteur à la catégorisation mitigée.* Le touriste national recoupe la figure du « passager » dans la catégorisation précédente et ne souhaite surtout pas être assimilé à un touriste, en l'occurrence étranger. Cette mention revient souvent dans la négociation des prix au cours de laquelle il oppose à la proposition du vendeur la réplique *« je ne suis pas un touriste pour que tu me proposes un prix si élevé »*. Il cherche donc à bénéficier des tarifs auxquels les autochtones ont droit en palabrant, rigolant et amadouant le vendeur. Ce type de client tentera autant que faire se peut de neutraliser sa manière de parler habituelle, et introduira des formules et expressions locales (y compris en *darija* du coin ou en berbère), afin de montrer qu'il est un habitué des lieux, imprégné des coutumes et manières de parler locales. Ces stratagèmes lui permettent *in fine* de s'en tirer à bon compte (relativement) avec un prix significativement plus bas que celui proposé initialement par le vendeur qui l'avait pressenti comme extérieur à la localité. Enfin les commerçants (et au-delà les restaurateurs, hôteliers, cafetiers, etc.) prennent conscience depuis la crise économique et financière de 2008 que les touristes nationaux constituent une importante manne financière. Cette dernière est pérenne (ou apparaît comme telle) et leur permet de ne pas être dépendants des touristes étrangers qui se font rares lors des crises financières, suite aux attentats ou à l'occasion de la crise sanitaire du COVID 19.

- *Le MRE comme catégorie hybride.* Longtemps méprisé et considéré comme client marginal par rapport aux touristes occidentaux, le MRE fait aujourd'hui l'objet de toutes les attentions. En effet, si l'ancienne génération de MRE se caractérisait par des revenus faibles, un statut social également faible et un consentement à payer du même ordre, la nouvelle génération de MRE a gagné en statut social. Les MRE disposent de plus en plus de revenus élevés et d'un prestige social relatif. Ils ont également un rôle stabilisateur en ce sens que contrairement à leurs parents qui rentraient une fois par an au pays, généralement pendant les congés de juillet-août, les membres de cette nouvelle génération fractionnent beaucoup plus volontiers leurs vacances et peuvent venir plusieurs fois par an. L'émergence de cette clientèle a par ailleurs été largement favorisée et valorisée après les attentats du 11 septembre et la baisse générale du tourisme international en direction des pays arabes et musulmans ainsi que le débat autour du *muslim ban*… Elle a également, dans le cas du Maroc, été favorisée par une politique publique volontariste (fondations *ad hoc*, institutions représentatives). À titre illustratif, on notera qu'en 2017, les MRE ont par exemple dépensé 3,75 milliards de dirhams pour l'achat de produits de l'artisanat (soit une dépense de 3 917 dirhams par personne) alors que les touristes étrangers ont quant à eux dépensé 5,87 milliards (soit 2 112 dirhams par personne [1]). Et selon toute

[1] Cf. sur ce point : « L'artisanat marocain vu par les touristes étrangers », Aujourd'hui.ma, 16 novembre 2017.

vraisemblance, le poids des MRE devrait encore progresser fortement dans les années à venir pour dépasser celui des touristes étrangers.

Notons pour finir que les quatre dernières catégories, qui constituent une segmentation propre aux vendeurs, présentent cette caractéristique d'être transversales. Elles peuvent régulièrement croiser les autres catégories, le MRE, tout comme le touriste d'ailleurs, pouvant lui-même par exemple relever de la catégorie timide ou encore réfractaire.

C. Devenir *iklien* : réduire l'incertitude par l'*iklienisation* (« clientélisation »)

Les souks (mais l'argument vaut aussi pour l'ensemble du commerce traditionnel : épiceries, *ferrachas*, marchés municipaux…) ne sont pas des lieux où des demandeurs de produits, de prix et d'informations anonymes sont à la recherche d'offreurs eux aussi anonymes. Autrement dit, ce ne sont pas des lieux où règnent systématiquement l'incertitude et l'asymétrie informationnelle. En effet, plutôt qu'un monde totalement anonyme, le souk est un monde d'interconnexions et d'interconnaissances. Dans les souks, et dans l'essentiel du commerce traditionnel, on constate une tendance forte à ce que des clients-consommateurs récurrents de certains biens finissent par établir des relations régulières avec les mêmes vendeurs, souvent une demi-douzaine (selon la diversité des produits recherchés). C'est en ce sens qu'ils deviennent *iklien* les uns pour les autres.

L'*iklienisation* (ou échange récurrent entre partenaires familiers) est la principale stratégie permettant mutuellement de s'assurer un approvisionnement fiable et éviter de se lancer dans la recherche (coûteuse) d'un nouveau fournisseur pour chaque nouveau besoin d'un côté, et de sécuriser un pool de clients fidèles qui permet de garantir une activité de base régulière de l'autre côté. Ce phénomène est particulièrement bien décrit par Geertz (2003, p. 181) : « à l'intérieur de ce qui ressemble à un mouvement brownien de *suwwaqa*, butant par hasard les uns dans les autres (tout au moins aux yeux de l'observateur occasionnel) se dissimule un schéma déterminé et étonnamment persistant de connexions spécifiques et personnelles. La description de “vendeurs et d'acheteurs aveuglés par leur manque de connaissance, tâtonnant à l'entour jusqu'à ce qu'ils entrent en collusion les uns avec les autres”… est en tout cas inadéquate dans le souk où les acheteurs et les vendeurs circulent le long de canaux de réseaux de clients, trouvent leur chemin encore et toujours vers les mêmes adversaires… en divisant la foule du bazar entre ceux qui, au point de vue d'un homme en son milieu, sont de réels candidats à son attention, et ceux qui, un groupe infiniment plus large, ne le sont que potentiellement, la clientélisation réduit à des propositions acceptables la quête d'information. Elle transforme une foule anonyme et éparse en une collection raisonnablement stable d'adversaires familiers ».

4.3.4. Souk et théâtralisation

Le souk est par essence, pour le consommateur, le lieu de la théâtralisation et de la mise en scène des produits. C'est du souk on l'a vu, qu'est partie la volonté de réenchanter le commerce... C'est de l'observation des pratiques commerçantes et du comportement du consommateur qui aime à se perdre dans les labyrinthes du souk, ses senteurs, ses couleurs et ses odeurs, que s'inspirent la plupart des concepts du marketing sensoriel et expérientiel moderne (Gallouj, 2020a ; 2020c). La théâtralisation et la question du marketing sensoriel ont également été très bien décrites par Elias Canetti. En effet, en observant la profusion de l'offre dans le souk de Marrakech, l'auteur (1961, p. 24-25) écrit : « il y a beaucoup d'orgueil dans cette exhibition. On montre ce que l'on peut fabriquer, mais on montre également qu'il y en a profusion. On croirait que les sacs eux-mêmes savent qu'ils sont la richesse et qu'ils s'offrent aux regards des passants dans tout leur éclat. On ne serait pas du tout étonné que tous ensemble, dans le même mouvement rythmique et dans une danse orgiaque et haute en couleur, ils ne montrent toutes les séductions dont ils sont capables. Lors de chaque promenade dans les souks, le passant recrée, selon son humeur, le sentiment de communauté de ces objets qui sont réunis à l'écart de tous ceux d'une nature différente ».

Le souk est également, du point de vue du consommateur, un lieu qui donne du sens aux choses, aux produits vendus et à l'acte d'achat. Il est le lieu où les produits et objets fabriqués sont marqués par le sceau de l'authenticité (Camus, 2004) dans la mesure où ils sont, encore à ce jour, façonnés directement devant le chaland ou le client, ce qui leur donne une âme et un cachet original qui déclenche l'achat et décuple leur potentiel de vente. Sur ce point, Canetti, encore (1961, p. 25-26), écrit : « outre les boutiques où l'on se contente de vendre, il y en a beaucoup devant lesquelles on peut voir comment les objets sont fabriqués. On assiste au processus de fabrication depuis son début et cela met le spectateur de bonne humeur. Une des calamités de notre vie moderne réside en ceci que nous recevons tout objet complet et terminé, livré à domicile et prêt à l'emploi comme s'il sortait de quelque vilain appareil magique. Ici, au contraire, on peut voir le cordier s'activer à son travail avec, suspendues à côté de lui, ses réserves de cordes terminées. Dans de minuscules boutiques, des troupes de tout jeunes gens, par groupes de six ou sept, tournent des morceaux de bois et de jeunes hommes assemblent des tables basses avec des morceaux fabriqués pour eux par les enfants. La laine dont on admire les couleurs lumineuses est teinte sous vos yeux et, partout, des enfants assis en rond brodent des calottes de jolis dessins multicolores. C'est une activité qui s'accomplit en public et son déroulement se montre autant que l'objet parachevé ».

Conclusion

Que ce soit en Europe ou dans les pays de Maghreb (et plus largement dans les pays émergents ou en développement), les réflexions et travaux sur le consommateur et son comportement en magasin restent focalisés sur le commerce moderne et de manière concomitante sur les pratiques du commerce moderne, pour attirer et fidéliser le consommateur. Les travaux *ad hoc* relatifs au commerce traditionnel apparaissent dès lors plutôt rares et parcellaires. C'est un des objectifs de ce chapitre que de tenter de cerner le comportement du consommateur dans le cadre du commerce traditionnel et de déceler les singularités de ses pratiques dans ces environnements commerciaux marqués par de fortes interactions sociales qui structurent les échanges entre vendeurs et acheteurs. Nous montrons en effet que la relation client n'est pas l'apanage de la distribution moderne et que les bases de la GRC sont à rechercher justement dans le commerce traditionnel qui se démarque par une approche contextualisée et customisée du client adossée à une connaissance fine, voire intime de ce dernier. De l'épicier dit *moul'hanout* aux souks, en passant par les *ferrachas* (marchands ambulants), nous montrons que le consommateur se distingue par des comportements singuliers et que, loin des clichés habituellement présentés dans les *textbooks* de marketing, le consommateur du commerce traditionnel apparaît probablement plus *« empoweré »* que celui de la distribution moderne…

CHAPITRE 5

AU-DELÀ DU COMPORTEMENT : QUELLES CONSOMMATIONS ?

Au-delà de l'analyse des conditions, circonstances et lieux de consommation, il est également important de s'intéresser à la structure de consommation en général, qu'elle soit alimentaire ou non alimentaire. Dans ce chapitre, nous abordons dans un premier temps la structure de la consommation nationale et son évolution sur une longue période. Nous montrons que cette structure est affectée par un certain nombre de variables comme la classe sociale ou encore le lieu de résidence. Dans un second temps, nous nous focalisons plus spécifiquement sur la consommation alimentaire et sur l'évolution du régime et des pratiques alimentaires des Marocains. Nous mettons en évidence la rapide transition alimentaire qui affecte la consommation nationale. Les développements suivants sont consacrés à l'étude spécifique de quelques exemples de consommations relevant tant du domaine alimentaire que non alimentaire. Dans le cas de l'alimentaire, nous abordons successivement : l'huile d'olive et les olives de table, le lait et les produits laitiers, les viandes et les produits carnés, le bio et les produits labellisés bio et enfin (et de manière plutôt paradoxale pour un pays musulman), l'alcool et les boissons alcoolisées. Dans le non-alimentaire, nous nous penchons plus spécifiquement sur l'électroménager, le meuble, le bricolage mais également sur le textile-habillement ainsi que sur les articles de sport. Enfin, dans un dernier temps, nous accordons une place particulière au secteur du luxe, qui connaît au Maroc un développement mitigé, tout au moins sur la période récente.

5.1. Structure de consommation des ménages

La consommation, et plus précisément la structure de consommation des ménages marocains, a connu une évolution importante durant les 40 dernières années. Telle qu'elle est mesurée au travers des coefficients budgétaires, la structure des dépenses est relativement classique avec des dépenses alimentaires qui dominent encore nettement, mais qui connaissent un trend descendant régulier. On est ainsi passé de 54 % en 1970-71 à 45,5 % en 1990-91, soit 20 ans plus tard, puis à 37 % en 2014 et sans doute à sensiblement moins aujourd'hui.

Tableau 10 : Dépenses de consommation par catégorie de produits en % des dépenses totales (coefficients budgétaires)

	1970/ 1971	1984/ 1985	2000/ 2001	2007	2014
Alimentation	54	48,6	41,3	40,6	37
Habillement	10,4	7,3	4,8	3,4	3,2
Habitation	15	20,1	22,1	20,3	23
Équipement ménager	4,3	5,2	3,8	3,6	3,2
Hygiène et soins médicaux	4,1	4,6	7,6	7,2	8,7
Transport et communication	5,2	5,2	7,5	11,6	9,3
Loisirs, culture et divertissement	2,5	3,4	3,6	4,4	5,6
Autres	4,5	5,8	9,3	8,9	10

Source : HCP (2016).

En dehors de l'alimentation, deux autres postes ont connu une chute relative sur le long terme : l'habillement et l'équipement ménager. En revanche, l'ensemble des autres postes est plutôt sur une tendance haussière. De manière plus précise, on observe que cinq postes de dépenses connaissent une croissance significative : l'habitation (*y.c.* l'énergie), l'enseignement, les loisirs et les divertissements, l'hygiène et les soins médicaux ainsi que les transports et les communications. Ces transferts de priorités entre postes de dépenses s'expliquent par la recherche de confort sur le plan de la résidence (aménagement, climatisation, etc.), par la privatisation du secteur de l'enseignement qui absorbe une part significative du budget des ménages et par une prise de conscience de l'importance de l'hygiène à la fois alimentaire et physique ainsi que par une tendance au vieillissement accéléré de la population (qui grève le poste de dépenses en santé).

5.1.1. La classe sociale, un marqueur fort de la consommation

Bien entendu, les données globales présentées ici cachent des différences très importantes entre d'un côté les CSP favorisées et les CSP défavorisées et de l'autre côté entre milieux rural et urbain. Le niveau de vie est en effet un marqueur important des disparités dans la structure de consommation. Par exemple, le poids de l'alimentaire dans le budget total des ménages passe de 50,3 % pour les ménages les moins aisés à moins de 26 % pour les ménages les plus aisés. Les écarts sont également significatifs en ce qui concerne le budget habitat et énergie, qui a tendance à diminuer avec l'augmentation du niveau de vie. Les écarts sont très importants dans l'enseignement et les loisirs. Avec l'augmentation du niveau de vie, la part de budget consacrée par les 10 % les plus aisés à l'enseignement est deux fois plus élevée que celle des classes les moins aisées. L'écart passe à près de 9 fois plus dans le cas des loisirs en faveur des 10 % les plus aisés. Les différents éléments évoqués ici mettent en évidence s'il en était besoin le caractère très inégalitaire de la société marocaine. Un certain nombre de rapports, tant nationaux qu'internationaux, montrent que le système éducatif est au cœur de la machine inégalitaire marocaine. En effet, bien que la part du budget consacrée à l'éducation est une des plus élevées de la zone MENA, le système éducatif reste défaillant et la durée moyenne de scolarisation est toujours à peine supérieure à 4 années. Par ailleurs, la privatisation à marche forcée de l'éducation, contribue, elle aussi, à la machine inégalitaire. On estime à ce jour que plus de 14 % des élèves marocains sont inscrits dans des écoles privées (chiffre qui peut atteindre 80 % dans certaines zones de Casablanca et Rabat).

Tableau 11 : Dépenses annuelles moyennes par personne (DAMP) et coefficients budgétaires (en %) selon les déciles extrêmes

	10 % les moins aisés		10 % les plus aisés		National	
	DAMP	Part en %	DAMP	Part en %	DAMP	Part en %
Alimentation	2 155	50,3	13 100	25,9	5 874	37
Habillement	107	2,5	1 657	3,3	513	3,2
Habitation et énergie	1 156	27	10 687	21,1	3 659	23
Équipements ménagers	117	2,7	1 663	3,3	504	3,2
Hygiène et soins médicaux	252	5,9	4 774	9,4	1 386	8,7
Transport	126	2,9	5 543	11	1 133	7,1
Communication	56	1,3	1 348	2,7	351	2,2
Enseignement	114	2,7	2 680	5,3	590	3,7
Loisirs	17	0,4	1 782	3,5	300	1,9
Autres dépenses	186	4,3	7 388	14,6	1 567	9,9
Total	4 287	100	50 622	100	15 876	100

Source : HCP (2016).

5.1.2. Milieu de résidence : rural *vs* urbain

Le milieu de résidence, rural ou urbain, contribue lui aussi à différencier fortement la structure des dépenses et par conséquent les pratiques de consommation. De manière assez classique, la part de l'alimentaire dans le budget des ménages reste encore très importante en milieu rural (47,3 %) comparativement au milieu urbain (33,3 %). Les écarts en faveur de l'urbain apparaissent également importants en ce qui concerne les autres postes de dépense : habitat, énergie, hygiène et soins médicaux, transport, communication, enseignement, loisir et culture ainsi que les autres dépenses de biens et services. Seuls l'équipement ménager et l'habillement se situent à des niveaux relativement équivalents. L'ensemble de ces disparités de dépenses s'explique par le déficit patent d'infrastructures dans les zones rurales et l'éloignement, voire l'isolement, des personnes qui y résident des principaux lieux de production et de consommation des biens et services… et ce, malgré une amélioration sensible en particulier depuis ces dernières années des infrastructures de transport inter et intra-urbaines.

Il convient de rappeler ici que les zones rurales sont également des zones où l'autoproduction alimentaire, que ce soit en produits bruts ou transformés (pain, huile…), reste encore importante à ce jour, de même que le recyclage et la réutilisation.

Tableau 12 : Coefficients budgétaires (en %) selon les grands groupes et le milieu de résidence

	Urbain	Rural	Ensemble
Alimentation	33,4	47,3	37
Habillement	3,3	3,2	3,2
Habitation et énergie	24,2	19,8	23
Équipements ménagers	3,1	3,5	3,2
Hygiène et soins médicaux	9,2	7,5	8,7
Transport	7,4	6,5	7,1
Communication	2,5	1,5	2,2
Enseignement	4,4	1,7	3,7
Loisirs	2,2	1,1	1,9
Autres dépenses	10,4	7,9	10
Total	100	100	100

Source : HCP (2016).

5.2. Question argent : dépenses, budget et crédit

Les réflexions sur les coefficients budgétaires donnent une idée relativement précise de l'affectation des revenus globaux à tel ou tel type de consommation. Ils sont dès lors complétés utilement par quelques données sur les dépenses réelles et, à un niveau plus désagrégé et opérationnel, par l'observation des paniers moyens. De même, l'analyse des dépenses des ménages ne peut faire abstraction de la question du recours au crédit.

5.2.1. Dépenses, budget et panier moyen

La dépense annuelle moyenne (tous postes confondus) par personne est, au Maroc, d'environ 16 000 dhs en 2014. Ce chiffre global cache cependant des disparités importantes. En effet, le Maroc reste, on l'a vu, un pays marqué par de très fortes inégalités sociales. Si la dépense annuelle moyenne par personne est globalement de 16 000 dhs, elle est de plus de 50 000 dhs pour les 10 % les plus aisés et chute à environ 4 300 dhs pour les 10 % les moins aisés. Autrement dit, pour reprendre le titre choc d'un média national : « Les riches consomment (au Maroc) dix fois plus que les pauvres ». Un rapport de l'ONDH[1] montrait, dans le même sens, que les 10 % des Marocains les plus

[1] Observatoire national du développement humain qui a pour mission permanente d'analyser et d'évaluer l'impact des programmes de développement humain mis en œuvre et de proposer des mesures et des actions qui concourent à l'élaboration et à la mise en place d'une stratégie

aisés ont accaparé le tiers de la consommation des ménages sur la période 2012-2017.

Les dépenses globales des ménages ne donnent que des informations générales difficilement opérationnalisables au niveau des magasins. Sur ce point, en termes de dépenses effectives, l'analyse du panier moyen s'avère riche d'enseignements, et ce, même si les données relatives à cet indicateur ne sont disponibles que pour certaines enseignes et certaines périodes. Toutes enseignes confondues, le panier moyen se situerait ainsi entre 100 et 130 dirhams en supermarché et varierait entre 200 et 250 dirhams en hypermarché. Dans le *cash and carry*, du fait d'un poids important de la clientèle professionnelle, le panier moyen est beaucoup plus élevé et se situerait quant à lui entre 500 et 700 dirhams.

Tableau 13 : Panier moyen selon les enseignes de grande distribution

Enseignes	Panier moyen en dhs
Marjane	240
Marjane Market (ex-Acima)	130
Carrefour hypermarchés	220
Carrefour Market	120
Atacadao	550-600
Aswak Assalam	200 à 260
BIM	80 à 100

Source : CFG Group, note mars 2011.

Néanmoins, la structure du panier moyen de la ménagère telle qu'elle est présentée dans le tableau précédent ne doit pas cacher, là encore, des disparités importantes, y compris au sein d'une même enseigne. En effet, depuis quelques années, les enseignes de distribution mettent en œuvre des positionnements assez fins de leurs magasins, en fonction de leurs zones d'implantation et des caractéristiques de la clientèle de la zone. Les unités Marjane Market (ex-Acima) se répartissent entre trois catégories (fondées sur la typologie des clients, le panier moyen et la surface de vente) : magasins *premium*, mini-hypers et magasins à vocation populaire. On retrouve une typologie similaire chez Carrefour LabelVie qui distingue entre magasins *premium*, magasins intermédiaires et magasins populaires.

On notera par ailleurs que le panier moyen a tendance à diminuer sur une longue période, reflétant sans doute une réelle démocratisation et une diffusion du modèle de l'hypermarché et du supermarché, autrement dit, l'élargissement de l'offre à des couches sociales défavorisées, dont le revenu et la capacité d'achat sont plus réduits. La baisse du panier moyen peut

---

nationale de développement humain, notamment dans le cadre de l'Initiative nationale pour le développement humain.

cependant être aussi le reflet d'une réduction de la taille moyenne des magasins, elle-même liée au développement des concepts commerciaux de proximité, donc plus compacts (Gallouj, 2018b).

5.2.2. Financement, et recours au crédit

Traditionnellement, le consommateur marocain se caractérise par un très faible taux de recours au crédit. Cependant, depuis une dizaine d'années, le recours des Marocains au crédit à la consommation apparaît de plus en plus fréquent. Ces derniers s'endettent pour s'équiper (voiture, électroménager, mobilier…), pour financer les études de leurs enfants (dans les institutions privées qui ont remplacé l'éducation publique sinistrée depuis plus de deux décennies), pour faire face à des dépenses de santé ou pour satisfaire d'autres besoins. Ainsi, le crédit à la consommation est devenu un levier incontestable de la consommation intérieure. Aujourd'hui, le taux d'endettement moyen (rapporté au revenu) est de l'ordre de 28 %, soit un taux nettement inférieur à celui observé dans les pays européens[1]. Cependant, le taux d'endettement évoqué cache des disparités importantes selon les niveaux de revenus et selon les CSP. Ainsi, pour la tranche de revenus mensuels de 3 000 dirhams, le taux d'endettement dépasse les 50 %, alors qu'il n'est que de 10 % pour les revenus supérieurs à 24 000 dirhams (HCP, 2016).

Le boom du crédit est très largement lié à un autre essor, celui de l'équipement ménager, que ce soit en mobilier ou en électroménager. Ainsi, selon la Direction de la statistique, à la fin des années 1990, plus de 45 % des ménages s'équipaient à crédit avec naturellement une forte concentration dans les milieux urbains et dans les classes moyennes. Ce recours au crédit renvoie pour une large part à des phénomènes d'ostentation et de désir d'identification aux classes supérieures[2].

5.3. La consommation alimentaire : structure et évolution

La consommation alimentaire des ménages marocains a fait l'objet, encore une fois, de bien peu de travaux en marketing et en gestion. Les travaux scientifiques sur le comportement du consommateur sont plutôt rares, parcellaires, et, il faut l'avouer, souvent faibles conceptuellement. Les travaux de sociologues et d'anthropologues permettent parfois de disposer de quelques prismes de lecture intéressants, en particulier sur une base historique. Cette base peut elle-même être complétée (avec bien entendu toutes les précautions de rigueur), par la lecture et l'analyse de la littérature coloniale.

---

[1] « Le boom du crédit à la consommation », *Conjoncture*, n° 916, juin 2010.

[2] « Meubles et frigos : si le crédit suit… », *L'Économiste*, n° 306, 27 novembre 1997.

Ainsi par exemple, Georges Hardy[1] (1930) propose une description romancée mais assez juste des pratiques de consommation des Marocains durant les années 1920 à 1930 (cf. encadré 3).

Encadré 3 : La consommation alimentaire des Marocains entre 1920 et 1930

« Le Marocain est généralement très sobre ; il se gave de nourriture quand par hasard Allah met à sa portée une bonne table, mais en temps ordinaire, il est capable d'accomplir de longs travaux fatigants sans consommer autre chose qu'un morceau de pain ou quelques fruits secs. Il se nourrit surtout de moutons, de volailles, de légumes, de blé ou d'orge, que les femmes écrasent à l'aide de moulins tout primitifs et qu'elles font cuire au four banal. Les gens des tribus ne mangent guère de viande que quelques jours par mois, et les nomades consomment surtout du lait et des dattes. La chair du porc, on le sait, est rigoureusement interdite par l'islam.
Le mets régional par excellence, c'est le couscous : comme en Algérie, c'est un plat de semoule cuite à la vapeur, mais tandis qu'en Algérie la semoule baigne dans une sauce au poivre ou au piment, au Maroc elle est mélangée de légumes et de viande, arrosée de beurre fondu ou bien garnie de cannelle et de sucre. En dehors du couscous, la cuisine marocaine des grands jours est d'ailleurs pleine de ressources : méchoui ou mouton rôti en entier ; à la broche et sur feu de bois odoriférants ; brochettes de foie grillées ; *tadjin*, plat de viande très cuite dans le beurre ou l'huile et garni de légumes variés, de tomates, d'olives, d'artichauts, d'amandes ; volailles couvertes d'une panne d'œufs et d'assaisonnements ; pâtes feuilletées aux amandes, gâteaux au miel, etc. Voilà toutes les recettes dont s'accommodent fort bien les palais européens. Le seul inconvénient pour un non-initié, c'est qu'il faille puiser au plat commun et se servir de ses doigts ou d'un morceau de pain en guise de cuillère, de fourchette et de couteau.
On ne boit guère en mangeant, sauf quelques gorgées d'eau ; mais après le repas et entre les repas, le Marocain prend en grande quantité un thé léger, aromatisé de menthe fraîche et fortement sucré… »

Source : Hardy (1930, p. 84-86).

C'est sans doute à Bernard Rosenberger (2001) que l'on doit les analyses les plus fines sur la consommation et les pratiques de consommation alimentaires au Maroc. Dans son ouvrage *Société, pouvoir et alimentation : nourriture et précarité au Maroc précolonial*, l'auteur propose ce qui est sans doute l'une des réflexions les plus abouties existantes à ce jour de l'histoire du régime alimentaire marocain. L'auteur y décrit en particulier l'importance prise par les céréales dans ce régime alimentaire.

Si l'on s'intéresse à la période récente, Allali (2017) propose lui aussi une analyse intéressante du régime alimentaire au Maroc. L'auteur montre que le modèle alimentaire marocain reste encore largement dominé par les céréales,

[1] L'auteur, agrégé d'histoire et de géographie, a été directeur général de l'instruction publique, des beaux-arts et des antiquités du Maroc.

en particulier de blé tendre. Les fruits et légumes occupent également une place importante dans la consommation alimentaire nationale et en particulier les agrumes (oranges, clémentines, mandarines...), les pommes, les poires, les raisins, les tomates et les légumes à tubercules. La pomme de terre est très fortement consommée puisqu'elle entre dans la composition de la majorité des plats, du tagine au couscous. Ces dernières années ont vu la montée en niveau et la généralisation de la consommation de pommes de terre sous forme de frites (ce qui participe aussi de la transition alimentaire). Au-delà de la pomme de terre, on peut observer une consommation importante de légumineuses comme les lentilles, les petits pois, les pois chiches et, sur une base moins régulière, les fèves sèches.

La plupart des études *ad hoc* montrent que la consommation de viandes, œufs et poissons reste encore en dessous des normes recommandées habituellement par l'OMS. En effet, la consommation locale de protéines animales est évaluée à 18 grammes par jour et par personne contre les 25 grammes recommandés par la même institution. Concernant par exemple les produits de la pêche, Allali (2017, p. 72) soulève les contradictions d'un pays qui dispose a priori d'importantes ressources halieutiques, mais où la consommation de produits de la mer n'est que de 6 kg par an comparativement aux 8,45 kg par an caractérisant les autres pays du Sud méditerranéen. Ce paradoxe s'explique notamment par la prédestination des produits de la pêche à l'export et par la cherté des produits de la mer proposés sur les marchés ou dans les GMS. Cette cherté situe irrémédiablement ces produits hors de portée de la bourse du consommateur moyen. Le régime alimentaire marocain est également caractérisé par une très forte prévalence des fritures en particulier de légumes (pommes de terre, poivrons, aubergines, courgettes...).

5.3.1. Des pratiques différenciées selon la classe sociale

Au Maroc, les inégalités restent relativement fortes et il existe des disparités sociales importantes dans la structure des dépenses alimentaires des ménages. On a vu dans les pages précédentes que le poids de l'alimentaire dans le budget des ménages passe de 25,9 % pour les 10 % les plus aisés à 50,3 % pour les 10 % les moins aisés. Comme le précise l'un de nos interlocuteurs : *« Je gagne pas beaucoup... tout l'argent c'est pour le manger et le loyer. J'ai les enfants, ils mangent beaucoup... nous, on est pauvres et on peut pas faire les économies... Tous les jours on achète à manger et parfois même avec le crédit du moul'hanout »* (Hamid, 53 ans, Rabat).

Les données concernant les quantités consommées par les différentes catégories sociales révèlent également des disparités fortes entre les 10 % les plus nantis et les 10 % les plus démunis. Le HCP montre ainsi que les écarts sont largement accentués dès lors que l'on s'intéresse aux produits alimentaires riches au plan nutritif : produits laitiers (150,5 contre 15,6 litres par personne et par an), œufs (191 contre 35 unités par personne et par an), viandes (59,8 kg contre 11,1), poissons (25,1 kg contre 4,8) et fruits (147 kg contre 21,6). À l'inverse, la consommation des céréales, aliment de base rentrant dans la composition ou accompagnant de nombreux mets au Maroc, est deux fois plus forte chez les moins nantis (240 kg) que chez les plus aisés (113 kg).

Tableau 14 : Quantités d'aliments consommés par tête et par an aux déciles extrêmes

	2014	D1 10 % les plus aisés	D10 10 % les moins aisés	Écart D10/D1
Céréales (kg eq. grain)	185	112,8	240,1	2,1
Viandes (kg)	29,6	11,1	59,8	5,4
Poissons (kg)	13,6	4,8	25,1	5,2
Produits laitiers (litre eq. lait frais)	59	15,6	150,5	9,6
Œufs (unités)	103	35,4	191,2	5,4
Huiles (litres)	22,4	11,5	36,6	3,2
Légumes frais (kg)	124	66	181	2,7
Légumineuses sèches (kg)	27,9	15,1	43,6	2,9
Fruits (kg)	67,5	21,6	147	6,8
Sucre (kg)	24,8	16,3	35,1	2,2

Source : HCP (2016).

De même, si le poids de la catégorie « aliments et boissons pris à l'extérieur » a tendance à s'accroître fortement dans le budget des ménages, on observe que les catégories sociales les plus aisées y consacrent 10,6 % de leur budget contre 2,8 %, soit quatre fois moins pour les catégories sociales les plus défavorisées. Ce constat n'exclut cependant pas les catégories défavorisées de la restauration hors foyer, du fait de prix très accessibles dans les quartiers populaires.

5.3.2. L'évolution des pratiques de consommation alimentaire

Le régime alimentaire du consommateur marocain connaît des changements importants liés à l'évolution et la modernisation de l'industrie alimentaire mais également à la pression de l'occidentalisation poussée par les médias qui favorisent ainsi une alimentation industrielle mondialisée ou même celle de produits locaux élaborés par opposition au *« home made*[1] » qui prévalait encore il y a quelques décennies.

[1] Le *home made* est cependant très important, voire même parfois dominant dans le Maroc rural où l'autoconsommation reste encore très largement la règle (pains divers, Takhnifth, Msemen, Harcha, Sfinj, huiles alimentaires diverses, Bessara-Thamrikth, Zembou, Mermez, Aharhourr, Aghi…).

L'observation de l'évolution de la consommation alimentaire sur une longue période révèle en effet que bien que la structure d'ensemble reste sensiblement stable, le panier moyen du ménage marocain a tendance à se diversifier. Ainsi, le poids relatif des produits riches en calories (céréales, sucres et produits sucrés) poursuit un trend descendant depuis le début des années 2000 alors qu'au même moment, les produits riches en protéines (produits laitiers, œufs, viandes et poissons) se situent plutôt sur un trend ascendant. De même, la consommation de fruits est en croissance contrairement à celle des légumes frais qui semble marquer le pas.

Tableau 15 : Évolution de la consommation alimentaire (1985-2014)

	1985	2014	Variation 1985/2014
Céréales (kg eq. grain)	210,4	185	- 0,1
Viandes (kg)	15,9	29,6	+ 60,9
Poissons (kg)	6,2	13,6	+ 51,1
Produits laitiers (litre eq. lait frais)	30,3	59	+ 56,5
Œufs (unités)	49	103	+ 58,5
Huiles (litres)	14,5	22,4	+ 31,8
Légumes frais (kg)	94,8	124	+ 6,3
Légumineuses sèches (kg)	22,9	27,9	+ 32,9
Fruits (kg)	32,5	67,5	+ 72,6
Sucre (kg)	27	24,8	+ 2,9

Source : HCP (2016).

Un rapport du ministère de la Santé[1] cité par Allali (2017, p. 72) met en évidence les principales évolutions des habitudes de consommation des Marocains : un accroissement de l'apport énergétique qui serait passé de 2 202 kcal en 1970 à 3 031 au début des années 2000 (en milieu urbain), une diversification importante de l'alimentation avec une participation des différents groupes d'aliments à la ration journalière, une modification de la répartition des différents macronutriments dans la couverture des besoins énergétiques, une diminution de la part des glucides particulièrement complexes et une augmentation de la part des sucres simples (saccharose), un maintien d'une consommation importante de céréales, une progression de la consommation de fruits et légumes mais qui reste insuffisante par rapport aux recommandations internationales, une augmentation de la part des protéines d'origine animale, surtout viande blanche, au détriment des protéines d'origine végétale, une augmentation de la part des lipides notamment invisibles et saturés et une diminution de l'apport en fibres alimentaires.

On assisterait aussi, au Maroc, à une véritable transition alimentaire se reflétant au travers d'un glissement des comportements de consommation

[1] Rapport du ministère de la Santé, la stratégie nationale de nutrition, 2011-2019.

d'une dominante d'alimentation riche en amidon et fibres, faible en gras, pour la plupart faite maison à partir d'ingrédients naturels, à une alimentation plus diversifiée mais riche en sucres et en aliments usinés, faible en fruits et légumes (Allali, 2017). Cette évolution de la consommation serait également accompagnée d'une transformation de la vie quotidienne ; autrement dit, le passage d'une vie physiquement très active à une vie plutôt sédentaire, une tendance croissante à l'activité des femmes hors domicile et donc à l'externalisation d'aliments traditionnellement faits maison (pain, couscous, gâteaux, olives, etc.). Ces évolutions sont souvent caractéristiques d'une certaine occidentalisation des modes de vie et des comportements de consommation.

Larbi Sidmou[1] considère pour sa part que le régime alimentaire marocain est assez singulier. Il est en effet de type africain et non méditerranéen en ce sens qu'il est marqué par la prépondérance des céréales et des légumes secs. L'auteur note par ailleurs que la tendance à l'occidentalisation, qui est réelle, en particulier dans la comparaison urbain/rural, n'en reste pas moins encore largement périphérique dans la mesure où elle n'a pas modifié la structure du plat principal encore dominé par la sauce et le pain. Cette observation, valable à l'époque, semble désuète 25 ans après car la tendance à l'occidentalisation est bien réelle et significative particulièrement auprès des classes moyennes supérieures et aisées et en milieu urbain.

5.3.3. Les déterminants de la transition alimentaire

Les transformations des pratiques de consommation accompagnent généralement les mutations sociales et sociétales. L'urbanisation accélérée reste un élément très impactant sur les modes de vie et les modes de consommation. La forte croissance de la population urbaine et le développement du travail salarié, notamment féminin, contribuent ensemble à « accélérer le temps », à renchérir son coût, poussant ainsi la population vers les facilités offertes par les produits prêts à consommer (souvent faciles d'accès et bénéficiant d'une politique promotionnelle *ad hoc*). Dans le même sens, le mouvement de mondialisation relayé par les médias classiques, satellitaires et par les réseaux sociaux favorise fortement la diffusion de normes alimentaires exogènes à la culture locale. Les mutations sociétales classiques, avec la montée du travail féminin, la diminution de la taille des ménages et la tendance à la décohabitation des générations contribuent également à modifier les pratiques alimentaires nationales.

---

[1] « Les habitudes alimentaires : le modèle marocain de consommation résiste à l'occidentalisation », *L'Économiste*, n° 226, 18 avril 1996.

5.3.4. Plats préparés et surgelés : les nouveaux venus de la consommation alimentaire

Depuis quelques années, un certain nombre d'innovations apparaissent sur le marché local et prennent place dans le panier, puis l'assiette de la ménagère, même si les évolutions se font parfois à un rythme plus lent que prévu. Ces produits sont nombreux et il n'est pas nécessaire d'en faire ici l'inventaire. Néanmoins, nous souhaitons revenir sur deux produits phares que sont les plats préparés et les produits surgelés, qui constituent des ruptures dans les habitudes de consommation locale.

A. Les plats frais préparés et prêts à consommer

Il existe au Maroc une industrie relativement bien structurée des plats prêts à consommer. Cette dernière a cependant visé prioritairement les marchés à l'exportation et encore à ce jour, ces derniers restent la cible prioritaire. Pour autant, on peut observer l'émergence et la diffusion graduelle d'une demande locale qui commence d'ailleurs à attiser la convoitise des opérateurs en place. En 2013, Cartier Saada déclarait 5 % de son chiffre d'affaires en local et son concurrent Salvema estimait cette part à 35 %[1]. Ce marché local est donc progressivement considéré comme une niche d'avenir par les opérateurs. En effet, l'évolution des modes de vie et de la restructuration et recomposition de la famille marocaine fait qu'aujourd'hui, on assiste au développement des monoménages qui plébiscitent ce genre de produits. Mais le marché est plus large et, selon la presse économique, toutes les classes socio-économiques feraient appel aux plats prêts à consommer et aux services traiteurs qui auraient pour fonction principale d'aider la ménagère, de plus en plus souvent active, dans la préparation des repas familiaux[2]. L'intérêt économique du marché des plats prêts à consommer a déjà été largement intégré dans la grande distribution qui a mis en place des rayons *ad hoc* alors que ces produits étaient préalablement dilués dans les rayons alimentaires classiques.

On ne peut pas nier cependant que la forte prévalence des bonnes et plus généralement du personnel de maison au sein des familles relevant des classes sociales aisées peut être un frein à la diffusion de ce type de produits, moins prisés que leurs équivalents faits maison et vendus généralement plus chers que les produits traditionnels non préparés. Il n'est pas exclu cependant que la réglementation de plus en plus sévère concernant le recours aux bonnes et plus généralement au personnel de maison, de même que l'accent mis sur la

---

[1] « Agro-industrie ; les plats prêts à consommer gagnent les Marocains », *Challenge*, 14 mars 2013.

[2] « Ce qu'il y avait dans nos assiettes hier, ce que nous mangeons aujourd'hui », La Vie économique, 4 juin 2004.

protection de leurs droits, devraient ouvrir les portes à la diffusion plus large de ces catégories de produits.

B. Les produits surgelés, un nouvel arrivant dans les assiettes…

En dépit de multiples tentatives, le surgelé a encore beaucoup de difficultés à s'imposer dans les pratiques de consommation des ménages marocains. Aussi, le taux de pénétration de celui-ci reste faible, même si les professionnels font régulièrement état de taux de croissance à deux chiffres pour un marché qui serait estimé à plus de 200 millions de dirhams[1]. L'offre est actuellement majoritairement orientée vers la cuisine italienne (pizzas, lasagnes, raviolis…) qui trouve place dans les rayons des hypermarchés mais qui reste encore relativement coûteuse. Globalement, les professionnels estiment que le marché, toutes catégories confondues, se répartit de la manière suivante : 30 % pour les poissons et crustacés, 20 % pour les glaces et desserts (avec des pics importants en été), 15 % pour les légumes (en particulier les frites et les plats élaborés à base de pommes de terre) et enfin 10 % pour les viandes (volailles, abats et steaks hachés).

La demande évolue et progresse sous l'effet conjugué de deux facteurs : (a) tout d'abord l'essor de la distribution moderne, qui permet de toucher les catégories sociales A et B qui regroupent les principaux consommateurs de ces produits[2]. De fait, les rayons surgelés des hypermarchés sont à ce jour fréquentés par une clientèle spécifique, qui se caractérise par une certaine familiarité avec cette catégorie d'aliments : clients européens, MRE, et nationaux ayant séjourné à l'étranger. Les clients de la catégorie C qui sont plus sensibles aux prix (et culturellement), à la fraîcheur des aliments, sont encore faiblement consommateurs de ces produits ; (b) ensuite la hausse de l'activité des produits surgelés est également favorisée par le développement de l'alimentation hors foyer ; autrement dit, par les besoins des restaurants, chaînes hôtelières, mais également des collectivités (hôpitaux, cantines et casernes…).

Malgré des campagnes de communication sporadiques visant à sensibiliser le consommateur marocain, le marché reste contraint par des prix jugés trop élevés par les consommateurs : 18 dirhams le kilo de frites et 60 dirhams le kilo de crevettes ou calamars… ou encore, des prix variant entre 30 et 50 dirhams pour les viandes et plats préparés (pour des barquettes de 250 à

[1] « Le marché des produits surgelés peine à s'élargir », *La Vie économique*, 21 novembre 2013.

[2] De manière assez paradoxale, si en France les surgelés sont surtout destinés aux familles modestes du fait de leurs prix compétitifs, au Maroc, ces produits sont à l'inverse plutôt destinés aux catégories sociales aisées.

500 grammes[1]). Au-delà du prix, un autre frein important réside dans le manque de confiance des ménages. En effet, la clientèle marocaine traditionnelle assimile encore souvent, à tort ou à raison, surgelés et moindre qualité des produits ou encore surgelés et produits de second choix. Un autre facteur socioculturel contribue aussi à inhiber la consommation de produits surgelés notamment pour les familles, c'est celui de la pression sociale qui pèse sur la mère de famille (qu'elle soit active ou encore plus femme au foyer) et qui considère comme une honte (*« Hchouma »*) le fait de servir à ses enfants et à son mari des produits surgelés pour la préparation desquels il n'y a rien d'autre à faire que décongeler et réchauffer. Mais plus encore, les réticences des consommateurs seraient liées à des considérations sanitaires récurrentes au Maroc et en particulier à la question du respect de la chaîne du froid. Au final, si à ce jour le marché du surgelé reste encore largement concentré sur la clientèle professionnelle, les perspectives semblent importantes à l'avenir, à destination des célibataires ou couples modernes essentiellement biactifs souhaitant économiser du temps.

5.4. La consommation alimentaire au travers de quelques exemples

Au-delà de la structure de consommation et de l'analyse des coefficients budgétaires (qui restent au cœur de la compréhension des logiques de consommation), il semble nécessaire de revenir sur la consommation effective des Marocains. Là encore, face à la pénurie des données, le chercheur est contraint de s'appuyer très largement sur des études de cas souvent partielles qui, pour autant, n'en sont pas moins très informatives et révélatrices des lieux de consommation, des modes de consommation et des difficultés rencontrées. Nous proposons dans ce qui suit d'aborder les cas suivants : les olives de table et l'huile d'olive, l'huile et les produits d'argan, le lait et les produits laitiers, la viande et les produits carnés, le bio et les produits labellisés bio et enfin l'alcool et autres boissons alcoolisées[2].

5.4.1. Olives de table et huile d'olive

L'huile d'olive et l'olive de table figurent parmi les produits typiques les plus consommés par les Marocains. L'imagerie populaire reprend d'ailleurs régulièrement ce point en évoquant le fait que « les Marocains peuvent survivre uniquement avec du pain *beldi* et un peu d'huile d'olive locale ». Cependant, le marché recèle un potentiel de croissance important, que ce soit au niveau de la consommation par tête, qui n'est pas aux standards des autres

[1] « Les Marocains dépensent 130 Mdhs en surgelés par an mais restent inhibés par leurs habitudes », *La Vie économique*, 10 avril 2012.

[2] La logique qui prévaut au choix de ces secteurs est principalement opportuniste et se fonde sur la disponibilité d'informations exploitables même parcellaires.

pays européens du pourtour méditerranéen, ou des modes de distribution et de conditionnement, encore largement dominés par le vrac (tout au moins en ce qui concerne les olives de table).

Selon Abdelhak Bennani (2011-2012[1]), la consommation d'huile d'olive se situe à environ 3 litres par an et par tête, un niveau qui place le Maroc bien au-dessus de la France, mais très loin des standards des autres pays méditerranéens comme l'Espagne, l'Italie et surtout la Grèce[2]. On retrouve les mêmes spécificités concernant l'olive de table. Les Marocains consommant environ 1,3 kg d'olives par tête, soit encore une fois nettement moins que des pays comme l'Espagne ou la Turquie. Mais là aussi, le Maroc devance la France de manière assez significative.

Figure 29 : Consommation d'huiles d'olive et d'olives de table par pays et par tête

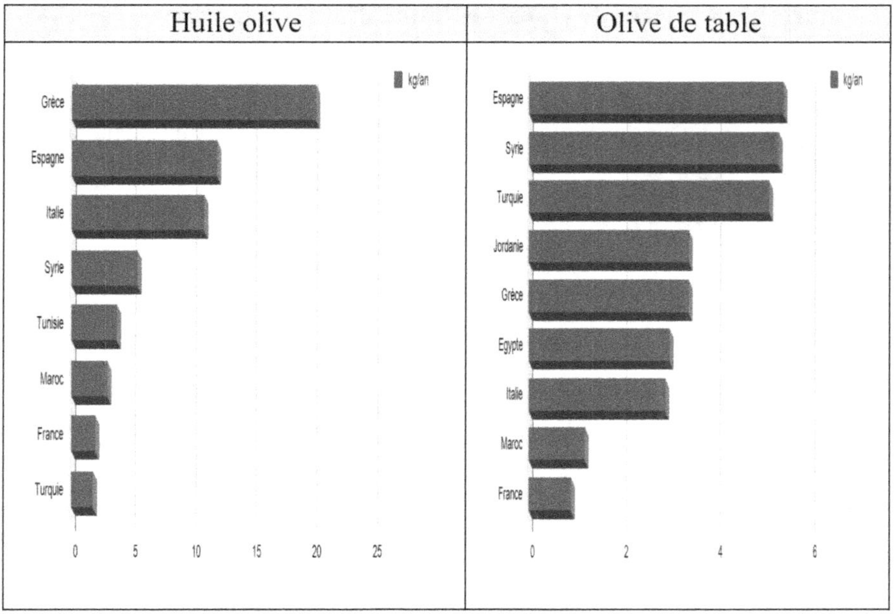

Source : Bennani (2011-2012).

Le premier critère de choix d'une huile d'olive est le goût. Ce critère se situe très nettement au-dessus du critère de prix, qui n'arrive qu'en 3e position. Les critères liés à la santé restent comparativement plus faiblement évoqués.

---

[1] Bennani A., Fédération interprofessionnelle marocaine de l'olive, document non daté, estimé à 2011-2012.

[2] Le Maroc est le cinquième producteur mondial d'huile d'olive derrière l'Espagne, la Tunisie, l'Italie et la Grèce.

« Moi, je prends beaucoup d'huile d'olive mais direct chez le fellah à la campagne. C'est de l'huile beldi, naturelle, très bonne et tu es sûr qu'il n'y a pas de mauvais produits dedans comme les produits chimiques. C'est direct de l'arbre et c'est le meilleur goût de tous. Bon le prix il est aussi très bien et pas cher... c'est pas la peine d'aller au magasin Marjane... En plus tu sais bien d'où ça vient parce que tu connais le fellah souvent... alors qu'au magasin tu sais même pas si c'est du Maroc ou si c'est de la Chine... » (Mimoun, 31 ans, Al Hoceima)

Concernant l'olive de table, outre le goût, le consommateur valorise également par ordre de priorité, la qualité et la couleur. Le prix des olives de table (qui se situe autour de 25 dirhams le kilo pour le vrac et entre 30 et 40 dirhams le kilo pour les olives conditionnées) vient quant à lui en 4e position.

Figure 30 : Critères de choix de l'huile d'olive et des olives de table

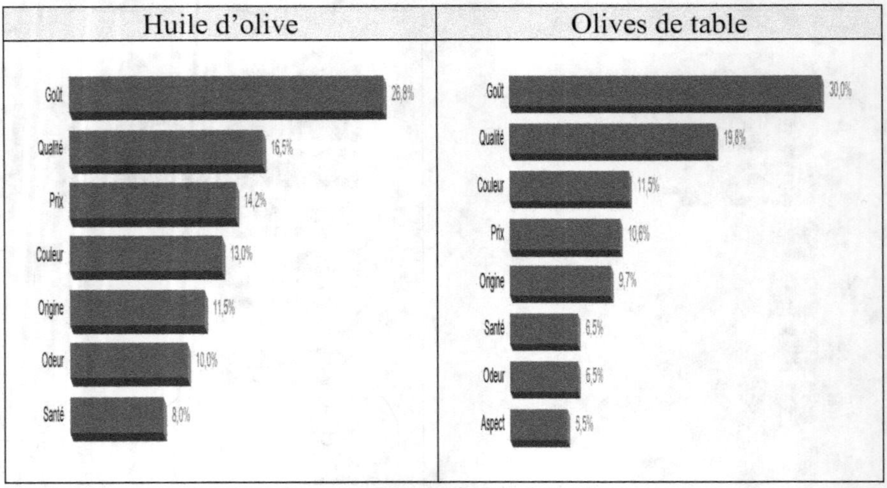

Source : Bennani (2011-2012).

Dans le cas de l'huile d'olive, le prix varie en moyenne entre 30 et 60 dirhams en fonction des saisons : l'huile d'olive vrac est vendue à un prix oscillant entre 40 à 60 dhs ; l'huile d'olive conditionnée en bouteille verre (1 litre) se situe dans une fourchette allant de 45 à 70 dhs et l'huile d'olive en bouteille plastique de 40 à 55 dhs.

Concernant les lieux d'achat, l'huile d'olive est achetée prioritairement chez le producteur (38,8 %), puis auprès des marchés municipaux. Les grandes surfaces comptent pour 7,6 % de la consommation[1]. En matière de logiques d'approvisionnement des consommateurs, on observe des différences significatives entre huile d'olive et olives de table, ce dernier produit étant acheté prioritairement en vrac dans les marchés municipaux.

« L'huile d'olive, c'est pas dans les magasins… c'est cher et c'est pas toujours la bonne qualité. Il faut aller au marché central. Là tu as toutes les variétés, c'est propre et c'est la qualité… après il y a aussi la campagne, mais c'est loin et tu as pas beaucoup de choix et en plus il faut bien connaître le fellah si tu veux un bon produit. Au marché central, c'est propre, c'est couvert du soleil et tu peux acheter avec la confiance… » (Nizar, 43 ans, Tanger)

À ce niveau, il convient de rappeler qu'il existe de nombreuses défaillances en termes de suivi et traçabilité en ce qui concerne l'huile d'olive, puisque sur 120 000 tonnes consommées, à peine 20 %, soit 25 000 tonnes, répondent aux normes ONSSA[2], le reste transitant essentiellement par les marchés informels[3].

Figure 31 : Lieux d'achat des olives et produits dérivés

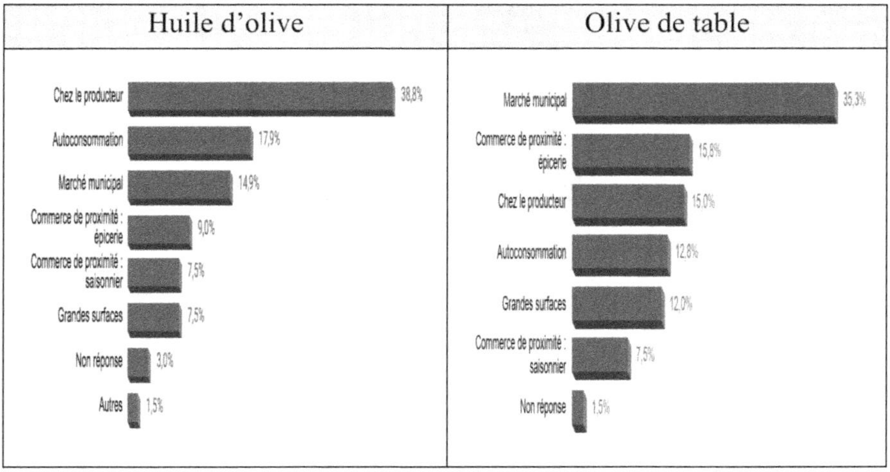

Source : Bennani (2011-2012).

Selon la presse professionnelle, les producteurs ont longtemps ciblé prioritairement les marchés internationaux. Cependant, depuis quelques

[1] L'étude Mazars sur la « concurrentiabilité » du secteur des huiles d'olive montre également la faible pénétration des GMS qui commercialisent à peine 10 % de la production nationale (2012, p. 18).
[2] Office national de sécurité sanitaire des produits alimentaires.
[3] « Huiles d'olive : 80 % de ce qui est consommé au Maroc échappe au contrôle sanitaire », *Medias24*, 5 janvier 2020.

années, on perçoit un certain repositionnement qui se reflète dans la concurrence féroce que se livrent les marques d'huile d'olive extra vierge au sein des rayons de la grande distribution nationale. Ainsi, dans les rayons de l'enseigne Marjane, l'huile d'olive extra vierge est proposée avec une fourchette de prix extrêmement large de 68 jusqu'à 500 dirhams[1] le litre et la profusion des marques (Olio, Mega, Volubilia, les Domaines, Atlas olive extra, Al Horra, Mabrouka, Souss, etc.) fait que le consommateur a souvent des difficultés extrêmes à s'y retrouver.

L'huile d'olive est achetée prioritairement dans des emballages en plastique (51,4 % des cas). Les emballages en verre comptent pour 25,7 % de PDM. Le vrac reste non négligeable avec 16,2 % de PDM. Dans le cas de l'olive de table, c'est logiquement le vrac qui domine avec 56 % de la consommation, suivi cette fois, à part égale, par les emballages plastique et en verre.

Figure 32 : Les types de conditionnement privilégiés

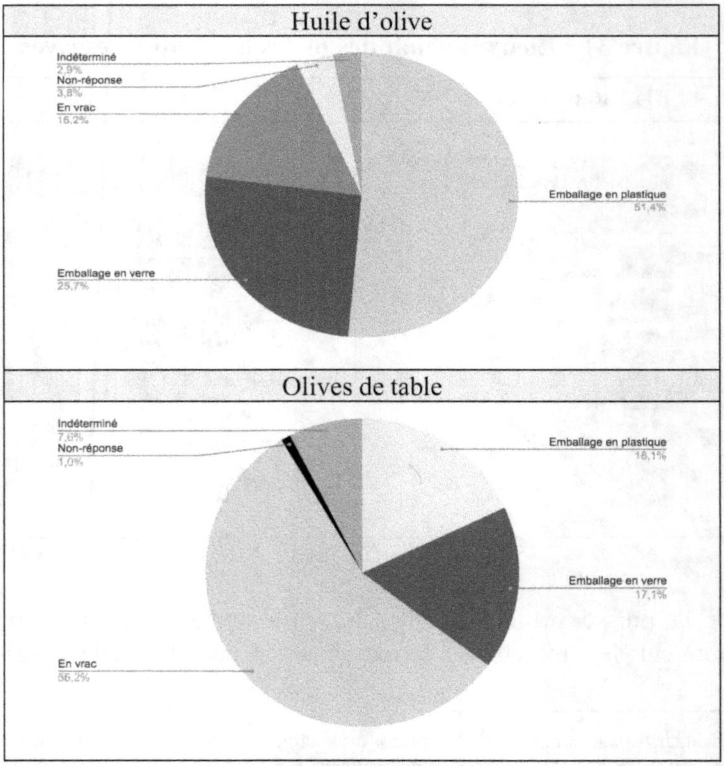

Source : Bennani (2011-2012).

[1] Pour certaines variétés dites « haut de gamme ».

Dans le cas de l'huile d'olive, outre les marques, le produit est décliné en de multiples formats : 25, 50, 75, 100 cl... Les chaînes de distribution incitent également les producteurs à proposer des huiles avec des degrés d'acidité proche de 0. La plupart des marques affichent 0,8° pour une moyenne globale de 0,5°[1]. Enfin, dans un souci de rassurer le client, en plus de la mention 100 % extra vierge, certains producteurs se parent du label bio en surfant sur l'argument de la naturalité et de l'authenticité qui répond aux attentes d'un segment de consommateurs en croissance (ce qui permet aussi d'augmenter sensiblement le prix du produit).

5.4.2. Huile et produits d'argan

Concernant les produits à base d'argan, on peut s'appuyer cette fois sur une étude menée par Omari (2016) dans trois villes de la région de Souss Massa, épicentre des arganiers et des dérivés des graines d'argan. L'étude montre que les 2/3 des personnes interrogées achètent des produits d'argan une à deux fois par an uniquement. L'huile d'argan alimentaire restant le produit phare le plus souvent acheté. Dans ce cas particulier, le principal frein à la consommation reste le prix, dans la mesure où celui-ci dépasse très souvent 250 dirhams le litre. Un autre frein régulièrement évoqué est celui de la durée d'utilisation qui est relativement courte (quelques mois) en particulier, lorsque l'huile est préparée selon les méthodes traditionnelles. L'auteur montre également qu'il existe une réelle méfiance vis-à-vis de la qualité du produit et de son authenticité.

Les produits d'argan sont achetés prioritairement dans les souks (26 % des cas) et les coopératives (22 %). Les grandes surfaces comptent pour 12 %, soit presque autant que les pharmacies (11,1 %). Le reste se répartit entre l'achat direct chez les particuliers (10 %), l'achat en bord de route (9 %) et dans les spas et centres de beauté (2 %[2]).

Ait Errays et Hattabou (2015) montrent que les consommateurs appellent à une extension du réseau de distribution d'huile d'argan. Ils mettent en évidence les difficultés perçues quant à l'achat d'huile d'argan dans la grande distribution moderne. Pour certains, l'huile d'argan ne serait pas disponible en grande surface et pour d'autres la profusion des choix proposés en grande distribution nuit fortement à la visibilité de l'offre d'huile d'argan. Au-delà, les auteurs parviennent à distinguer quatre profils de consommateurs :

---

[1] « Huile d'olive extra-vierge : surchauffe sur les rayons », *L'Économiste*, 16 avril 2019.

[2] L'étude comporte un certain nombre d'informations sur la qualité perçue et les prix, mais les limites méthodologiques afférentes et l'incapacité que nous avons à reconstituer les données ne nous permettent pas de les présenter ici.

- *les consommateurs qui s'appuient sur les attributs perçus du produit* : bon pour la santé, bio, naturel et sans additifs. Les facteurs sous-jacents au profil et comportement de ces consommateurs sont de deux ordres : ils sont d'un côté sensibles aux risques alimentaires et sanitaires évoqués de manière récurrente dans la presse nationale (et ils cherchent donc à s'en prémunir en consommant de l'huile d'argan originelle à la fois pour son image bio et naturelle). Ils sont, de l'autre côté, attachés à la dimension ethnique et culturelle, en ce sens qu'ils perçoivent leur consommation comme un acte identitaire par lequel ils affichent leur singularité et leur façon de vivre. Autrement dit, en achetant de l'huile d'argan, les consommateurs confirment leur propre identité et leur appartenance à une communauté ;

- *les consommateurs qui valorisent prioritairement des attributs sensoriels* comme le goût et la fraîcheur du produit. Ces derniers se focalisent alors sur les caractéristiques de l'huile d'argan, telles qu'elles peuvent être évaluées visuellement ou après dégustation avant de prendre une décision d'achat ;

- *les consommateurs nostalgiques et attachés à l'histoire locale*. La consommation d'huile d'argan renvoie à leur enfance et à l'environnement dans lequel ils ont grandi. L'acte de consommation est ici symbolique. Son objectif est de stimuler des émotions liées aux origines et de marquer un attachement à la culture locale ;

- *les consommateurs activistes ou militants*, qui sont préoccupés par la situation économique et sociale de leur région (Souss Massa). Ces derniers envisagent l'offre de produits d'argan dans un cadre plus global qui adjoint la dimension historique et culturelle (et bien entendu régionaliste) au volet socio-économique, en vue de contribuer à l'attractivité de la région.

On notera pour notre part que, pour intéressante qu'elle soit, la typologie de Ait Errays et Hattabou aurait pu être enrichie par un travail de quantification permettant de cerner le poids réel des différents types de consommateurs.

5.4.3. Lait et produits laitiers

Le secteur du lait et des produits laitiers est un secteur dynamique et concentré caractérisé au Maroc, comme dans la plupart des pays européens, par la présence de quelques marques fortes qui génèrent 75 % du chiffre d'affaires du secteur. La consommation moyenne de lait et de produits laitiers tourne autour de 60 litres par habitant et par an, ce qui reste, encore une fois, très nettement en dessous des normes recommandées par l'OMS (90 litres par an[1]).

[1] Enquête nationale sur la consommation et les dépenses des ménages, 2013-2014.

La distribution du lait et produits laitiers est largement dominée par le petit commerce de proximité. Les GMS comptent pour 8 % de l'offre contre 86 % pour le petit commerce (*y.c. Mahlabates*) et 6 % est destiné à l'export. Notons cependant que le secteur informel représenterait toujours entre 20 et 30 % de la production. De manière générale, la consommation de produits laitiers est plutôt sur une tendance légèrement baissière depuis 2013 comme en témoigne une évaluation menée sur une sélection de produits dérivés par Fimalait.

Figure 33 : Consommation d'une sélection de produits laitiers (kg/hab.)

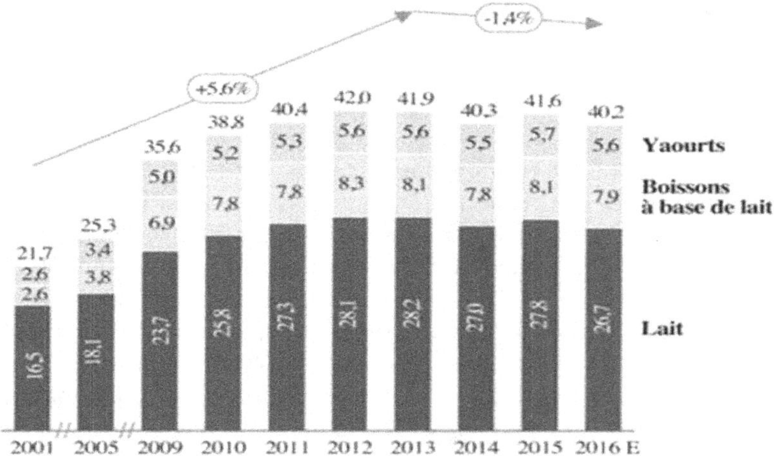

Source : Fimalait, dans *L'Économiste*, 5 décembre 2017[1].

En 2018, la dépense moyenne par habitant par an en produits laitiers était de 390,3 dirhams contre 366,5 en 2007, ce qui correspond à un accroissement moyen de 1 % par an sur la période[2]. Les citadins consomment deux fois plus de produits laitiers que les ruraux. Néanmoins, la consommation annuelle nationale moyenne ne dépasse pas un produit par jour, alors qu'elle devrait se situer autour de deux à trois. Plus encore, la consommation de produits laitiers affiche un recul de 1,4 % depuis 2013.

La consommation de lait se fait, au Maroc, sous trois formes principales : lait frais, lait UHT et lait en poudre. À ce jour, le lait frais domine encore dans le panier des ménages et les deux autres catégories relèvent plus souvent du dépannage. Plus de la moitié de la consommation laitière a en effet concerné le lait frais notamment pasteurisé, 16 % le petit lait et 14 % le fromage. L'UHT commence à se diffuser auprès des populations urbaines de cadres

[1] « Lait, la filière compte relancer la consommation », *L'Économiste*, nº 5161, 5 décembre 2017.

[2] « Lait : la balance commerciale de la filière toujours déficitaire », *Les Inspirations ÉCO*, 12 novembre 2018.

moyens prioritairement. Le lait en poudre est quant à lui valorisé pour des raisons pratiques (conservation, disponibilité, prix) mais sa consommation est restée relativement faible (0,7 litre par hab. par an). Le yaourt est, au Maroc, un produit dont la fréquence d'achat est relativement faible, comme dans nombre de pays en développement ou émergents. Ce produit est en effet, encore à ce jour, réputé réservé aux enfants et aux personnes âgées. Le « Danone », puisque c'est le nom générique adopté par la majorité de la population pour désigner le yaourt, est donc relativement peu consommé au Maroc. Seules les catégories sociales favorisées et occidentalisées le consomment sur une base régulière.

Concernant le fromage, la consommation reste également faible même si la tendance de ces dernières années est plutôt haussière[1]. Ainsi, les Marocains ont consommé 58 000 tonnes de fromage en 2018, toutes catégories confondues ; soit 1,2 kg en moyenne par an et par habitant, ce qui les situe loin derrière les pays occidentaux à forte consommation comme la France, l'Allemagne ou l'Italie où la consommation moyenne se situe entre 20 et 26 kg. Le Maroc est également loin de ses voisins africains comme la Tunisie (3,7 kg) ou encore l'Égypte (10 kg). La consommation de fromage est étroitement liée au niveau de vie. Ainsi, le taux de consommation serait variable selon les CSP (92 % pour les CSP supérieures contre 73 % pour les catégories D et E). Pour autant, il existe des différences importantes dans la structure de consommation. Ainsi, le fromage le plus consommé reste le fromage industriel en particulier d'ailleurs chez les CSP D et E… les autres catégories ayant une consommation plus diversifiée. Chez les catégories populaires, c'est bien la consommation de fromage fondu (type « La vache qui rit » ou « Kiri ») qui est privilégiée. De manière plus précise, si en France, le fromage fondu représente à peine 10 % de PDM, au Maroc cette part serait, selon les estimations professionnelles, supérieure à 70 %.

Si l'on s'intéresse maintenant aux lieux d'approvisionnement, Salima Jazi (2003) observe que les consommateurs de lait et plus généralement de produits laitiers privilégient trois lieux d'approvisionnement : les grandes surfaces, le commerce de proximité (épicerie) et le commerce spécialisé en produits laitiers (*mehlabates*). L'auteur montre ainsi que l'épicerie est évoquée pour son côté pratique et en particulier la question de la proximité, alors que les grandes surfaces modernes et les *mehlabates* sont surtout valorisées pour la variété des produits qu'elles proposent ainsi que pour la confiance que leur accordent les consommateurs. Par ailleurs, selon le même auteur, l'évocation plus fréquente de la grande distribution comme source d'approvisionnement, en particulier pour les cadres supérieurs et moyens, serait également liée à un taux de motorisation supérieur à la moyenne. Jazi met ainsi en évidence une

[1] Plus de 7 % de croissance en 2018.

relation significative entre critères de choix des produits, points de vente fréquentés et orientation de la confiance. Elle considère que si les classes modestes, pour différentes raisons, que nous avons évoquées plus avant, sont moins sensibles à l'attractivité des grandes surfaces, appuyant généralement leur choix sur une confiance envers le vendeur considéré comme garant de la qualité, il en va tout autrement pour les cadres qui ont largement adopté le commerce moderne et qui s'appuient quant à eux prioritairement sur la confiance envers la marque ou le point de vente.

« Ah il faut pas mélanger les choses ; Marjane, Carrefour ou Aswak c'est sérieux. Ils ont une bonne réputation à défendre, alors ils font tout pour mettre en confiance le consommateur. Moi j'ai confiance en Marjane alors j'achète les yeux fermés. C'est pas comme lorsqu'on est devant moul'hanout... Oui c'est vrai, on connaît tous un moul'hanout sympa... mais il peut être sympa et filou. C'est pas parce que tu le connais qu'il va pas te fourguer des produits périmés ou de faible qualité. Il faut sortir au Maroc des relations de gré à gré avec tout ce qu'elles impliquent comme comportements opportunistes » (Hamza, 39 ans, cadre, Rabat).

Dans tous les cas, on observe bien un glissement généralisé du support ou du vecteur de la confiance du consommateur marocain qui, longtemps focalisé sur l'individu, le vendeur (confiance interpersonnelle), a tendance à glisser graduellement ces dernières années, vers une confiance envers le point de vente et la marque (confiance institutionnelle) (cf. Gatfaoui, 2007).

5.4.4. Viandes et produits carnés

Au sein des dépenses alimentaires des ménages, les viandes et produits carnés constituent, depuis les années 1990, le premier poste de dépenses supplantant ainsi les céréales (HCP, enquête nationale, 2016).

A. Structure de la consommation

La consommation de viande au Maroc était en 2014 de près de 30 kg par tête et par an. Sur la période 2001 à 2014, ce poste est, avec les fruits, celui qui, en volume, a connu la plus forte croissance. Ces données issues des enquêtes nationales menées par le HCP peuvent être utilement complétées par des enquêtes moins ambitieuses mais tout aussi informatives menées par les instituts privés. Ainsi, l'une d'entre elles, à l'initiative de l'Économiste-Sunergia, montre que 63 % des Marocains déclarent consommer de la viande plusieurs fois par semaine, dont 15 % tous les jours[1].

---

[1] « 3 % des Marocains sont végétariens, en majorité des seniors », *L'Économiste*, n° 5533, 12 juin 2019.

Figure 34 : Fréquence de la consommation de viande

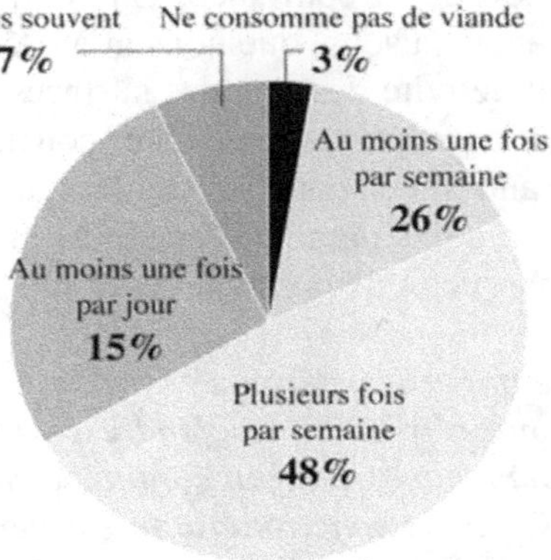

Source : *L'Économiste*, 12 juin 2019.

L'étude Sunergia croit déceler une progression des végétariens, en ce sens que 3 % des Marocains déclarent ne pas consommer de viande, principalement parmi les seniors.

Selon le ministère de l'Agriculture, la viande blanche (volaille) domine largement[1] puisqu'elle compte pour la moitié de la consommation. En effet, avec une production de 500 000 tonnes annuelles, la filière avicole avoisine une consommation de plus de 17 kg/an/hab[2] en 2018 contre 2,3 kg dans les années 1970. Cependant, la consommation reste encore faible comparativement à la France ou l'Espagne (23 kg par an) ou encore l'Arabie saoudite (40,7 kg).

Figure 35 : Consommation de viande par catégories

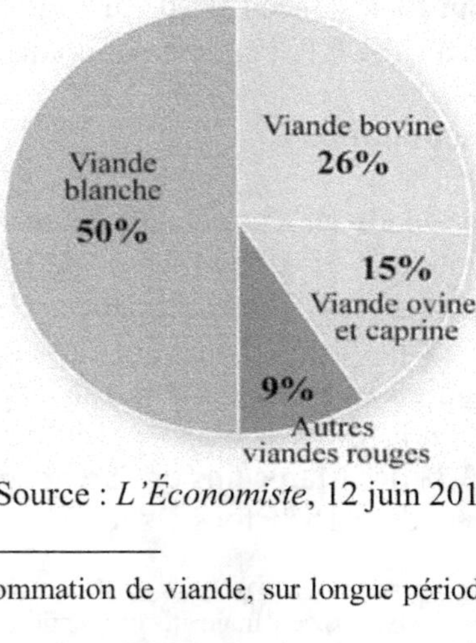

Source : *L'Économiste*, 12 juin 2019.

---

[1] La croissance de la consommation de viande, sur longue période, a principalement profité à la volaille.

[2] Les données correspondantes sont de 12 kg pour l'Algérie et de 18,6 pour la Tunisie.

La viande bovine, quant à elle, compte pour 26 % de la consommation. Cette consommation, qui peine à dépasser la barre des 10 kg annuels par tête, reste plutôt faible bien que l'apport nutritif des viandes bovines soit jugé plus important comparativement à celui des ovins et qu'elle comporte un risque moindre en cholestérol. Deux facteurs distincts, mais fortement corrélés expliquent la faiblesse de la consommation de viande bovine au Maroc. Il s'agit d'un côté de la faiblesse de l'offre en général et de l'autre du niveau des prix qui restent élevés. La faiblesse de l'offre renvoie à des choix et stratégies politiques qui ont longtemps délaissé les viandes rouges au profit des filières avicoles et laitières. En effet, ce sont bien (pour des raisons économiques) les deux filières que l'État a privilégiées [1]. Par ailleurs, cette situation de délaissement n'a pas été compensée par les importations, le Maroc ayant érigé un système de protection élevé à ses frontières dans le but de défendre sa filière [2]. L'autre facteur contraignant fortement le développement de la consommation de viande bovine, et qui est corrélé fortement au précédent, renvoie aux niveaux des prix de cette viande jugés encore comme très peu compétitifs. Ainsi, le prix de la carcasse se situerait autour de 60 dhs le kilo. Il serait au niveau du détail de 75 dhs pour la viande à tagine, de 90 dhs pour la viande hachée et de 120 dhs, voire plus pour le steak (cf. figure 36).

Figure 36 : Chaîne de valeur dans la filière

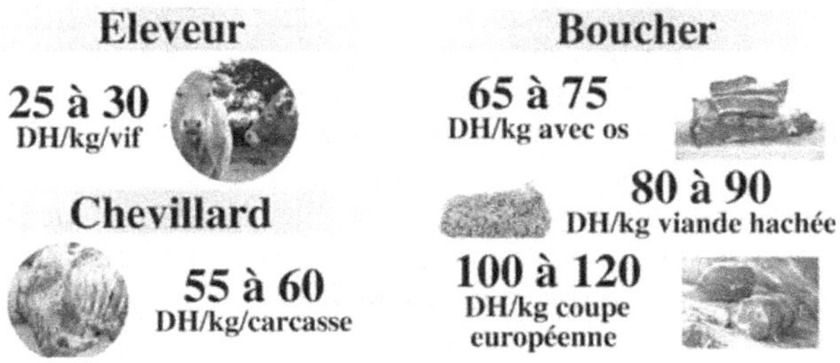

Source : Ministère de l'Agriculture et Fédération interprofessionnelle des viandes rouges/Infographie : Youssef Laaraich.

C'est bien l'un des objectifs affichés du plan « Maroc vert » que de tenter d'accroître la consommation de viande rouge en s'appuyant, là encore, prioritairement sur le développement de la production nationale de manière à maîtriser les coûts et jouer sur les prix. Si la viande ovine continue à être prioritairement consommée lors des fêtes familiales et religieuses, il n'en demeure pas moins qu'elle apparaît irrémédiablement en perte de vitesse selon les professionnels. Cette viande, traditionnellement très consommée au

[1] La production est ainsi passée de 26 000 tonnes en 1961 à 670 000 tonnes en 2018 et la production de lait de 450 000 litres en 1970 à 2,5 milliards de litres en 2018.

[2] Les importations se situent autour de 3 à 4 % de l'offre.

Maroc, connaîtrait même une baisse graduelle depuis le début des années 1990 (sans qu'on en connaisse les raisons exactes).

Différentes explications ont été avancées pour justifier cette chute de la consommation de viande ovine comme par exemple la diminution des repas pris en famille, le goût trop prononcé de cette même viande, des rumeurs persistantes sur son impact sur le taux de cholestérol ou encore son prix relativement élevé. Ces éléments sont d'autant plus inquiétants pour l'avenir de la filière qu'ils concernent prioritairement les jeunes consommateurs.

B. Les lieux d'achat

D'après les données disponibles en 2014, l'essentiel de la viande (en particulier bovine) consommée au Maroc était vendu au sein des quelque 15 000 boucheries en exercice, que ce soit en zone rurale ou en milieu urbain, dans les souks ou encore plus fréquemment dans les marchés municipaux[1]. On notera cependant que seuls les bouchers servant une clientèle aisée dans les centres-villes ont, semble-t-il, adopté une logique de respect de la chaîne du froid… la question de la vente de la viande dans les souks apparaissant nettement plus problématique.

Encadré 3 : Boucherie des villes et boucherie des champs

En zone rurale, les bouchers sont aussi chevillards : ils achètent leurs bêtes au souk, les font abattre dans l'abattoir adossé au souk et les découpent sur place. Ils vendent une partie de la viande le jour même dans leur boucherie du souk, soit pour de la restauration sur place (la viande est alors le plus souvent hachée) soit pour être cuisinée en tajine par les familles. Ensuite, ils ramènent les invendus dans leur boutique permanente du centre bourg pour l'écouler pendant la semaine. Ces bouchers chevillards fréquentent en général 3 à 4 souks par semaine.

En zone urbaine, les bouchers s'approvisionnent auprès des chevillards. Même dans les boucheries modernes de centre-ville, la plus grande partie de la viande est vendue comme viande à tajine ou comme viande hachée. Le haché peut être segmenté en fonction de sa teneur en gras, la viande « régime » (maigre) étant la mieux valorisée.

Une grande partie des boucheries, même en ville, ne possède pas de vitrine réfrigérée. Un des objectifs de l'association nationale des bouchers est de faire évoluer l'ensemble de la profession vers la chaîne du froid et de remplacer les crochets en acier peint par des crochets en inox. L'État propose 30 % de subventions pour l'investissement dans le matériel réfrigéré.

Source : *Économie de l'élevage*, n° 449, sept. 2014, p. 17.

[1] « La filière bovine au Maroc : comment concilier croissance et autosuffisance », *Économie de l'élevage*, n° 449, sept. 2014.

On ne dispose pas de chiffres précis sur le cas des GMS, mais selon les professionnels du secteur, les GMS montent en puissance dans la distribution de viande tout en restant encore assez minoritaires en termes de part de marché.

5.4.5. Bio et produits bio

Il existe bien peu d'informations et, comme on l'a vu, bien peu de travaux académiques sur la consommation de produits bio au Maroc. Salima Jazi (2014) relevait que si les contextes européens et américains avaient produit de nombreuses recherches académiques sur le sujet, il en allait tout autrement dans le cas du Maroc où l'on peine à trouver des travaux *ad hoc*. L'auteur met également en évidence le contexte culturel national spécifique qui empêcherait de transposer mécaniquement les résultats de travaux issus d'autres contextes culturels. Elle montre d'ailleurs que le consommateur marocain a tendance, très largement, à confondre la question des produits bio et celle des produits *beldi*.

Il n'en demeure pas moins que ce consommateur marocain est beaucoup plus sensible que son homologue occidental à tout ce qui est naturel, *beldi* (du terroir)... ce qui favorise par conséquent les circuits courts. En effet, pour les Marocains, tous les produits locaux seraient bio alors qu'ils sont plus souvent dits *beldi*.

A. Présentation de l'état des lieux

Adil Boulahoual et Hasnaa Gaber (2016) figurent parmi les rares auteurs marocains à avoir investigué et produit des résultats intéressants sur la consommation de produits bio au Maroc[1]. Ces auteurs montent ainsi que le taux de consommation national (voisin de 8 %) reste relativement faible et identifient parmi les principaux freins la cherté des produits[2]. Ainsi, 81 % des consommateurs jugent le prix du bio excessivement cher ou très cher. Ce point est régulièrement mis en avant dans les rares études sur la question, mais également dans l'ensemble des réflexions et enquêtes menées par la presse professionnelle. Selon cette dernière, le surcoût du bio se situerait au Maroc entre 50 et 100 % contre 30 % à peine dans le cas de la France[3].

« Oui c'est vrai qu'au Maroc, le bio c'est très cher... enfin quand on compare aux prix français. Je vais souvent à Paris et je vois la différence. Ici

---

[1] Enquête auprès d'un échantillon de convenance de 1 220 individus administré en ligne.
[2] « Bio made in Morocco : comment capter la frénésie mondiale », *L'Économiste*, 27 juin 2019.
[3] Il y a un peu moins d'une dizaine d'années, le bio coûtait au Maroc trois fois plus cher que les produits conventionnels.

les commerçants exagèrent un peu trop et parfois c'est le double du prix... et c'est pas vraiment justifié parce que la qualité n'est pas toujours au rendez-vous et je vous parle pas de la traçabilité... On se fie à l'enseigne mais bon... on ne sait jamais. Après peut-être que le prix se justifie parce qu'il n'y a pas trop de demandes. Ça ira peut-être mieux quand les Marocains seront plus convaincus par le bio... » (Ilham, 58 ans, Rabat)

En dehors du prix, c'est aussi principalement au niveau des circuits de distribution que se situe la contrainte la plus forte, avec des difficultés ressenties lorsqu'il s'agit d'accéder ou de trouver les produits bio dans les circuits de distribution conventionnels. Même si les catégorisations utilisées par les auteurs peuvent prêter à discussion[1], on notera que l'écrasante majorité des consommateurs considère qu'il est très difficile de trouver des produits bio au Maroc (cf. figure 37).

Figure 37 : Prix et disponibilité : le jugement du consommateur

Jugement sur le prix des produits bio ?	Facilité à trouver les produits bio ?

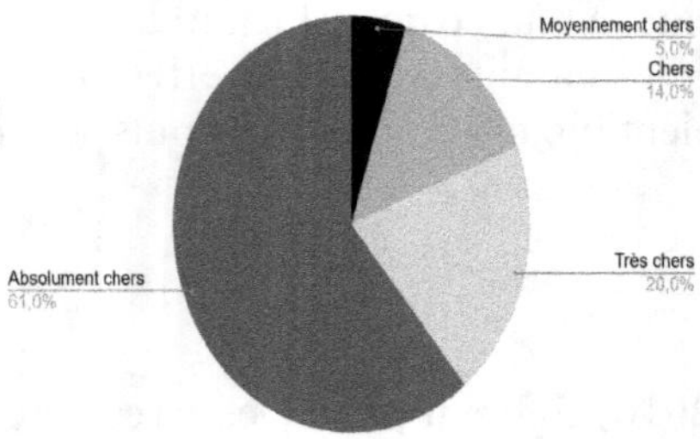

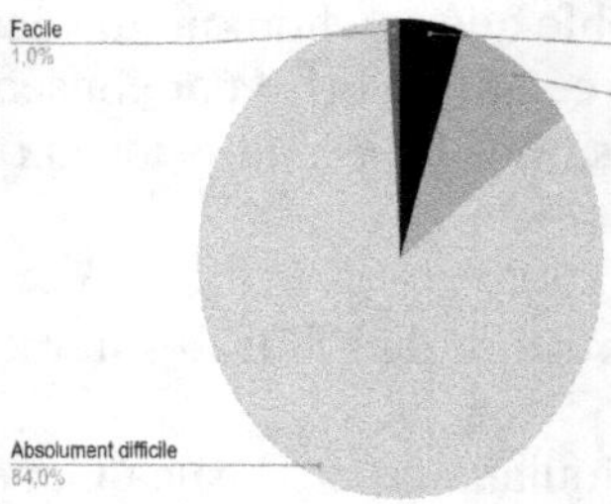

Source : Boulahoual et Gaber (2016, p. 29).

Ces différentes dimensions sont également relevées par Jazi (2014), pour qui le prix est un frein important au même titre que les difficultés d'accès au produit au niveau des circuits de distribution parallèlement à l'importance des coûts de recherche d'information.

Au-delà, Adil Boulahoual et Hasnaa Gaber (2016) aboutissent à la conclusion que, bien plus que le prix et l'accès au marché, c'est le manque d'informations sur les produits et le déficit de confiance qui restent les principaux freins à l'achat. Ainsi et de manière surprenante, les résultats de leur enquête révèlent par exemple que 75 % des répondants pensent que les produits bio n'ont aucun apport bénéfique pour la santé. La moindre confiance

[1] Ainsi par exemple, on peine à saisir les nuances entre les catégories « absolument difficile » et « très difficile ».

reportée quant aux produits bio se retrouve aussi sous-jacente dans les travaux de Salima Jazi (2014) qui relève que les consommateurs marocains font plus confiance aux produits *beldi* qu'aux produits bio[1].

L'absence de travaux académiques solides sur la question nous amène à nous reporter sur la relecture et l'analyse des mémoires et autres travaux de fin d'études réalisés au Maroc. Dans ce qui suit, nous nous appuyons donc sur un certain nombre de travaux menés par nos étudiants de l'école HEC Rabat et en particulier ceux de Khalil Kaddouri (2015) et de Hamza Serrafa (2017). Dans une enquête réalisée au sein du magasin Marjane de Hay Riad, quartier aisé de Rabat, Kaddouri (2015) met ainsi en évidence la forte inclination des clients du magasin à l'achat de produits bio. L'auteur montre que 57 % des clients de l'hypermarché considéré achètent bio ; ce qui constitue sans conteste un score considérable.

Figure 38 : Propension à l'achat de produits bio

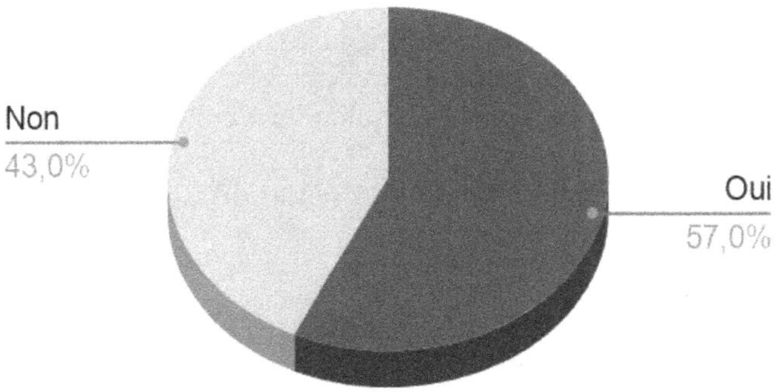

Source : Kaddouri (2015, p. 31).

Ces clients sont des consommateurs réguliers du bio. En effet, 62 % d'entre eux achètent du bio sur une base régulière (1 à 2 fois par semaine) et 10 % déclarent en acheter tous les jours. Il est vrai aussi qu'en l'espèce, on peut considérer que l'offre crée sa propre demande en ce sens que le magasin Marjane de Hay Riad, du fait de sa localisation dans un quartier plutôt aisé, propose un assortiment relativement large en produits bio, en tous cas nettement plus large que ce que l'on peut trouver dans les magasins Marjane plus « classiques ».

[1] On notera cependant à ce niveau que le consommateur marocain a souvent tendance à confondre les deux concepts, ce qui le conduit à régulièrement assimiler bio et *beldi. Comme le déclare l'un de nos interlocuteurs : « en France ils ont le bio et nous on a le beldi, c'est du super-bio et c'est très bon pour la santé »* (cf. sur ce point Hamimaz, 2009).

Figure 39 : Fréquence d'achat du bio

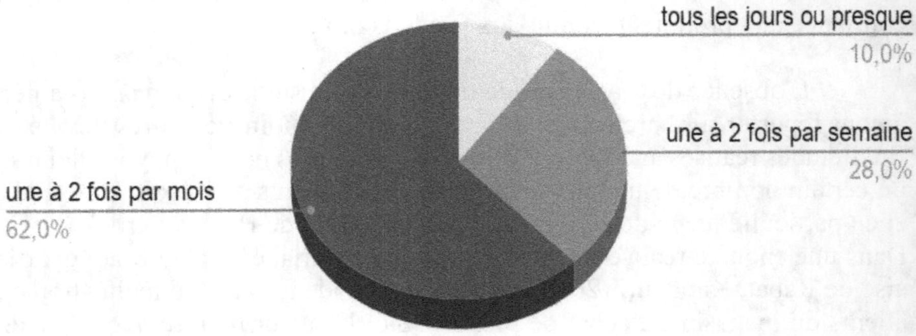

Source : Kaddouri (2015, p. 32).

Les lieux d'achat privilégiés par cette clientèle plutôt aisée restent les grandes surfaces (65 %) et les magasins spécialisés bio (30 %). Notons que l'achat en ligne compte pour 5 % alors que les circuits traditionnels sont particulièrement exclus des lieux d'approvisionnement. Ce dernier point peut paraître paradoxal quand on sait que ces circuits traditionnels (souks surtout) proposent régulièrement du *beldi* qui est souvent confondu avec le bio.

Figure 40 : Lieu d'achat du bio

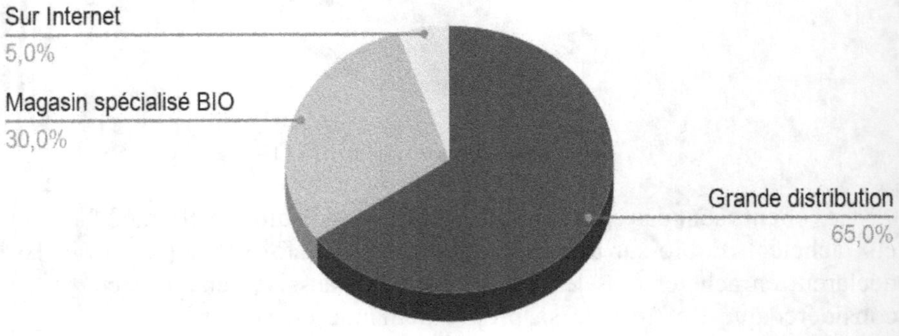

Source : Kaddouri (2015, p. 32).

Si l'on s'intéresse aux types de produits bio achetés, on constate que ces produits sont relativement variés : biscuiterie (55 %), épicerie (51 %), produits du terroir (36 %), ou encore fruits et légumes (35 %[1]).

[1] On retrouve ici la confusion classique déjà évoquée qui consiste à considérer tous les produits du terroir comme des produits bio.

Figure 41 : Type de produits bio achetés

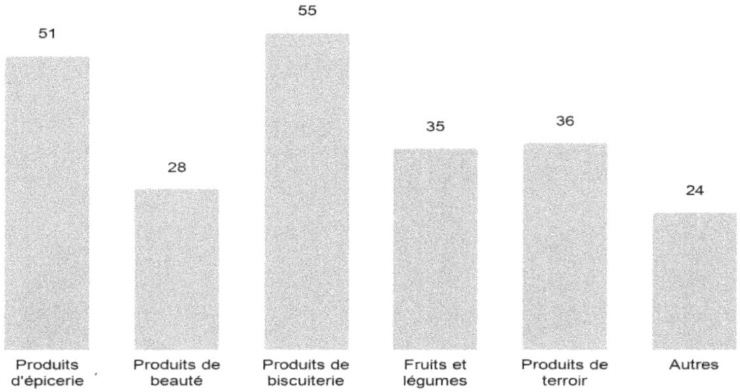

*La catégorie « autres » renvoie à des produits non référencés en magasin.

Source : Kaddouri (2015, p. 32).

Les clients du magasin émettent par ailleurs le souhait d'un renforcement du référencement en produits bio au rayon liquide (limonades, sirops et jus) qui ne contient aucune référence bio ou encore au rayon crémerie (fromage, œuf et lait).

Près de 60 % des clients interrogés dépensent plus de 400 dirhams par mois pour l'achat de produits bio, dont 11 % plus de 800 dirhams, ce qui situe la consommation à un niveau relativement élevé.

Figure 42 : Dépenses en produits bio par mois (en dirhams)

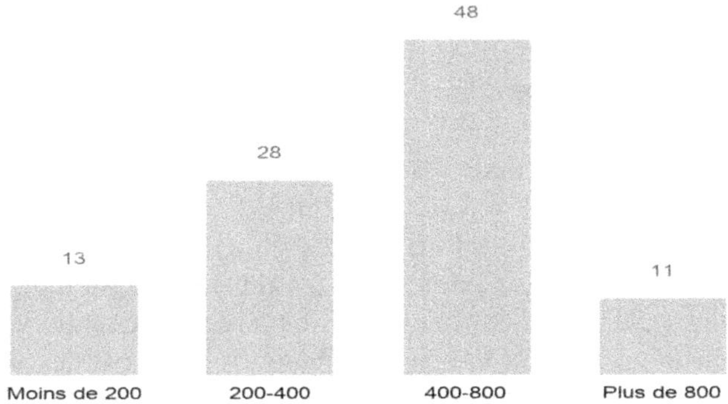

Source : Kaddouri (2015, p. 33).

L'enquête menée par Kaddouri révèle des limites importantes quant à l'option du bio : une insuffisance notoire de l'offre ou encore des difficultés réelles à repérer les produits bio dans les rayons, ce qui nécessite, du point de vue du client, un effort de recherche important et générateur de pertes de temps : « *le bio au Maroc, on en parle beaucoup dans les magazines et à la télé, mais quand tu le cherches… souvent tu le trouves pas où alors que quelques produits* » (Farida, 33 ans, Tanger).

Figure 43 : Repérage et insuffisances du bio

Repérage facile des produits	Insuffisance de l'offre

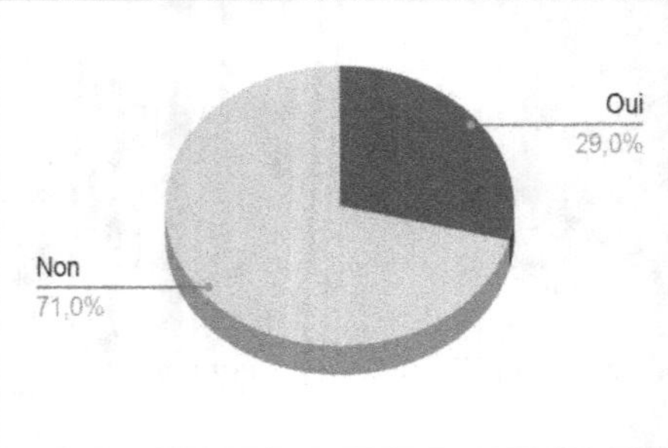

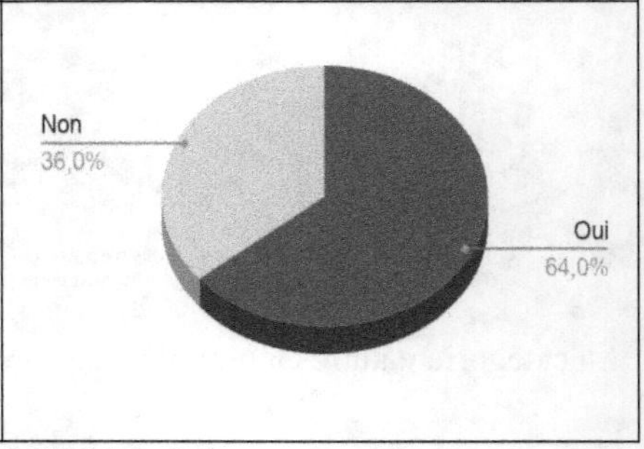

Source : Kaddouri (2015 p. 34).

La perception de la qualité des produits bio est extrêmement positive ; 80 % des clients étant plutôt satisfaits ou très satisfaits. Cette perception positive est à mettre en relation avec l'importance accordée à la marque dans l'achat de ce type de produits (marque caution du bio). Celle-ci est reconnue comme importante pour 76 % des clients. Le reste, soit 24 % des clients, considère à l'inverse que la marque ne joue qu'un rôle relativement faible dans leurs choix et que par conséquent, elle n'est en aucun cas garante du caractère authentiquement bio des produits concernés. De ce point de vue, il est important de noter que dès 2014[1], on a assisté à une tentative de mise en place d'un logo Bio Maroc. En effet, la commission nationale du bio (public/privé) présidée par le ministère de l'Agriculture a adopté un logo Bio Maroc qui distingue ainsi tous les produits certifiés selon le mode de production biologique par les organismes certificateurs nationaux. Pour autant la validation et la mise en pratique restent assez lentes (Poon, 2014).

Concernant la perception des prix, on se situe dans les mêmes proportions que celles qui touchent à la qualité ; l'essentiel des clients juge que les prix sont élevés ou très élevés. Le prix est d'ailleurs régulièrement évoqué comme principal frein à l'achat (58 % des répondants), suivi par les difficultés en termes de repérage des produits (30 %) et enfin le manque d'information (12 %). On retrouve donc ici des éléments de convergence avec les résultats évoqués plus haut (Boulahoual et Gaber, 2016).

[1] Cette année 2014 avait d'ailleurs été consacrée année du bio par les professionnels du secteur.

Figure 44 : Perception « Qualité-prix » du bio

Perception de la qualité des produits bio	Perception du prix des produits bio

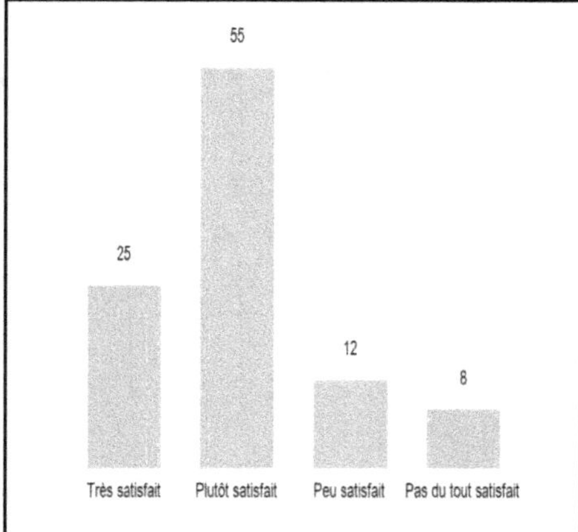

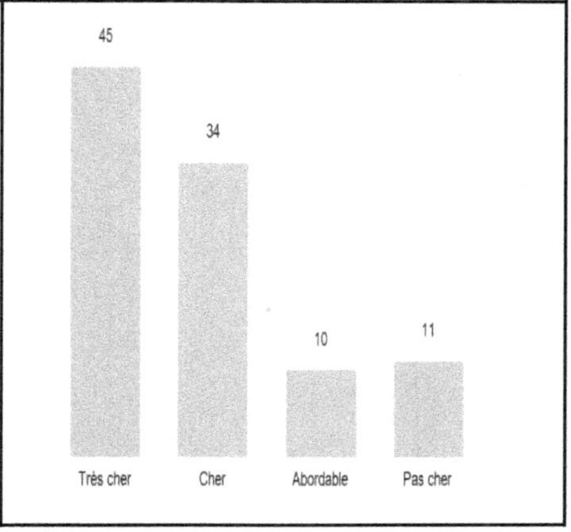

Source : Kaddouri (2015, p. 34).

B. La consommation bio comme nouveau marqueur social

Dans une société marquée par un très fort besoin de reconnaissance, de distinction et de valorisation sociale, le bio apparaît comme un nouvel outil de démarcation ou de distinction sociale (Bourdieu, 1979). Pour beaucoup de consommateurs, la consommation bio est plus valorisée par sa signification sociale, par sa valeur de représentation que par sa valeur utilitaire. Le bio est ainsi un moyen d'expression de soi et d'interactions sociales privatives (permettant d'être dans un entre-soi) largement plébiscité, en particulier par les femmes de la catégorie cadres supérieurs en quête d'un marquage social différenciateur par rapport aux autres catégories sociales. La consommation bio reste ainsi très marquée socialement et culturellement au Maroc et contrairement à ce qu'on a pu observer dans le cas français par exemple (cf. Gallouj et Viala, 2021), on ne perçoit pas de signes avant-coureurs d'une quelconque démocratisation.

L'empreinte socioculturelle de la consommation bio est fortement explicite quand on compare l'évolution du chiffre d'affaires du rayon bio de magasins ciblant des classes sociales différentes. Ainsi, Sarrafa (2017[1]) met en vis-à-vis le chiffre d'affaires du bio dans trois magasins Marjane ; un magasin premium (Marjane Hay Riad), un magasin moyenne gamme (mixte) (Marjane Bouregreg) et un magasin plutôt populaire (Marjane Salé). La répartition du chiffre d'affaires bio réalisé par ces trois magasins est alors

[1] Traitement des données internes aux magasins.

particulièrement significative et instructive. Elle marque une dégressivité de rendement des magasins respectivement selon leur niveau de gamme. Le magasin de Hay Riad réalisant ainsi la plus large part du chiffre d'affaires bio, suivi par celui de Bouregreg et enfin celui de Salé.

Figure 45 : Contribution au chiffre d'affaires bio des 3 magasins Marjane

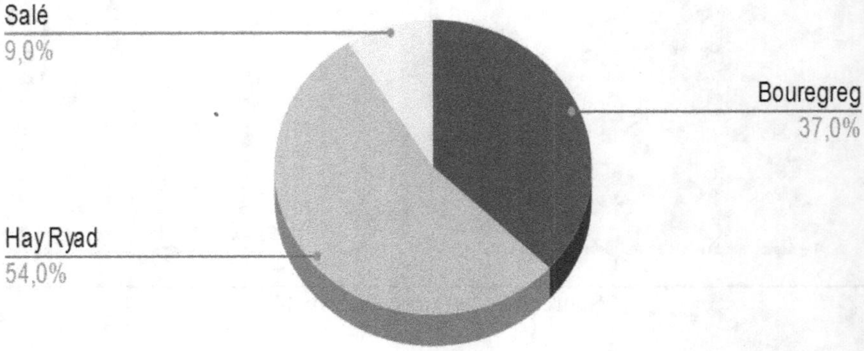

Source : Serrafa (2017, p. 31).

L'évolution du chiffre d'affaires du bio sur plusieurs années est, elle aussi, particulièrement significative (cf. figure 46).

Figure 46 : L'évolution du chiffre d'affaires du bio dans les 3 magasins de l'enseigne Marjane

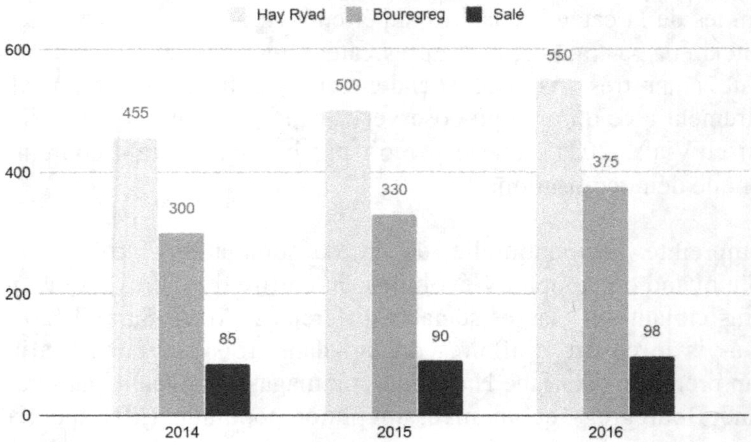

Source : Serrafa (2017, p. 31-32).

On observe ainsi que les ventes de produits bio augmentent de manière significative dans les trois magasins concernés, premium, mixte et populaire. Néanmoins, on note que c'est dans le magasin mixte de Bouregreg que le bio connaît le plus fort taux de croissance, suggérant l'idée d'une réelle volonté de « rattrapage » de la part des classes moyennes.

Figure 47 : Taux de croissance des ventes de bio dans trois magasins Marjane à Rabat (3 périodes de référence)

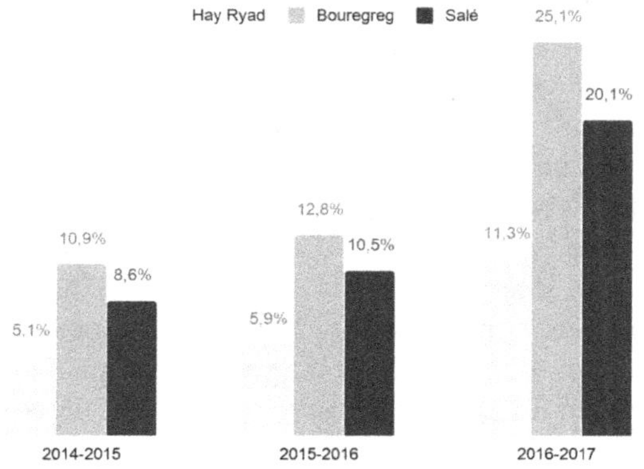

Source : Serrafa (2017, p. 33).

Si les pourcentages d'évolution du chiffre d'affaires du bio montrent que ce sont les magasins Marjane à positionnement mixte et populaire qui accusent la plus forte croissance, il convient de nuancer cette lecture en précisant qu'ils partent de nettement plus bas comparativement aux magasins *premium* et que ces taux élevés représentent des gains moins substantiels sur le plan des ventes en valeur comparés au résultat de ce dernier. Néanmoins cela ne dément pas l'idée d'un début de démocratisation du bio… et ce même si, on l'a vu, beaucoup de Marocains confondent encore bio et *beldi*.

5.4.6. L'alcool et le paradoxe marocain

Consacrer un paragraphe au comportement du consommateur d'alcool au Maroc apparaît d'emblée comme paradoxal. En effet, le Maroc étant un pays musulman, on peut penser que cette consommation, qui devrait être plutôt anecdotique, présente peu d'intérêt pour l'analyse. Plus encore, selon un arrêté du directeur général du cabinet royal, en date de 1967 : *« il est interdit à tout exploitant d'un établissement soumis à licence de vendre ou d'offrir gratuitement des boissons alcooliques ou alcoolisées aux Marocains musulmans ».* Autrement dit, seuls les étrangers sont autorisés à acheter et consommer de l'alcool. Pour autant, la réalité, tant en termes de consommation que de production, semble toute autre. En termes de production et d'exportation de vins, le Maroc occupait la première place au sein du monde arabe. Ainsi, 37 000 ha de terres sont réservés aux vignobles au Maroc et l'on compte un certain nombre d'entreprises marocaines (comme par exemple les Brasseries du Maroc), travaillant en toute légalité sur ce segment et qui sont même cotées en bourse.

A. Les niveaux de consommation

Les données concernant la consommation d'alcool au Maghreb et plus particulièrement au Maroc sont rares et souvent contradictoires. Selon une étude de l'OMS qui classe les niveaux de consommation de 187 pays, le Maroc se situerait à la 171e place avec 0,6 litre d'alcool par an et par habitant, soit loin derrière la Tunisie (1,9 litre) et l'Algérie (0,9 litre). Globalement, la population marocaine boit peu ou pas du tout. Ainsi, 94,6 % de la population âgée de plus de 15 ans déclare n'avoir jamais bu d'alcool. 2,8 % de cette même population se déclare dans la catégorie des anciens buveurs. Les buveurs représenteraient quant à eux 2,6 % de la population. Ces derniers apparaissent dès lors comme de très gros buveurs. Ils consommeraient 24,5 litres d'alcool par an[1], ce qui les situe à un niveau élevé comparativement aux Français (avec 12 litres) ou encore aux Américains (13,3 litres[2]). Cependant, ces données déclaratives interpellent en raison du fort biais de désirabilité sociale et de la pression sociale élevée pesant sur les répondants. Elles permettent de conjecturer qu'il s'agit d'une hypothèse très basse comparée aux pratiques de consommation d'alcool effectives.

Selon un rapport de l'observatoire espagnol du marché du vin, les Marocains buveurs, tout en consommant tous types d'alcools, marquent une préférence pour la bière et le vin[3]. En 2016, la consommation de bière représentait 43 % de la consommation nationale d'alcool, contre 40 % pour le vin et 17 % pour les spiritueux. Le Maroc est ainsi devenu, sur les dernières années, le principal client de l'Espagne en Afrique (en 2018, les importations marocaines se situaient autour de 12 millions de litres). En termes de consommation, et selon Euromonitor, les Marocains consommeraient chaque année plus de 130 millions de litres d'alcool dont 400 millions de bouteilles de bière, 38 millions de bouteilles de vin, 1,5 million de bouteilles de whisky, 1 million de bouteilles de vodka et 140 000 de champagne[4]. Au regard de ces chiffres qui paraissent plus fiables, la quantité moyenne d'alcool consommée

---

[1] 29,2 litres pour les hommes contre 10,6 pour les femmes.
[2] On notera par ailleurs que le niveau se porte à 36,6 % pour les Tunisiens et 29,1 % pour les Algériens. Ce qui peut interroger parfois sur la crédibilité des proportions avancées pour le Maroc.
[3] Yabiladi.com 24 décembre 2014.
[4] « Maroc, vivons heureux, buvons cachés », www.jeuneafrique.com, 1er décembre 2014.

par habitant au Maroc s'élèverait à 3,75 litres, soit six fois plus que les résultats avancés plus haut.

B. Les sources d'approvisionnement

Longtemps, la principale source d'approvisionnent des consommateurs marocains s'est limitée à certains magasins spécialisés dans le débit de boissons alcoolisées aux arrière-boutiques discrètes, aux boîtes de nuit et, pour ceux qui voyagent, au large éventail offert par les boutiques *duty free*. L'émergence de la grande distribution moderne a favorisé le développement d'une offre plus conséquente au sein des caves des hypermarchés en particulier. Ainsi, de 1991 à 2015, les Marocains pouvaient se fournir dans l'ensemble des réseaux de distribution moderne à l'exception de la chaîne Aswak Assalam qui, du fait d'un positionnement plus traditionaliste, a dès l'origine banni l'alcool de ses rayons. En matière de prohibition de l'alcool, Aswak Assalam a été rejoint en 2012 par Marjane puis un peu plus tard, par Acima (Marjane Market). Ce désengagement de Marjane a ouvert grand la porte à son concurrent immédiat Carrefour LabelVie qui devient aujourd'hui le premier distributeur d'alcool au niveau national. À un autre niveau, on sait que lors de son implantation au Maroc, Leader Price a parié sur la vente d'alcool pour assurer la rentabilité de ses magasins (sans succès, semble-t-il).
Que ce soit du point de vue du consommateur ou du distributeur, on notera que la distribution et la consommation d'alcool (ou tout au moins ici, l'achat d'alcool) ne sont pas totalement assumées et chacun des acteurs concernés déploie des stratégies de contournement. Du point de vue du consommateur, l'achat d'alcool se fait toujours dans la discrétion. D'ailleurs, la plupart des hypermarchés optent pour installer leur cave dans un espace dédié à l'écart et disposant d'une caisse *ad hoc*. Ainsi, le consommateur peut acheter le produit sans être affecté par le regard désapprobateur des autres clients du magasin. Le produit est souvent emballé dans du papier kraft et s'offre très peu au regard des autres clients du magasin.

Si Carrefour LabelVie est aujourd'hui la seule grande chaîne à distribuer de l'alcool dans ses rayons, il n'en demeure pas moins qu'elle le fait, là encore, en toute discrétion. Selon certaines sources, aucun ticket de caisse ne serait délivré aux consommateurs en contrepartie de leur achat, de manière à éviter de « caractériser l'infraction[1] ».

5.5. Consommation non alimentaire

Si notre connaissance du consommateur et de son comportement est plutôt réduite en ce qui concerne l'alimentaire, que ce soit en distribution moderne

---

[1] www.jeuneafrique.com, *op. cit.*

ou en distribution traditionnelle, les données disponibles concernant le non-alimentaire, en particulier dans la grande distribution moderne, sont encore plus parcellaires (cf. Gallouj, 2020b). Dans ce qui suit, nous nous contenterons, face à ce constat, d'évoquer et de lancer quelques pistes qui mériteraient à l'avenir des investigations plus poussées. Pour ce faire, nous nous focalisons sur cinq secteurs significatifs : l'électroménager, les meubles, le bricolage, le textile-habillement, et les articles de sport. Ces secteurs sont importants et constituent d'ailleurs des secteurs emblématiques au sein de la grande distribution non alimentaire.

5.5.1. Électroménager : l'entrée massive des femmes

Le marché de l'électroménager est, actuellement au Maroc, poussé principalement par le renouvellement, avec une montée en gamme de la demande ; autrement dit, une orientation vers des produits de qualité supérieure. Cette demande connaît, en particulier pour certains produits phares (réfrigérateurs), des périodes de pointe importantes au moment des fêtes ; la fête de référence étant celle de l'*Aïd Al Adha* (ou *El Kébir*). Les consommateurs mettent cependant régulièrement en avant la faible qualité de service et le manque de compétence flagrant du personnel…

Encore aujourd'hui, dans nombre de pays occidentaux, l'utilisation de l'électroménager est d'abord une affaire de femme. Et, malgré des discours encourageants et avant-gardistes, il existe des déséquilibres énormes dans le partage des tâches domestiques entre hommes et femmes. Ainsi, des slogans des années 1960 comme : « Moulinex libère la femme », pourraient encore être largement d'actualité au Maroc, s'ils ne se heurtaient au politiquement correct dans certains milieux. L'électroménager est toujours une question féminine, tout au moins en ce qui concerne l'usage. Elle est, du point de vue de l'achat, plutôt une question masculine. On peut cependant observer de réelles évolutions sur ces dernières années, où les femmes semblent avoir investi en masse le marché pour devenir, sinon les principales prescriptrices, du moins des prescriptrices incontournables.

Par conséquent, l'une des évolutions importantes concernant l'électroménager est sans doute la part croissante prise par les femmes dans la décision d'achat et le choix du produit ; mission et fonction qui ont longtemps été l'apanage exclusif des hommes. Déjà en 1997, on pouvait lire dans *L'Économiste* : « les femmes, d'usagers passifs, sont devenues les véritables décideurs. Ainsi par exemple pour le Comptoir de l'électroménager comme pour Kitéa, les femmes décideraient à 60 % dans l'achat et le choix des biens d'équipements[1] ». Nos propres entretiens vont dans le même sens : *« En matière d'électroménager oui, c'est moi qui décide de tout, c'est moi je choisis*

---

[1] « Meubles et frigo : si le crédit suit… », *L'Économiste*, n° 306, 27 novembre 1997.

la marque, la qualité, le prix. De toute manière qu'est-ce que vous voulez que mon mari il dise sur un frigo, une machine à laver ou même une machine à café ou un robot. Il sait même pas comment ça marche, meskine » (Zohra, 60 ans, Rabat).

L'entrée massive des femmes sur un marché dont elles avaient été longtemps exclues n'est pas antinomique d'une certaine forme de répartition des rôles selon les segments de marché. Les femmes étant ainsi dominantes sur le petit électroménager et l'équipement traditionnel comme les cuisinières, les lave-linge ou encore les lave-vaisselle et les hommes sur le brun, la HI-FI et l'informatique : *« en gros, on partage le travail. Quand on va acheter les produits électroménagers et autres choses. Quand c'est la machine à laver ou la gazinière, c'est moi qui choisis. Moi je sais ce qui est pratique pour moi, combien il faut de feux, est-ce que le plat ou la marmite va tenir sa place, etc. parce que c'est moi qui cuisine à la maison, toujours. Mon mari lui, il choisit pour la télévision ou pour l'ordinateur de ma fille... Mais elle donne aussi son avis... Bon, elle veut aussi toujours prendre le plus cher comme le MacBook par exemple et à la fin c'est mon mari qui décide. Mais tu vois comme pour le frigo, c'est nous deux, moi et mon mari... »* (Donia, 38 ans, Tanger)

5.5.2. Meubles et mobilier : une affaire de famille !

Si le marché de l'électroménager est en train de glisser vers un rôle accru des femmes au détriment des hommes, celui du meuble peut se caractériser par son côté « affaire de famille ». C'est en famille que l'on se rend dans les magasins de meubles et c'est en famille que sont effectués les choix. Même si déjà en 1997, certains professionnels estimaient qu'en matière de mobilier, la femme décidait à 60 %, il est clair qu'on doit nuancer les propos en fonction de la destination des meubles en question. Le rôle de la femme est sans aucun doute prépondérant en ce qui concerne l'équipement de la cuisine et celui de la salle de bains. La montée en puissance de l'offre cuisine et salle de bains, qui ont été longtemps des lieux négligés par le consommateur marocain, constitue une évolution majeure du secteur et cette évolution contribue, elle aussi, à renforcer la place et le rôle de la femme dans le processus de décision.

Néanmoins, les autres membres de la famille, et en particulier les enfants, progressivement selon leur âge, gagnent en autonomie et sont au premier plan dans le choix de l'équipement concernant par exemple leurs propres chambres. Pour ce qui est des salons, salles à manger, les choix des ménages sont fortement impactés par les transformations des modes et styles d'ameublements, avec en particulier, pour les classes supérieures et moyennes supérieures, une disparition graduelle du classique *« sedari »* au profit du salon à l'occidentale. À ce niveau, le choix apparaît incontestablement collectif, tout le monde ayant son rôle à jouer dans la décision finale.

Notons, cependant, qu'avant de devenir une affaire de famille, sans doute à la fin des années 1990, avec la multiplication de l'offre en kit, le meuble était aussi prioritairement une affaire d'hommes en raison notamment des processus de montage qui marquaient un tant soit peu les prérogatives masculines. Tout d'abord, il convient de se rappeler que le marché du meuble était plutôt réduit et était dominé par une offre sur mesure proposée par les menuiseries traditionnelles. C'est la nécessité de l'interaction régulière avec le menuisier et l'environnement de travail de ce dernier (bruits, chutes de coupes, poussières de ponçage, résidus de bois, etc.) qui excluaient d'emblée les femmes de tout processus de sélection et d'achat.

Ainsi, on pourrait estimer que c'est bien le développement de l'offre, au travers des GSS (de l'anonymat qu'elles garantissent, de la sécurité qu'elles offrent et de l'apparition de personnel de vente féminin dans cet univers), qui a contribué à l'accroissement notable de la présence des femmes sur ce marché et plus généralement à leur *empowerment* en tant que partie prenante des choix et décisions. Cette évolution de la place et du rôle des femmes est importante et visible dans le cas des GSS, mais elle l'est également dans celui des GSA comme a pu le montrer Godefroit-Winkel (2013) dans ses recherches au sein des hypermarchés et supermarchés de Casablanca.

5.5.3. Bricolage : entre délégation et prescription

Le marché du bricolage conserve, au Maroc, cette spécificité d'être d'abord un marché professionnel ou de professionnels. Ces derniers constituent en effet les principaux clients des enseignes, que ce soit de manière indépendante, ou dans le cadre d'une logique de prescription ou de délégation. En effet, en dehors des clients étrangers en particulier MRE, la plupart des clients particuliers sont accompagnants de leur *maalem*, qui bien souvent sélectionne lui-même les produits.

Les compétences des consommateurs marocains en matière de bricolage sont relativement faibles, et ce, malgré les tentatives d'*empowerment* menées par les enseignes. Cette situation s'explique par le fait que globalement, le consommateur marocain n'est pas bricoleur et délègue souvent les travaux d'aménagement de son habitat. Cette manière de faire est justifiée et amplifiée par les coûts relatifs de la main-d'œuvre, qui restent globalement abordables. Comparativement, si l'on fait abstraction des bricoleurs par plaisir qui ne constituent pas la majorité, en France, le développement du marché du bricolage est porté par une volonté de gains économiques de la part des ménages. Les coûts de main-d'œuvre étant relativement élevés, le recours à un prestataire extérieur reste très onéreux. Les ménages sont donc amenés naturellement à prendre en charge par eux-mêmes un certain nombre de travaux courants liés à l'entretien de l'habitat. Au Maroc, les coûts de main-d'œuvre pour les réparations ou les aménagements étant relativement favorables, les ménages de la classe moyenne ou supérieure n'ont que peu d'intérêt à réaliser par eux-mêmes les activités en question et par conséquent leur tendance à sous-traiter ces opérations est très élevée.

Une autre évolution importante peut être vue dans la présence de plus en plus marquée des femmes en tant que clientes des enseignes de bricolage. Cette évolution va de pair avec un glissement des enseignes vers la décoration et l'aménagement d'intérieur ; mais également avec le développement d'une offre de solutions clé en main plus étoffée.

5.5.4. Textile-habillement : une modernisation trop lente

Selon les données du HCP (2016), les Marocains dépenseraient 513 dhs annuellement pour s'habiller. Une ventilation des dépenses par catégories sociales permet d'affiner ce montant et de montrer de fortes disparités puisque les sommes investies par les 10 % les plus riches seraient de 1 657 dhs et seulement de 107 dhs annuels pour les 10 % les plus pauvres.

Au-delà de ces données globales, on dispose d'informations plus fines au travers d'une étude menée fin 2011 par l'AMITH[1] en collaboration avec l'IFM[2]. Cette étude monte que le marché local est estimé (en projection) à 45 milliards de dhs en 2015[3] (soit plus que le marché à l'export) et devrait atteindre les 90 milliards à l'horizon 2025. Les Marocains consacreraient ainsi un budget annuel moyen de 1 251 dhs à leur habillement[4]. Les budgets des 20 % les plus riches seraient de 2 775 dhs et celui des 10 % les plus riches de 4 450 dhs.

Selon l'étude AMITH-IFM, et en concordance avec ce que nous avons pu voir dans d'autres secteurs, l'habillement est encore dominé par le circuit traditionnel. Les souks, foires et kissariates comptent pour 78 % des ventes en valeur ; les boutiques et magasins d'usine pour 14 % et les hypermarchés et autres commerces modernes pour 3 %. Les franchises étrangères représenteraient en 2015 moins de 4 % des ventes (soit environ 1,8 milliard de dhs) alors que les enseignes modernes nationales ne capteraient que 1 % des ventes.

---

[1] Association marocaine des industries du textile et de l'habillement.
[2] Institut français de la mode.
[3] Les chiffres officiels évaluent ce marché à 18 milliards mais ne tiennent pas compte de l'informel.
[4] Soit à peine 40 % de ce que dépenserait le consommateur turc.

5.5.5. Articles et accessoires de sport : doucement mais sûrement

Une étude [1] menée en 2018 par Wafasalaf (observatoire de la consommation), sur le thème « La consommation des ménages : regards croisés sur le sport », relève que l'économie du sport a encore un poids très modeste dans le développement économique du Maroc. En 2014, le secteur du sport contribuait à 0,66 % du PIB national et employait environ 240 000 personnes[2]. Cependant, depuis quelques années, le sport a commencé à tenir une place croissante dans la vie des citoyens et consommateurs marocains. L'étude Wafasalaf montre d'ailleurs que la pratique du sport a eu tendance à se démocratiser sur ces dernières années[3]. Le sport figurerait en effet au deuxième rang des principales activités pratiquées par les Marocains pendant le temps libre juste après la télévision… et tout laisse à croire que le mouvement devrait s'amplifier dans les années à venir.

Dans le cadre de la pratique sportive (dans des structures encadrées), le principal frein évoqué est encore le coût. Ainsi, 65 % des sondés considèrent que le coût de la pratique sportive reste élevé au Maroc. Seuls 40 % des Marocains consacreraient un budget à cette activité. Les plus dépensiers étant les 18-24 ans, avec un budget annuel moyen de 190 dirhams[4]. Au-delà du coût, la faiblesse des infrastructures sportives de proximité est également évoquée comme un frein important à la pratique (66 % des répondants). Sur ce dernier point, on notera que le ministère de la Jeunesse et des Sports, qui dispose d'un budget estimé à 2,5 milliards de dirhams, adopte une approche très volontariste, en consacrant plus de 600 millions de dirhams à la construction de 800 terrains de proximité sur la période 2018-2020.

Différentes raisons sont évoquées par les consommateurs marocains pour justifier la valorisation de la pratique sportive : l'amélioration de la condition physique (66 %), l'amélioration de l'apparence physique (40 %), la santé (37 %), le plaisir procuré (37 %) et la détente (21 %). Par ailleurs, pour 90 % des Marocains, la pratique sportive contribuerait à l'éducation des enfants[5] et 81 % d'entre eux encourageraient leurs enfants à s'y adonner. Si le football est plébiscité par les Marocains en tant que leur sport préféré (72 %), loin devant le jogging, la natation ou encore le tennis, on observe que lorsqu'il

---

[1] Enquête par questionnaire auprès d'un échantillon de 833 personnes âgées de 18 à 65 ans urbains et semi-ruraux, toutes CSP confondues dans les villes de Casablanca, Rabat Salé, Marrakech, Agadir, Tanger, Fès et Oujda.

[2] « Sport au Maroc : un secteur toujours marginalisé », leseco.ma, 23 novembre 2018.

[3] Le constat peut être cependant fortement nuancé au niveau global en ce sens qu'une étude emploi du temps du HCP montre que les Marocains consacrent à peine deux minutes par jour aux activités sportives, ce qui laisse entendre une très forte variance (dispersion) de cette pratique sportive.

[4] « Le rôle du sport dans la vie quotidienne des Marocains débattu à Casablanca », *Le Matin*, 13 novembre 2018.

[5] Le ministère de la Jeunesse et des Sports a d'ailleurs créé un bac *ad hoc* en septembre 2018.

s'agit de pratique, les choses sont légèrement différentes. 53 % des Marocains exercent une activité physique et sportive[1] et la course à pied et le jogging arrivent en tête dans les pratiques (59 %) bien avant le football (42 %). En outre, concernant l'intensité de la pratique sportive, 35 % des personnes interrogées se considèrent comme étant plutôt sportives, dont 8 % se caractérisant comme très sportives.

Par conséquent, les enseignes de sport connaissent ces dernières années un développement important, dopées par l'arrivée de multiples franchises étrangères (Intersport, City Sport, GO Sport, Décathlon ou encore Endurance Shop). Il est vrai que le consommateur marocain semble peu enclin à acheter ses articles de sport en GSA. Malika Souaf et Soumiya Mekkaoui (2009), dans leur enquête auprès des consommateurs des GSA[2], montrent que 97 % des répondants n'achètent jamais d'articles de sport en grandes surfaces. De manière générale, les grandes surfaces, qu'elles relèvent de l'alimentaire ou du non-alimentaire, sont encore loin d'être une source d'approvisionnement privilégiée. En effet, le consommateur marocain a une très forte propension à s'approvisionner dans l'informel qui représenterait entre 50 à 60 % du marché, en particulier en ce qui concerne les vêtements et les chaussures de sport[3].

5.6. Le luxe : entre ostentation et logique de catégorisation exacerbée

Le marché du luxe existe depuis longtemps au Maroc de façon résiduelle et discrète, mais a émergé de manière structurée et ostentatoire il y a environ une trentaine d'années. De fait, ce n'est qu'à partir des années 2000 qu'il a connu une réelle accélération et institutionnalisation, poussé d'abord par des secteurs comme l'immobilier et le tourisme, avant de recouvrir les autres catégories de biens (automobile, habillement, bijouterie, horlogerie). Encore une fois, nous sommes ici confrontés à une faiblesse des sources d'information. On peut néanmoins s'appuyer sur une étude menée par B. Marketing en 2008 qui, bien qu'ancienne, reste à ce jour la plus riche en informations sur le secteur. Néanmoins, nous nous fondons également pour actualiser ces informations sur un certain nombre de dossiers de presse récents[4] ainsi que sur quelques entretiens menés tant auprès d'enseignes de luxe que de leurs clients. Nous distinguons dans ce qui suit d'un côté les clients et les produits et de l'autre le marché et son évolution.

---

[1] Selon l'enquête Wafasalaf.

[2] Enquête fondée sur un échantillon de 325 individus dans cinq villes marocaines (Casablanca, Rabat, Fès, Agadir, Marrakech). Entretiens face à face en sortie de magasin.

[3] « Le business des articles de sport prend au Maroc », *La Vie éco*, 11 mai 2016.

[4] *Conjoncture* n° 994, dossier « Luxe au Maroc ; niche ou secteur d'avenir », 15 juillet-15 septembre, pp. 19-30.

5.6.1. Les clients et les produits de luxe

Les clients du luxe constituent bien une catégorie particulière dont nous cherchons ici à mieux comprendre les pratiques et modalités de consommation. Nous abordons successivement les types de produits achetés, les conditions d'achat ainsi que les niveaux de satisfaction associés.

A. Une clientèle cosmopolite et exigeante

L'offre de luxe a été initialement perçue, sans doute même d'ailleurs conçue, pour une clientèle « hors sol » ; autrement dit, les touristes internationaux de passage au Maroc. Cependant, comme le souligne le directeur général de Dior, Serge Tolédano, la clientèle s'est avérée de manière inattendue comme étant principalement locale : *« in 2004, we had the opportunity to open a store in La Mamounia in Marrakech [...] we thought initially that we would target foreign tourists, but this was not the case. In fact, the clientele was made up to 70 % of Moroccans who came from Casablanca and Rabat*[1] ». En outre, on peut noter qu'a cette même période, la demande de produits de luxe par la clientèle marocaine était si élevée que la boutique Louis Vuitton Marrakech avait dû mettre en place un système de rationnement selon lequel les clients n'étaient autorisés à acheter qu'un article et un accessoire par jour (Benbrahim, 2011).

Si pendant longtemps les produits de luxe étaient réservés à une clientèle parmi les plus aisées, on assiste aujourd'hui à une réelle diversification des profils, des attentes et des comportements ; autrement dit, les consommateurs de luxe ne sont plus un groupe homogène, mais constituent plutôt des sous-ensembles disparates aux attentes variées et valorisant différents niveaux de luxe. La clientèle du luxe est par conséquent variée, cosmopolite, relativement jeune (mais pas uniquement) et issue des différents secteurs de l'activité économique. C'est aussi et surtout une clientèle, plutôt féminine, informée et qui voyage beaucoup (Nwankwo *et al.*, 2014 ; Hamelin et Thaichon, 2016).

« *nos clients aujourd'hui, c'est principalement des clientes. On perçoit une certaine démocratisation avec des clientes de classe moyenne qui viennent acheter quelques produits disons d'entrée de gamme et plus abordables à leur niveau ; mais le gros ça reste les CSP + qui ont les moyens et un panier moyen beaucoup plus élevé et aussi, de plus en plus, la clientèle subsaharienne... l'âge aussi change un peu et on a des clientes de plus en plus jeunes... Elles sont plus jeunes mais aussi très exigeantes* » (Hamid, responsable magasin de luxe, Casablanca)

---

[1] Cité dans Hamelin et Thaichon (2016, p. 165).

Au niveau international, une étude[1] menée par le cabinet de conseil Bain & Co. distingue sept profils de consommateurs de luxe (cf. encadré 4).

Encadré 4 : Les 7 profils d'acheteurs de luxe

L'omnivore : 25 % des dépenses, avec une moyenne de 2 350 euros par an
Au profil plus jeune, 30-40 ans et souvent féminin, ces acheteurs sont nouveaux sur le marché du luxe. Ce sont ceux qui dépensent le plus en moyenne. Ils ciblent les magasins de la marque et achètent beaucoup durant leurs voyages. Même si leurs préférences vont aux marques de prestige, ils leur sont infidèles, désireux de tester les nouveautés. On compte beaucoup de jeunes Chinois dans cette catégorie.

L'avisé : 20 % des dépenses, avec une moyenne de 1 750 euros par an
Très informés, ils sont issus des générations X et Y et connaissent très bien les petits secrets des marques. Ils sont réceptifs aux informations et publicités en ligne ou sur les réseaux sociaux, et sont très présents en Europe occidentale, aux États-Unis et dans quelques grandes villes chinoises.

L'investisseur : 13 % des dépenses, avec une moyenne de 1 450 euros par an
Très attachés à la qualité des matériaux et à leur durabilité, ils privilégient les achats de longue durée et de transmission. Ils font appel à l'avis d'autres consommateurs pour faire leurs choix. Ils sont surtout présents au Japon, en Europe de l'Est et sur les marchés matures.

L'hédoniste : 12 % des dépenses, avec une moyenne de 1 100 euros par an
Ce sont les acheteurs les plus friands de shopping de luxe. Très influencés par la publicité, ils sont attachés aux marques et aux logos. Également très éduqués, ils ont un fort pouvoir d'achat et mixent les grandes et petites marques de luxe.

Le conservateur : 16 % des dépenses, avec une moyenne de 1 100 euros par an
Préférant faire leurs achats dans des magasins multimarques, les conservateurs sont très classiques dans leurs choix. Ils écoutent souvent les conseils de leurs proches. Ils se trouvent surtout sur les marchés matures ainsi qu'en Chine.

Le désillusionné : 9 % des dépenses, avec une moyenne de 800 euros par an
Issus de la génération du baby-boom ; ces acheteurs semblent lassés du luxe. Insensibles aux messages des marques et à la publicité, ils n'achètent pas souvent et le font préférablement en ligne. Cette catégorie rassemble une majorité de femmes et se retrouve aux États-Unis, en Europe et au Japon.

L'aspirant : 5 % des dépenses, avec une moyenne de 500 euros par an
Essentiellement des femmes acheteuses compulsives, elles aiment combiner le luxe et les autres produits. Ces consommatrices sont très influencées par leurs amies et les magazines de mode. Issues de la classe moyenne, on les trouve aux États-Unis, en Europe centrale et depuis peu en Europe orientale.

Source : Bain and Co., cité par Clauzel *et al.* (2016, p. 143)

[1] Auprès de 10 000 consommateurs de luxe en collaboration avec Redburn and Millward Brown.

B. Type de produits achetés

Globalement, les principaux produits de luxe achetés par le consommateur marocain sont dans l'ordre : les produits de parfumerie et cosmétique, les bijoux et montres, suivis par la décoration de luxe, les arts de la table ou encore l'habillement, les sacs et les chaussures puis les voitures.

Figure 48 : Type de produits de luxe achetés durant les trois dernières années

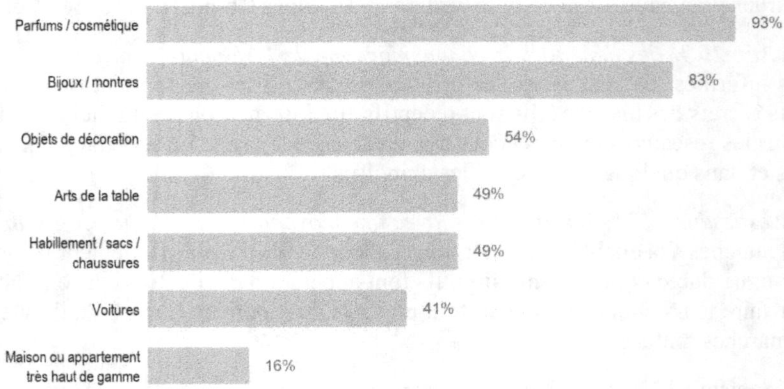

Source : B. Marketing (2008).

Pour autant, il n'en demeure pas moins qu'au Maroc, et si l'on fait abstraction du tourisme, les locomotives du luxe restent l'automobile et l'immobilier. En tant que marqueur de statut social, l'automobile de luxe est au Maroc un secteur en pleine croissance. Si les marques les plus prisées restent les très classiques BMW, Mercedes, Audi, Jaguar, Abarth et Land Rover, elles ont été rejointes par Bentley, Porsche, Ferrari et Aston Martin, qui se sont récemment implantées au Maroc.

En ce qui concerne l'immobilier, malgré un développement remarquable de l'offre, il convient de noter, à la suite de Kabbaj et Mseffer (2017), que l'immobilier haut standing, tel qu'il est conçu et vendu actuellement au Maroc, ne peut pas être réellement défini comme de l'immobilier de luxe aux standards internationaux *i.e.* offrant appartement de qualité et services haut de gamme intégrés (en général, ce sont ces derniers qui ne sont pas au niveau).

5.6.2. Conditions d'achat et niveaux de satisfaction

L'achat d'un produit de luxe se fait habituellement dans des conditions assez particulières en termes de saisonnalité, de promotion ou de rôle de l'altérité. De fait, la clientèle a des exigences très spécifiques qui ne sont pas toujours satisfaites au niveau local.

A. Conditions d'achat

L'achat et la consommation de luxe répondent à des codes, modalités et temporalités spécifiques qui sont mis en évidence dans le cadre de l'enquête B. Marketing (2008) : *(a) Une forte saisonnalité.* Le consommateur de luxe dépense plus en été qu'en hiver. *(b) Une importance des promotions.* Au-delà des événements familiaux majeurs, le consommateur de luxe est plus dépensier au moment des soldes et des promotions. *(c) Un achat partagé et à prescripteurs.* En matière d'achat de luxe, le conjoint et la famille jouent un rôle important en tant que prescripteur et souvent accompagnateur.

Figure 49 : Prescription de l'achat de luxe

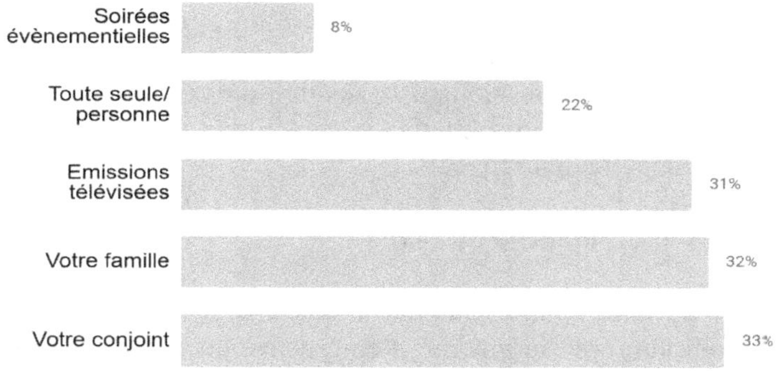

Source : B. Marketing (2008).

Plus généralement, il convient de rappeler qu'au Maroc au même titre que dans les pays orientaux, l'achat de luxe est un acte ostentatoire de distinction de démarcation sociale. Pour les consommateurs locaux de luxe, l'achat est un acte de renforcement psychologique où le produit mais également ses conditions d'achat sont un moyen d'asseoir et de valider son rang social et de se dissocier ainsi des autres catégories sociales dites moins aisées. Autrement dit, l'achat de luxe est motivé essentiellement par une logique d'apparence, de catégorisation sociale, de singularité et de prestige. Ces logiques semblent d'ailleurs particulièrement exacerbées au Maroc qui reste un pays marqué par de très fortes inégalités sociales.

B. Un faible niveau de satisfaction

La clientèle marocaine fait régulièrement état du très faible niveau de l'offre locale qui débouche sur une réelle insatisfaction. L'enquête réalisée par

B. Marketing prend acte de cet état de fait et met en avant prioritairement des griefs relatifs aux choix offerts aux consommateurs. En effet, les choix proposés aux Marocains en termes de produits de luxe apparaissent limités et généralement peu adaptés. Au-delà, on retrouve l'ensemble des griefs habituellement évoqués concernant la faible qualité des services dans la distribution moderne sélective. Ainsi, la clientèle marocaine relève le manque de qualification et la faible implication du personnel, qui se reflètent systématiquement dans un accueil incompatible avec les niveaux d'exigence habituels caractérisant le standing des marques concernées. Par ailleurs, le SAV est considéré comme régulièrement inadapté et indigent. Or, dans la consommation de luxe, les clients attendent beaucoup de l'expérience magasin. L'acheteur de produits de luxe ne se contente pas d'acheter la qualité intrinsèque du produit ; il valorise également le cérémonial qui se développe autour de l'achat et l'attention qui lui est réservée ainsi que le regard des autres durant, pendant et après l'achat. Ainsi, le rôle du vendeur est fondamental. Il doit être en mesure de fournir aux clients une information fiable de haut niveau, tout en faisant montre d'une disponibilité et d'une bienveillance de tous les instants. C'est d'ailleurs en ce sens que par exemple la maison Dior a récemment recruté des professionnels issus de l'univers du tourisme, dont la mission principale est de transmettre à ses personnels, en boutiques, les règles du protocole d'accueil à haut niveau.

5.6.3. L'évolution du marché du luxe

Le marché du luxe connaît au Maroc des évolutions significatives : une stagnation, voire un repli du marché, l'émergence du digital et du marché de seconde main (évolution qui est également observée au niveau mondial), une montée du luxe expérientiel et de la dématérialisation, le développement d'une offre nationale en matière de produits de luxe. Cependant, ces différentes évolutions peuvent être freinées par une autre évolution importante et concomitante qui renvoie à la persistance, voire même, dans certains cas, à l'accélération de la contrefaçon. Cette contrefaçon (souvent grossière) dans les produits de luxe s'offre au regard de n'importe quel visiteur des souks de la médina (de toutes les villes marocaines).

A. Une tendance au repli

Les différents éléments que nous venons d'évoquer expliquent sans doute la tendance, observée au Maroc, à un ralentissement du secteur qui apparaît globalement comme atone. De fait, ces dernières années ont été marquées par le départ de nombre d'enseignes de luxe : de Miu Miu à Prada en passant par les Galeries Lafayette. En dehors du positionnement et de la faible qualité relative de l'offre de luxe au Maroc, un autre élément important dans le comportement du consommateur permet de mieux comprendre les difficultés du secteur. En effet, la consommation de luxe ne se limite pas à l'acquisition d'un produit. Elle renvoie également au fait de vivre une expérience unique composée de l'achat, mais également de l'environnement et des multiples codes qui accompagnent l'acte d'achat ainsi que de la dimension relationnelle et de service sur-mesure. Ainsi, pour le Marocain, l'expérience d'achat de luxe valorisante ne se fait pas en local. Elle se fait plus volontiers dans le cadre d'une mobilité internationale où l'on peut bénéficier d'une offre globale et intégrée (événements privés, accueils personnalisés, collections privées...), voire également de détaxes ; autrement dit, d'une offre intégrée comportant toute une série de prestations de services et qui fait apparemment défaut au niveau local.

Nadia Kabbaj et Dounia Mseffer (2017, p. 22) écrivent ainsi : « le ralentissement du secteur du luxe est lié notamment aux habitudes d'achat et aux comportements des consommateurs aisés qui, encore aujourd'hui, préfèrent faire leurs courses à l'étranger dans les capitales du luxe comme Milan, Paris ou encore Dubaï, où ils bénéficient de services privilégiés » et hautement personnalisés. À ce niveau, il n'est d'ailleurs pas exclu que l'on ait affaire à un effet d'éviction typique des secteurs marqués par la « distinction ». En effet, à mesure que les classes moyennes supérieures, nouvellement enrichies, accèdent au luxe ou « aux marges » du luxe, les catégories sociales supérieures opèrent un mouvement que l'on pourrait qualifier de *« trade up »*, qui les pousse à augmenter la distance qui les sépare des nouveaux arrivés en désertant les magasins de luxe locaux et en privilégiant des achats à l'étranger lors de leurs séjours extranationaux. C'est exactement ce qui a été observé dans le secteur de l'alimentaire suite à la démocratisation de l'accès aux GMS, les CSP les plus aisées délèguent alors les achats à leurs bonnes et/ou chauffeurs, commandent en ligne et se font livrer, voire achètent lors de leurs voyages à l'étranger les produits d'épicerie fine indisponibles dans les supers et hypermarchés au Maroc.

B. Du digital au *« second hand »*

Le monde du luxe et celui du digital ont longtemps été considérés comme antinomiques. La plupart des grandes marques de luxe étaient réticentes au digital qui renvoie plutôt au *« mass market »*. Depuis lors, de nombreuses recherches ont montré que bien au contraire, les médias sociaux peuvent avoir des effets très positifs sur le développement du marché du luxe. Ainsi par exemple, Kim et Ko (2012) ont mis en évidence une relation positive entre les médias sociaux et des attitudes très favorables envers les produits et marques de luxe. La marque Burberry se targue d'ailleurs d'avoir plus de 20 millions de fans sur Facebook. Selon Parr (2012), Burberry aurait même vu ses revenus s'envoler de plus de 30 % après une campagne sur les médias sociaux et l'ouverture d'une boutique en ligne.

Les marques de luxe ont ainsi très rapidement investi massivement le digital en réalisant que les valeurs d'exclusivité, d'exception et de qualité généralement associées au luxe pouvaient être transmises au travers du digital et assurer ainsi une personnalisation extrême de la relation. Cette personnalisation s'appuie sur l'analyse des bases de données massives sur les clients et un développement plus rapide encore des marques auprès des *millennials* en particulier. Dès lors, il s'agit pour les marques de luxe d'assurer et d'assumer, elles aussi, leur transformation digitale et d'occuper l'espace web au-delà de leurs circuits traditionnels. Le web devient de fait un outil précieux de positionnement des marques de luxe auprès des clients. Ces derniers peuvent ainsi, au travers du web, avoir accès à des défilés en temps réel ou encore avoir accès à des produits et services innovants tout comme ils peuvent accéder directement à une partie des produits soldés. Mehdi Hadj Khalifa, directeur général de Another Life (agence de stratégie digitale basée à Casablanca) déclarait ainsi au magazine *Conjoncture*[1] : « à Paris, certaines marques de luxe ne proposent plus de soldes en boutique. Les produits soldés sont exclusivement vendus sur internet », ce qui permet en retour d'encourager l'acte d'achat de luxe en ligne, de capter une nouvelle clientèle mue par les promotions, et surtout de dissocier les offres en ligne et en magasin de sorte à éviter toutes formes de cannibalisation.

Au-delà des soldes et articles soldés, un autre élément explicatif de l'entrée du luxe dans l'ère digitale doit être recherché dans l'émergence d'un marché de seconde main extrêmement dynamique. Ces dernières années, que ce soit au Maroc ou au niveau international, on a vu apparaître de multiples plateformes collaboratives dédiées aux objets de luxe (neufs mais surtout de seconde main). Le mouvement, qui marque un changement de mentalités, concerne l'ensemble des secteurs du luxe (mode, maroquinerie, chaussures, joaillerie et horlogerie…). Le dossier *« Conjoncture »*, dont nous avons fait état plus haut, cite aussi l'exemple de Jeshop.ma, lancé en 2015, et qui a été en effet exclusivement dédié aux produits de luxe, qu'ils soient neufs ou d'occasion. Le site est également ouvert aux particuliers qui veulent vendre leurs articles et aux professionnels souhaitant écouler leurs fins de série tout comme aux créateurs marocains.

Si les initiatives de ce type se développent et participent à entamer l'exclusivité de Rabat, Casablanca et Marrakech comme places dédiées au luxe, il n'en demeure pas moins que l'achat en ligne connaît encore de multiples freins au Maroc et sans doute encore plus dans le luxe qu'ailleurs. Les freins en question sont notamment liés à la discrétion de l'achat online *vs* la finalité d'ostentation recherchée et de la personnalisation du service avec

[1] *Conjoncture*, 2017, p. 29.

un personnel de vente aux petits soins qui flatte l'estime de soi *vs* un dispositif intermédié qui en annule l'effet.

C. Luxe expérientiel et trajectoire de dématérialisation du luxe

Depuis quelques années, on perçoit une forme de dématérialisation programmée de la demande de luxe et le matériel semble céder graduellement le pas à l'expérientiel. Bain & Co a d'ailleurs montré qu'au niveau mondial, le luxe expérientiel affichait un taux de croissance de 50 %, très loin devant le luxe matériel. Ce luxe expérientiel renvoie ainsi aux restaurants gastronomiques étoilés, aux croisières de prestige et autres séjours et services culturels. Ces évolutions semblent portées prioritairement par les *millennials* et la génération Z dont les pratiques de consommation diffèrent de leurs aînés plus enclins aux possessions de luxe.

D. Vers une offre nationale de luxe ?

Une autre évolution importante au Maroc et pour le Maroc est l'émergence d'un luxe local. En effet, le Maroc dispose d'un savoir-faire artisanal et culinaire de qualité reconnu au niveau international et, tout comme il existe un art de vivre à la française, il existe aussi un art de vivre à la marocaine ainsi qu'une culture du luxe à la marocaine. De fait, le consommateur marocain apparaît de plus en plus enclin à investir dans les créations locales haut de gamme (caftan, babouches, parfum…). Sofia Benbrahim déclare ainsi : « la consommatrice marocaine n'est pas encore prête à investir (dans la création locale) le même montant qu'elle le ferait pour un sac de marque internationale, mais elle augmente petit à petit le montant moyen dépensé en faveur de créateurs marocains tels que Zyne (babouches), New Tangier (sacs) ou encore Saïd Mahrouf (robes), ce qui n'était pas le cas auparavant[1] ». D'ores et déjà, certaines marques marocaines de luxe ont pu se faire une place sur le marché, et en particulier au travers de leur reconnaissance par le consommateur local, voire même pour certaines, international : Azuelos (joaillerie de luxe), Benson et IO (chaussures), Royal Mansour et Mamounia (hôtellerie), Yahya (design et art) ainsi qu'une multitude d'acteurs dans le caftan et les babouches.

E. Le luxe et la problématique de la contrefaçon

La contrefaçon est un des problèmes majeurs auquel sont confrontées les enseignes et marques de luxe. Au niveau mondial, on estime à plus de 500 milliards de dollars US le poids du marché parallèle de produits

---

[1] Dans Kabbaj et Mseffer (2017).

contrefaits[1]. Bien entendu on peut penser que les évaluations auxquelles participent volontiers les grandes marques de luxe sont souvent exagérées pour inciter au développement d'actions de contrôles plus strictes et de répressions contre les faussaires ; néanmoins, le phénomène est bien réel dans de nombreux pays émergents. Au Maroc, on ne dispose d'aucune statistique *ad hoc*. Néanmoins, un court passage dans les souks et les boutiques des bazaristes suffit pour se rendre compte de l'ampleur de la contrefaçon, qu'elle soit locale (de fabrication locale) ou importée (de Chine et de Turquie essentiellement). En effet, les boutiques regorgent de produits en tout genre et principalement de produits de maroquinerie à la marque Louis Vuitton, Gucci ou autre Michael Kors… On peut même y trouver de manière assez surprenante des babouches Louis Vuitton !

Les motivations à l'achat de ces produits de luxe contrefaits ont été particulièrement bien étudiées par Maman Larraufié (2015) qui met ainsi en évidence quatre types d'expériences recherchées par l'acheteur de faux luxe : sociale (l'achat de produits contrefaits permet de se sentir intégré à un groupe) ; ludique (les consommateurs ont pleine conscience des risques encourus mais perçoivent leur acte comme un jeu) ; exotique (quand le produit contrefait vient de l'étranger) ; sensorielle (l'expérience étant alors associée à des sentiments positifs comme le bonheur, la satisfaction et le plaisir).

Conclusion

L'analyse de la structure de consommation est riche d'enseignement. Présentée dans une perspective historique, elle nous permet de cerner les transformations des pratiques de consommation au Maroc avec, de manière assez naturelle, une baisse relative de la part du budget consacrée à l'alimentaire au profit d'autres postes budgétaires comme l'habillement, l'enseignement, les loisirs, la culture et le divertissement, l'hygiène et les soins médicaux ainsi que le transport et les communications. Cette analyse nous permet également de mettre en avant les très fortes inégalités qui existent au Maroc selon les catégories sociales (il s'agit véritablement d'une consommation de classes) et selon le milieu de résidence. La focalisation sur l'alimentaire permet de mettre en avant une évolution des pratiques alimentaires et plus précisément une véritable transition alimentaire liée d'un côté à la modernisation de l'industrie concernée et de l'autre à l'occidentalisation et à la mondialisation de plus en plus marquée qui affectent les pratiques de consommation marocaines. Ce chapitre a également été l'occasion d'aborder en détail quelques consommations alimentaires

---

[1] Il s'agit du poids des importations de produits contrefaits et piratés (soit 2,5 % des importations mondiales) selon un rapport de l'OCDE et de l'office européen pour la propriété intellectuelle paru en 2016 (cf. *Conjoncture*, n° 994, 15 juillet-15 septembre 2017).

spécifiques et parfois emblématiques à l'instar de l'huile d'olive, les olives de table ou les produits laitiers, mais également, à un autre niveau de l'échelle de consommation, le bio et les boissons alcoolisées.

Bien entendu, le tableau général de la consommation au Maroc ne serait pas complet si nous n'abordions pas la consommation non alimentaire. Là encore, nous nous sommes focalisés sur quelques consommations et secteurs emblématiques comme l'électroménager, le meuble et le bricolage, mais également, en fonction des données disponibles, le textile-habillement et les articles de sport... L'analyse de ces secteurs permet de mettre en avant un certain nombre d'éléments originaux comme celui de l'*empowerment* des femmes sur des marchés où elles avaient été longtemps absentes : en particulier ceux du meuble, de l'électroménager et du bricolage. Concernant ce dernier marché, nous mettons également en avant la prégnance de la prescription et de la délégation (à un *maalem*) et le glissement de la clientèle des particuliers et donc d'une partie de l'offre vers la décoration. Sur un autre plan, nous mettons en avant l'intérêt de plus en plus marqué du consommateur marocain, quel que soit son âge, pour le sport. Cet intérêt nouveau a débouché sur un élargissement considérable de l'offre des structures d'activités sportives et de bien-être ces dernières années. Enfin, du fait de l'importance des inégalités et de l'écart considérable des richesses, typique de beaucoup de pays émergents, nous avons consacré une place spécifique à l'étude de la consommation des produits et des services de luxe. Nous montrons que la consommation de luxe repose sur une logique d'ostentation exacerbée et ne se réduit pas à l'achat de produits, mais inclut une large dimension expérientielle et tout un cérémonial sur le plan de la relation de service de luxe qui peine à s'imposer au sein de l'offre locale et qui contribue à détourner le consommateur marocain vers les offres à l'international.

CHAPITRE 6

TENDANCES ÉMERGENTES DE LA CONSOMMATION ET DE L'ANTICONSOMMATION

Depuis quelques années, la littérature marketing fait état de certaines évolutions sociétales majeures comme par exemple la perte globale de repères, le besoin de confiance (*reliance*), la revalorisation de l'émotion et du sens, le retour de l'éthique. Ces mutations sociétales font que l'on assisterait à l'émergence de nouveaux comportements du consommateur. De multiples expressions ou qualificatifs ont été utilisés dans la littérature marketing pour décrire le « nouveau » consommateur. Il est devenu caméléon, arlequin, zappeur, entrepreneur ou encore gigogne… Il serait enfin plus exigeant et *empoweré*. Ces différentes caractérisations ou descriptions du consommateur se retrouvent parfois dans la presse nationale et dans les rares travaux existants permettant de définir le consommateur marocain. Cependant, même si la presse se fait régulièrement l'écho des mutations du consommateur marocain et de ses exigences accrues[1], on sait finalement peu de choses sur l'évolution de ses comportements et pratiques de consommation.

Dans ce qui suit, nous abordons trois notions relativement nouvelles qui suscitent beaucoup d'interrogations auprès des chercheurs en gestion ces dernières années : la montée des exigences et du pouvoir d'agir, la responsabilité et la résistance du consommateur. Outre les logiques de résistance classiques, nous insistons plus particulièrement sur le phénomène de boycott tel qu'il a été largement illustré au Maroc par le mouvement inédit et très suivi de 2018.

6.1. Un consommateur de plus en plus exigeant ?

De nombreux travaux montrent que le consommateur n'est plus un acteur passif dans ses relations avec l'organisation et que son niveau d'instruction, ses compétences et son degré d'exigence ont eu tendance à s'élever fortement. Philippe Moati (2001, p. 103) écrivait : « cette élévation du niveau d'instruction augmente la capacité du consommateur à collecter et à

[1] « Service client : le consommateur de plus en plus exigeant », *L'Économiste*, n° 4894, 9 septembre 2016. « Les nouveaux comportements des consommateurs face à la grande distribution », *L'Économiste*, n° 13, 23 janvier 1992.

interpréter l'information, à gérer un budget, à planifier des achats, à calculer des remises et des "coûts complets", à évaluer, à comparer les chiffres ». On assiste ainsi à un phénomène grandissant de maturation, de professionnalisation de l'activité de consommation et, dans ces conditions, le consommateur manifeste des exigences croissantes vis-à-vis des offres qui lui sont proposées… D'ailleurs la progression de l'infidélité dont se plaignent les distributeurs serait liée en partie à cette montée en maturité du consommateur qui devient plus avisé, plus critique et plus à même de comparer et d'arbitrer entre les différentes propositions qui lui sont faites.

Cette tendance générale de maturité du consommateur doublée d'un esprit critique n'est pas l'apanage des économies développées ; elle est également observable dans des économies émergentes comme la Tunisie (Amine et Ben Tanfous, 2012 ; 2021) ou encore le Maroc. Dans ce dernier pays qui nous intéresse en particulier, des travaux, bien que peu nombreux, mettent en avant la montée des exigences du consommateur sans que l'on sache pour autant si ce constat est étayé par des études sérieuses dédiées ou s'il s'agit, tout simplement, d'un transfert vers les pays émergents de problématiques d'actualité dans les pays développés, sans réflexion préalable sur leur réalité et leur applicabilité locale.

6.1.1. Adhésion et accroissement du niveau des exigences

Le développement de la grande distribution s'appuie sur une évolution des attentes et besoins des consommateurs dans les pays émergents d'une consommation formatée sur la tradition vers une ouverture à la modernité. Mais en retour, la diffusion de la distribution moderne impacte fortement ces mêmes attentes et besoins en les façonnant et les reconfigurant. Comme le précise Amine (2012, p. 133-134) : « l'implantation de la distribution moderne a initié des changements, à des degrés variables dans les habitudes des consommateurs des pays émergents. Elle a d'une part modifié le poids des critères de choix des lieux d'achat et des produits. Ce sont dorénavant moins la proximité et le lien (avec le vendeur) que la variété du choix, la qualité et l'hygiène des produits frais (critère plus aléatoire chez l'épicier du quartier) et dans une moindre mesure le prix qui motivent les acheteurs en grande surface. De même, à la confiance dans le vendeur s'est progressivement substituée, dans l'esprit des clients des GMS, la confiance dans le format de vente et dans l'enseigne qui véhicule une image moderne et dynamique valorisée par les clients ». Ainsi, l'avènement de la grande distribution moderne internationale contribue à une augmentation de la confiance du consommateur dans le système de distribution moderne (en dehors de la proximité relationnelle). Elle contribue également à élever fortement le niveau d'exigence de ces mêmes consommateurs ; autrement dit, elle procède à un rééquilibrage des pouvoirs dans la relation consommateur-distributeur en y instaurant un dialogue entre parties prenantes.

Jos Gamble (2004, p. 28) met en évidence les impacts importants et les modifications du comportement des consommateurs induits par l'implantation de la grande distribution moderne internationale en Chine. L'auteur écrit ainsi : « *what chinese consumers have sought and obtained from retail TNC's is above all, a sense of security about quality – a removal of the endemic fear of buying inferior quality and/or fake products associated with indigeneous retailers, which those local retailers or vendors would then take little or no responsibility for* ». Dans ce cas, ce sont bien les démarches de contrôle qualité, de service au client, ou encore les politiques de retours et reprises de produits qui ont contribué à créer de la confiance envers les institutions concernées. Gamble (2004) considère également que la confiance interpersonnelle cède peu à peu le pas à une confiance institutionnelle (Gatfaoui, 2007) ou à une confiance dans le ou les systèmes, et ce, parallèlement à un apprentissage par le consommateur chinois de ses droits de consommateur sur le plan de la qualité de service due et des attentes en termes de responsabilisation (« *accountability* ») des firmes.

Au Maroc, un remarquable travail réalisé dans la ville de Rabat par Issam Mounir (2004) montre que les consommateurs sont désormais totalement conscients de l'impact extrêmement positif de la grande distribution sur la qualité de l'offre de produits et services.

Figure 50 : Impact de l'introduction des grandes surfaces sur la qualité de l'offre alimentaire

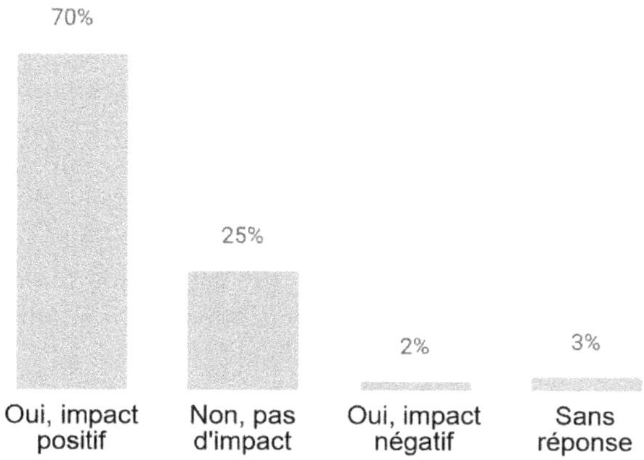

Source : Mounir (2004).

Si l'on se reporte aux consommateurs qui considèrent que la distribution moderne a eu un impact globalement positif sur la qualité des produits alimentaires, on constate que cette qualité recouvre plusieurs dimensions : fraîcheur des produits, qualité et contrôles assurés, choix plus large, amélioration de la présentation, amélioration du rapport qualité-prix ou encore amélioration substantielle de l'offre de services (cf. figure 51).

Figure 51 : Niveaux d'impacts de la grande distribution moderne sur la qualité

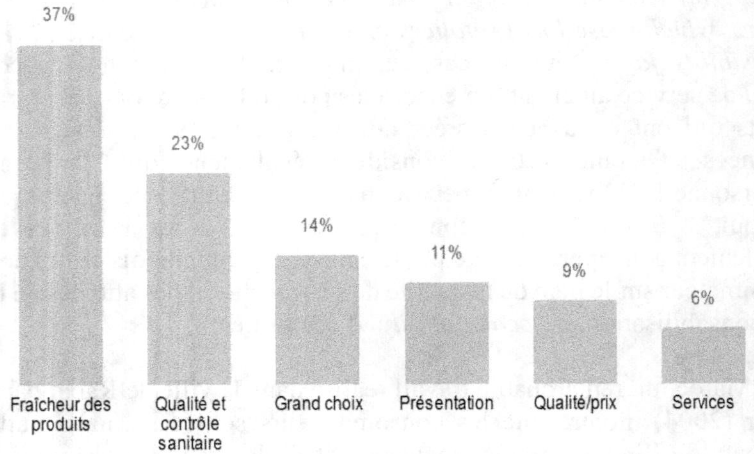

Source : Mounir (2004).

Dans la même veine, une note du ministère de l'Industrie, du Commerce et des Télécommunications (2004, p. 4) statuait : « la prise de conscience des règles de qualité et d'hygiène par le consommateur marocain et l'attraction des magasins modernes ont été à l'origine du changement du comportement du consommateur qui est devenu plus exigeant ». La presse nationale, elle-même, se fait l'écho d'un consommateur de plus en plus attentif et demandeur. Ainsi, une étude réalisée par *« élu service de l'année au Maroc »* révèle que les clients marocains ont régulièrement recours à un service client (62 % en 2016), en particulier dans le secteur de la téléphonie, de l'habillement et de la grande distribution. Certains y voient la démonstration d'une « véritable mutation du consommateur marocain devenu aujourd'hui plus mature qu'auparavant et attendant désormais d'une marque un service irréprochable ainsi qu'une réelle garantie après-vente[1] ».

6.1.2. Exigences accrues et réclamations du client

On peut difficilement nier que le consommateur marocain soit globalement devenu beaucoup plus exigeant et actif dans ses relations avec les entreprises que par le passé. Ce dernier n'hésite plus à réclamer et à contester les pratiques

---

[1] « Service client : le consommateur de plus en plus exigeant », *L'Économiste*, n° 4894, 9 septembre 2016.

commerciales, qu'elles relèvent de la grande distribution ou d'autres secteurs du commerce. À ce jour, et comme le montrent un certain nombre d'études (cf. Kantar-TNS, 2017), les centres de relation clients de la grande distribution sont ceux qui sont les plus contactés par le consommateur marocain, suivis par ceux de la téléphonie et de la banque[1].

Figure 52 : Réclamations des consommateurs : les secteurs les plus contactés (2017)

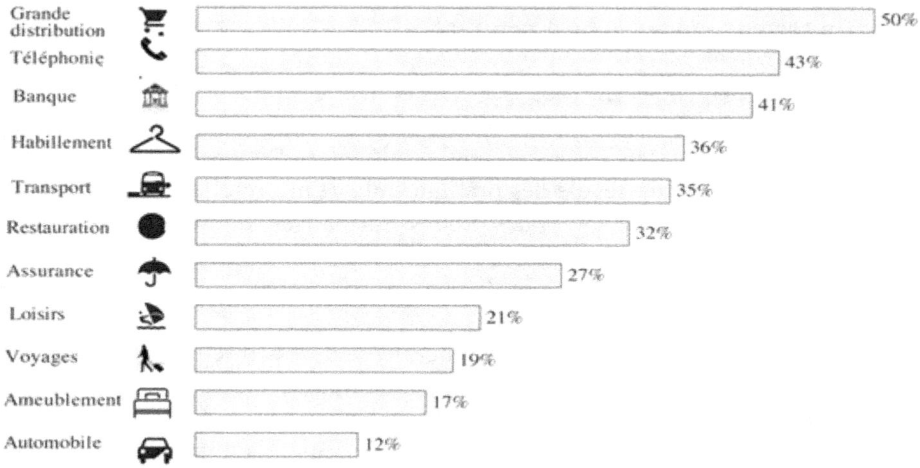

Source : *L'Économiste*, 5 juin 2018.

Pourtant, il serait abusif de penser que c'est l'émergence de la distribution moderne qui a impulsé ces exigences et cette nouvelle pratique des réclamations. En effet, la grande distribution n'a fait que formaliser et aider à l'institutionnalisation de pratiques préexistantes. Le commerce traditionnel, de ce point de vue, est lui-même, depuis longtemps, fortement marqué par les exigences et les réclamations du client ainsi que par la résolution des différends de gré à gré… Dans le souk, on exige et on réclame beaucoup plus que dans le commerce moderne, même si le résultat reste aléatoire et dépendant de l'appréciation du vendeur et de sa confiance dans le plaignant ; en raison notamment de l'absence de preuve d'achat. Si à un moment, le consommateur marocain pouvait se contenter de la formule consacrée *« hadh'shi li'kaïn… »*, ce n'est plus le cas aujourd'hui, quelle que soit d'ailleurs la forme de vente considérée : *« ah oui, le client maintenant, il calcule tout, même ici au souk, il vient, il regarde presque les fruits un par un… Il pose des questions sur l'origine, sur la qualité. Il te demande est-ce*

[1] « Services clients : la qualité gage de pérennité pour l'entreprise », *L'Économiste*, n° 5287, 5 juin 2018.

que c'est bon... tu vas lui répondre quoi ? que c'est pas bon ? Avant il te demandait 3 kg de tomates, tu lui servais trois kilos et c'était bon... tout le monde était content. Maintenant, même s'il y a un peu de terre sur la tomate, il te dit regarde... comme si les tomates, elles venaient du ciel ou de l'usine... et si à sa maison il trouve des tomates qui sont pas bonnes ou qui sont écrasées, quand il revient après une semaine, il te dit que tes tomates étaient trop mûres et que tu lui as pas vendu des bonnes tomates... et même il te le rappelle illa yaoum iddine » (Hamid, 63 ans, soukier, Al Hoceima).

6.2. Un secteur moderne bien peu réactif

Face aux exigences accrues ou considérées comme telles du client, le commerce moderne semble, dans l'ensemble, peu réactif. Si des processus formels existent et sont régulièrement marketés par les acteurs concernés, l'observation de terrain révèle des pratiques plutôt informelles, irrégulières et artisanales au lieu que ce soient des process formalisés, fluides et généralisés.

6.2.1. Des processus formels régulièrement marketés

La plupart des enseignes (et plus généralement des entreprises marocaines de service) ont développé des pratiques de dialogue avec les consommateurs, centres de relation client, boîtes à idées et réclamations. Dans son rapport annuel de 2015, le groupe Carrefour LabelVie déclare avoir mis en place un processus de gestion des réclamations *via* son propre centre d'appel. Ce projet aurait été lancé en test en avril puis déployé dans tous les magasins du groupe dès la fin de l'année 2015. Le système dédié à Atacadao semble encore plus élaboré. Toujours selon le même rapport, Atacadao a développé un modèle d'orientation client fondé sur deux outils de *scoring* (a), un baromètre client qui s'appuie sur un questionnaire administré aux clients professionnels, permettant ainsi à l'enseigne de scorer « la qualité d'exécution du concept » ; (b) un système de réclamation client lui-même appuyé sur deux canaux : la réclamation sur site et la réclamation *via* le call center Carrefour LabelVie (rapport de gestion, 2015, p. 32).

6.2.2. Des pratiques informelles dominantes

Néanmoins, on constate au quotidien que les recommandations de bonnes pratiques, telles qu'elles existent sur le papier, ne sont que très rarement suivies d'effets concrets, en particulier parce que, bien souvent, aucun personnel n'est affecté à leur suivi régulier, et peu ou pas de formation ne leur est dévolue. Lorsque les réclamations sont traitées, elles le sont sur la base du volontariat (affectation temporaire d'un cadre ou d'un employé...) et sur le mode plutôt artisanal et bien peu professionnel, ce qui contraste avec l'appropriation des autres dispositifs de gestion de la grande distribution moderne… Ainsi, dans la plupart des cas, à moins de pressions fortes du client, les retours de réclamations sont plutôt anecdotiques (cf. encadré 5).

Encadré 5 : Réclamation client et (non) réponse de l'enseigne : un exemple

En tant que client régulier de Marjane Al Hoceima, j'ai eu la mauvaise surprise en août 2018 de constater que le paiement par carte bleue internationale ne me donnait plus le choix de payer en euros ou en dirhams. Après plusieurs passages en caisse où l'on m'oblige à payer systématiquement en euros, je proteste auprès de la caissière. Mon insistance et mon agacement visible aidant, cette dernière m'explique naïvement que c'était un problème de taux de change et que c'était pas normal que Marjane paye des frais. Dans un second temps et sur ma demande, cette dernière appelle un responsable. Celui-ci, plutôt aimable, me dit que c'est une directive qui vient « d'en haut », de la direction… qu'il ne peut pas m'en dire plus mais que si je fais une réclamation, j'étais sûr d'obtenir une réponse circonstanciée dans les 48 heures à 3 jours au maximum. Il me tend une feuille de réclamation formatée où je peux lire « Marjane, nous sommes à votre écoute ». Je lui précise que je suis résident à l'étranger et que j'exige une réponse faute de quoi je m'adresserai au plan national. Le responsable caisse m'explique qu'il n'y a aucun problème, la réponse me parviendrait par mail ou par téléphone dans les trois jours. Je rédige donc un court texte : *« Bonjour, je viens régulièrement dans le Marjane d'Al Hoceima et je paye systématiquement avec une carte internationale HSBC. Normalement le système doit proposer le choix entre payer en dirhams ou en euros. Or la caisse me fait systématiquement payer en euros prétextant qu'il n'est pas possible de payer en dirhams, ce qui me semble étrange, voire sans doute illégal, même au Maroc… je souhaiterais avoir une explication valable sur ce point ».*

L'incident date du 20 août 2018. J'ai jusqu'à la fin du mois de septembre passé une dizaine de coups de fil en vain… Seule réponse : « Votre demande est toujours à l'étude à la direction… il y a beaucoup de réclamations ! » Au final, si Marjane est globalement à l'écoute, le Marjane d'Al Hoceima semble plutôt, tout au moins à l'époque, malentendant, pour ne pas dire sourd.

Comment expliquer le non-traitement de cette demande ? Le défaut de retour face à cette réclamation peut s'expliquer de plusieurs manières. La première et sans doute la plus plausible renvoie au fait que la pratique de ce magasin est sans aucun doute illégale. Elle permet de faire quelques menus « bénéfices » sur le taux de change et d'empocher une part de taxe additionnelle d'environ 3 %. Dans tous les cas, le gain est minime, mais sur l'ensemble des MRE de la région, qui constituent en cette période une large part du chiffre d'affaires du magasin, l'intérêt financier devient plus conséquent. La seconde explication, qui découle de la première, est que justement le MRE étant un client transitoire, la réclamation est elle-même transitoire. Il n'est pas nécessaire de répondre à un client qui demain sera à 3 000 km de distance. Mais ces procédés relèvent davantage de l'ancien monde que du commerce moderne où l'on sait la puissance du bouche-à-oreille à la fois interpersonnel et surtout *via* les médias et réseaux sociaux et sa capacité de nuisance dans de pareilles situations.

Source : Carnet de bord des auteurs.

Dans la grande distribution marocaine, et dans l'essentiel des cas, les pratiques de gestion des réclamations, même si elles existent formellement, apparaissent ainsi bien souvent bricolées et très peu suivies d'effets. Les retours au client ne sont que très rarement systématisés. Ce dernier doit effectuer de multiples relances afin d'être entendu. Par ailleurs, le personnel concerné n'est que très rarement formé à la gestion des situations conflictuelles, qui dans certains cas, faute d'être convenablement gérées, peuvent se terminer en altercations physiques.

En effet, on peut observer que même lorsque les règles et processus de gestion modernes existent, ils sont souvent contournés ou occultés par les opérateurs. Ainsi, dans le cas de la grande distribution, les règles et processus sont régulièrement formalisés et actualisés au niveau central. Pour autant, la déclinaison locale peut être à la fois défaillante et inopérante. Les opérateurs locaux peuvent, pour des contraintes internes de gestion, et pour conserver des « ratios » d'évaluation acceptables, contourner les règles édictées au niveau central, que ce soit en termes de service, de respect des règles d'hygiène, de SAV, etc. Les problèmes relevés peuvent également tenir aux incivilités et déviances des clients eux-mêmes. Aussi, très régulièrement, les produits retournés et les réclamations afférentes sont liés à des objets testés, parfois avec pièces manquantes, des emballages déjà ouverts, des produits entamés, etc.

6.3. Un consommateur exigeant avec l'autre, bien peu avec lui-même

Si le consommateur est devenu globalement plus exigeant et *empoweré,* force est cependant de constater que cette exigence est souvent beaucoup plus forte envers les prestataires ou autres co-clients qu'envers lui-même. Ainsi les pratiques déviantes et les incivilités du consommateur restent encore très fréquentes dans la relation commerciale, que l'on se situe dans le commerce traditionnel ou dans le commerce moderne : non-respect des files d'attente, abandon pêle-mêle de produits ou de Caddies, détournement des règles… sont le lot habituel des relations commerciales, surtout en grande distribution, favorisées en cela par le libre accès aux produits. Dans ce format de vente, les discourtoisies et transgressions des règles par le client sont particulièrement marquées au niveau du secteur caisse et des rayons à services (boucherie, fromagerie, traiteur et parfois boulangerie…) qui sont propices aux interactions humaines.

6.3.1. Incivilités et déviances au niveau du secteur caisse

Au niveau des caisses, les discourtoisies et comportements inconvenants sont fréquents et sont source de stress de part et d'autre. Les incivilités les plus fréquentes sont liées au non-respect des files d'attente : *« les problèmes qu'on rencontre en caisse, c'est toujours souvent les gens qui trichent et respectent pas la queue et les clients. Ils veulent qu'on s'en occupe… alors, pour nous c'est trop compliqué… »* (Hind, 29 ans, caissière, Rabat) Il est vrai que le respect des files d'attente n'est pas encore un acquis solide de la culture marocaine, et ce, quel que soit l'organisation ou le service concerné (commerce, administration, circulation, etc.). En témoigne le verbatim suivant issu d'un entretien avec une cliente d'hypermarché : *« Au Maroc, tu fais la queue tranquillement avec ton Caddie et tu as toujours des gens, sous prétexte qu'ils ont un ou deux produits, sans même te regarder, ils te passent devant. O.K. moi je veux bien être compréhensive et s'ils me demandent, je laisse passer ; mais je ne supporte pas quand ils demandent pas. Et quand tu t'énerves, il y a toujours des gens pour t'accuser toi en disant pourquoi tu le fais pas passer meskine, il n'a que deux produits… Après il y a aussi ceux qui passent devant parce qu'ils croient qu'ils sont importants et qu'ils ont pas le temps comme toi »* (Houda, 39 ans, Tanger).

Au-delà du non-respect de la file d'attente, les incivilités peuvent également toucher à l'affranchissement des règles et process mis en place par l'enseigne ou le magasin, à l'instar des caisses dédiées aux clients avec besoins prioritaires (femmes enceintes, personnes handicapées, seniors, etc.) ou aux clients avec moins de 10 articles. Godefroit-Winkel *et al.* (2012, p. 459) proposent une description particulièrement illustrative de cet état de fait : *« a woman arrives at one express cashier « fewer than 10 items » is written in french and in arabic. She has a full trolley. In one plastic bag which is usually used for vegetables and fruits, she has put several yoghurts. She puts the plastic bag on the conveyer belt. The employee tells here in polite dialect that his cashier is limited to ten items maximum per client. The female client pouts and asks if the yoghurts in the plastic (of different brand and size) constitute one item. The employee explains slowly and gently to her the definition of an item. The woman doesn't move. A monologue begins : the employee tries to demonstrate that he cannot make any exception without the risk of being invaded by thousands of other packed trolley. The female client doesn't answer, and doesn't look at him, no anger can be read on her face. The employee turns back and finishes to scan the former clients purchase. During that time the female client empties her trolley on the conveyer belt. No more contestations : the employee scans her purchase and the next ten item clients don't say anything »*.

Les autres catégories d'incivilités renvoient, quant à elles, aux insultes adressées à la caissière quant à la lenteur du processus de passage en caisse en période d'affluence ou encore aux problèmes techniques de lecture des codes-barres ou de défaillances des TPV – technologies pour point de vente (logiciels de caisse et de gestion de magasin). Certaines caissières relèvent également de nombreux cas de harcèlement sexuel. *« Parfois, il y a des clients, ils rigolent, mais mal. Ils insistent pour avoir ton numéro ou pour t'attendre à la fin du service. Ils comprennent pas que c'est le travail et que c'est pas bien de faire ça. Il y a un client, il a même attendu un jour que le magasin ferme... pour me déposer il disait... J'avais très peur, mais heureusement que j'étais avec des amis et il est parti »* (Rachida, 28 ans, caissière, Tanger).

6.3.2. Déviances en rayons : les rayons à services aux premières loges

Le consommateur introduit de nombreuses perturbations dans les process mis en place par les magasins. Ainsi par exemple, dans les rayons frais, et comme l'a bien montré Mathieu Hocquelet (2013), dans le cas de la France, les clients vont systématiquement chercher les dates les plus éloignées ou tout simplement les produits les moins manipulés ou les moins abîmés en fond de linéaires ou directement sur les palettes entremêlant ainsi les dates de rotation et chamboulant la présentation du rayon en question. Mais c'est sans doute dans les rayons à services que les déviances et discourtoisies des clients sont les plus prégnantes. Ces rayons à services fondés sur des interactions avec du personnel en contact (fromage, boucherie, boulangerie, traiteur) sont également, à l'instar des caisses, des secteurs où les incivilités des clients sont nombreuses… Une partie de ces déviances renvoie à la même problématique que celle qui prévaut aux caisses ; autrement dit, celle du non-respect des autres clients et du temps d'attente. Ainsi par exemple, au niveau du rayon fromage à la coupe, la configuration de l'îlot fait que les clients ont tendance à s'agglutiner le long du comptoir sans aucun sens de la file, ce qui ouvre la voie à de multiples comportements opportunistes. Les mêmes types de comportements sont observables au niveau des îlots fruits et légumes (principalement au pesage) et aux rayons boucherie et traiteurs. Les artisans relèvent également la trop grande propension de certains clients à abandonner en chemin les produits… ce qui constitue, dès lors, un coût non négligeable pour le magasin, et pour le rayon, puisque les produits issus des rayons à services ou du frais peuvent difficilement être remis dans le circuit.

6.3.3. Déviance client et démarque inconnue

Les déviances des clients se reflètent également dans les taux de démarque inconnue qui sont observés au niveau des magasins en libre-service. De ce point de vue, une étude de Checkpoint System montre qu'en 2012-2013, le Maroc occupait la troisième place derrière l'Inde et la Russie, des pays qui subissent le plus de vols en magasins[1]. Le taux de démarque inconnue dans la grande distribution était au Maroc de 1,74 % du chiffre d'affaires (contre 1,62 % en 2011). Dans la grande distribution alimentaire, il serait de l'ordre

---

[1] « Vols en magasin : le Maroc 3e mondial », *La Vie économique*, 5 septembre 2014.

de 1,4 % contre plus de 2 % dans les secteurs du prêt-à-porter et de l'ameublement. À ce niveau, les pratiques les plus courantes passent par la consommation sur place, le transfert d'étiquettes, les triches au pesage ou plus simplement le vol classique.

Pour autant, la démarque inconnue n'est pas le fait uniquement des clients. Elle est également liée au comportement du personnel. Chez Carrefour LabelVie, on estime par exemple que les vols commis par le personnel représentent la moitié de la démarque inconnue, que ces actes délictueux soient commis en solo ou, comme c'est le cas parfois, en complicité avec le client lui-même. Les situations de complicité client-personnel sont plus fréquentes dans les secteurs de l'ameublement et de l'habillement que dans celui de l'alimentation. Dans tous les cas, et selon nos interlocuteurs, elles se situent encore à ce jour à des niveaux considérés comme plutôt élevés par la profession.

6.4. Défense du consommateur : la place du droit

La volonté d'œuvrer à la protection des consommateurs tout comme les politiques publiques visant à la défense des intérêts de ces derniers sont, au Maroc, une problématique toute récente. Cela ne veut cependant pas dire qu'il n'y a pas d'histoire de la protection du consommateur ou de la consommation. Les textes coraniques, tout comme la tradition prophétique, comportent nombre de références à l'importance de la probité dans la relation marchande et à la protection des intérêts du consommateur, jugé vulnérable : « Malheur aux fraudeurs qui, lorsqu'ils reçoivent, exigent que les clients fassent mesure pleine et lorsqu'eux-mêmes leur mesurent ou pèsent, trichent » (Coran, Les Fraudeurs, versets 1, 2, 3). « Remplissez donc la mesure et le poids et ne faites pas perdre aux gens leurs biens » (Coran, Les Limbes). La tradition prophétique rapporte même que les tricheurs et fraudeurs en matière de commerce sont exclus de fait de la *Oumma*.

Que ce soit avant ou pendant le protectorat, le Maroc connaît une longue tradition de protection du consommateur qui s'appuie prioritairement sur la répression des fraudes. Avant le protectorat, le *Mohtassib* était chargé d'une mission de surveillance des corporations et du contrôle des prix et des qualités des biens, ce qui s'apparente à une mission de régulation des prix, de contrôle de la concurrence et de protection des intérêts du consommateur. Durant le protectorat, ces logiques de contrôle ont été renforcées, en particulier au travers du dahir du 14 octobre 1914 relatif à la répression des fraudes. Le dahir sera amendé par la loi 13-83 régulant la répression des fraudes sur les marchandises. Cette loi accordait la priorité à l'exigence de qualité ainsi qu'aux missions d'enquête et de contrôle qui lui sont liées[1]. Pour autant, cette loi était à portée relativement limitée et ne cernait pas toutes les dimensions relatives à la consommation et à la concurrence.

Depuis lors (et même si le consommateur n'était, sur le papier, pas totalement démuni en ce sens que les codes de commerce ou encore les codes civils incorporent des dispositions relatives à sa protection), s'est fait ressentir le besoin d'un cadre juridique formellement protecteur dans les faits. C'est donc sous la pression de la société civile et de la sphère associative que des partenariats se sont mis en place entre les différentes parties prenantes pour repenser et refonder la défense des intérêts du consommateur. L'instrument principal de cette refondation est la loi 31-08 de protection du consommateur au Maroc.

6.4.1. La loi 31-08 de protection du consommateur

Au Maroc, la protection du consommateur a ainsi suscité des débats récurrents depuis de nombreuses années et jusqu'à récemment, la réglementation apparaissait plutôt lâche sur la question. C'est sans doute ce qui explique que la presse nationale comme locale soit régulièrement émaillée de faits divers relatant tel ou tel scandale alimentaire et sanitaire touchant des produits aussi divers que la viande, l'huile, les épices, voire même la farine.

La loi 31-08, entrée en vigueur le 7 avril 2011, est largement inspirée des dispositifs existants en France et en Europe et vient ainsi combler le vide juridique qui prévalait quant à la question de la protection du consommateur. Cette loi, qui vise à mettre en place un nouveau cadre juridique de défense des intérêts du consommateur, introduit un certain nombre de mesures phares tenant notamment au droit à l'information de celui-ci, aux délais de rétractation ainsi qu'aux marges de manœuvre et prérogatives des associations de consommateurs. Elle comporte les sept volets essentiels suivants :

- information du consommateur,
- énoncé d'une liste de clauses abusives,
- réglementation des pratiques commerciales des fournisseurs,
- réglementation des ventes en soldes, du démarchage et du commerce électronique,
- renforcement des garanties,
- fixation des conditions de crédit à la consommation, crédit immobilier et de la location-vente,
- consécration des missions des associations de consommateurs.

---

[1] Al Bayane, 1er mars 2016.

Encadré 6 : Les grands titres de la loi 31-08 de protection du consommateur

Titre I : Champ d'application
Titre II : Information du consommateur
Chapitre 1 : Obligation générale d'information
Chapitre 2 : Information sur les délais de livraison
Titre III : Protection des consommateurs contre les clauses abusives
Titre IV : Pratiques commerciales
Chapitre 1 : Publicité
Chapitre 2 : Vente à distance de produits, de biens et fournitures de prestations de service
Chapitre 3 : Démarchage
Chapitre 4 : Ventes en solde
Chapitre 5 : Ventes et prestations avec primes
Chapitre 6 : Refus et subordination de vente ou de prestation de service
Chapitre 7 : Ventes ou prestations de services « à la boule de neige » ou pyramidales
Chapitre 8 : Abus de faiblesse
Chapitre 9 : Loteries publicitaires
Titre V : De la garantie légale des défauts de la chose vendue, de la garantie conventionnelle et service après-vente
Chapitre 1 : De la garantie légale des défauts de la chose vendue
Chapitre 2 : De la garantie conventionnelle
Chapitre 3 : Service après-vente
Chapitre 4 : Dispositions communes à la garantie conventionnelle et au service après-vente
Titre VI : Endettement
Chapitre 1 : Crédit à la consommation
Chapitre 2 : Crédit immobilier
Chapitre 3 : Dispositions communes
Titre VII : Des associations de consommateurs
Chapitre 1 : Dispositions générales
Chapitre 2 : Des actions en justice des associations de consommateurs reconnues d'utilité publique et de la fédération nationale de défense des consommateurs
Titre VIII : Procédure de recherche et de constatation des infractions
Titre IX : Sanctions pénales
Titre X : Dispositions diverses et transitoires

La loi comporte de nombreuses avancées et organise en particulier les relations entre consommateur et fournisseur en spécifiant les obligations particulières de ce dernier en matière d'information du consommateur. Ainsi, ce fournisseur est dans l'obligation d'informer et de permettre que « par tous les moyens appropriés, le consommateur soit en mesure de connaître les caractéristiques essentielles du produit, du bien ou du service ainsi que l'origine du produit ou du bien et la date de péremption le cas échéant, et lui fournir les renseignements susceptibles de lui permettre de faire un choix rationnel, compte tenu de ses besoins et de ses moyens. À cet effet tout fournisseur doit notamment par voie de marquage, d'étiquetage, d'affichage ou par tout autre procédé approprié, informer le consommateur sur les prix des produits et des biens, les tarifs des services, et lui fournir le mode et le manuel d'utilisation, la durée de garantie et ses conditions, ainsi que les conditions particulières de la vente ou de la réalisation de la prestation, et le cas échéant, les limitations éventuelles de la responsabilité contractuelle ». La loi favorise également le consommateur en matière d'interprétation des clauses abusives, tout comme elle institue son droit de rétractation.

Mais le plus grand apport de cette loi réside sans doute dans le volet défense du consommateur et la place dévolue aux associations représentatives : « les associations de protection du consommateur constituées et fonctionnant conformément à la législation et à la réglementation en vigueur relatives au droit d'association, assurent l'information, la défense et la promotion des intérêts du consommateur, et concourent au respect des dispositions de la présente loi » (Article 52). La fédération nationale de protection du consommateur acquiert ainsi de plein droit la reconnaissance d'utilité publique. Ses statuts ainsi que sa reconnaissance sont fixés par décret.

6.4.2. Les limites de la réglementation

Même si elle marque certains progrès sur le statut perçu du consommateur, cette loi apparaît encore largement en dessous des attentes de ces derniers et des associations en charge de leur défense. Certains responsables n'hésitent pas à considérer que « la loi ne protège pas véritablement le consommateur mais qu'elle tente de maintenir un semblant d'équilibre entre fournisseur et consommateur[1] ».

Si les textes et la réglementation touchant à la protection du consommateur apparaissent, sur le papier, relativement élaborés et plutôt en avance sur les pratiques des pays émergents, force est de constater que sur le terrain, ces avancées sont vécues comme beaucoup trop lentes et insuffisamment appliquées. Ainsi, depuis sa publication officielle du 7 avril 2011, la loi de protection du consommateur est toujours en attente de certains de ses textes d'application. De même, le conseil consultatif supérieur de la consommation n'a toujours pas vu le jour près d'une dizaine d'années après son annonce[2].

On peut penser que l'un des effets bénéfiques du boycott de 2018, qui a pris de court la plupart des responsables politiques, pourra être celui d'un catalyseur de la volonté plus ferme du législateur de mener à terme la plupart des projets liés à la protection du consommateur et d'incarner dans la pratique

---

[1] Selon Ouadi Madih, président de l'association de protection des consommateurs, Casablanca, UNICONSO, *L'Opinion*, 6 mai 2014.
[2] *L'Économiste*, n° 5285, 1er juin 2018.

leur application. Pour autant, malgré les discours de circonstance, dans les conditions du début de l'année 2021, les choses n'ont pas beaucoup évolué.

6.4.3. Les associations de défense du consommateur

On dénombrait en 2021 un peu plus d'une centaine d'associations de défense des consommateurs au Maroc. Néanmoins, comme toujours, seul un nombre limité d'entre elles peuvent se prévaloir d'une activité régulière.

Encadré 7 : Fédération nationale des associations de consommateurs (FNAC)

> Créée le 14 juin 2003 à Marrakech, la FNAC réunit actuellement 17 associations de consommateurs. La fédération, dont le siège social se trouve à Oujda, examine toutes les questions touchant à la défense et à la protection du consommateur. Elle a pour but de coordonner les actions des associations, notamment en matière d'information, de sensibilisation, d'orientation, d'éducation et de défense du consommateur, et de représenter le tissu associatif auprès d'organismes tiers. Elle offre enfin un certain cadre d'échange d'expertises et de partenariats en vue de dégager des avis concertés entre les associations.

Source : *L'Économiste*, 19 décembre 2008[1].

Ces associations sont systématiquement confrontées à des difficultés de fonctionnement, liées notamment à la faiblesse de leurs ressources financières. Ces ressources sont en effet largement fondées sur les cotisations des membres. Or, ces membres sont trop peu nombreux, dans la mesure où l'utilité sociale même de ces associations n'est pas encore directement perçue par les consommateurs eux-mêmes. Par ailleurs, dans tous les cas, les recettes des cotisations ne permettent de couvrir qu'une faible part des dépenses de fonctionnement : « *la principale difficulté que l'on rencontre quand on est à la tête d'une association de défense du consommateur au Maroc, c'est la question financière. Pour agir il faut des cadres, des avocats, etc., donc de l'argent. On ne peut pas fonctionner que sur les bonnes volontés* » (Mourchid, responsable d'association, 52 ans, Casablanca).

En reconnaissant le besoin de mettre en place des financements adaptés aux missions et activités des associations en question, la loi (Art. 156) prévoit la constitution d'un fonds national du consommateur[2] dont l'objectif serait d'aider au financement des activités et projets liés à la protection de ce même consommateur. Pour autant, à date de fin 2020, ce fonds n'a toujours pas été mis en place.

---

[1] « Protection du consommateur : le projet de loi fin prêt », *L'Économiste*, 19 décembre 2008.

[2] Géré par le ministère du Commerce, de l'Industrie et des Nouvelles Technologies.

6.4.4. Protection du consommateur, répression des fraudes et contrôle sanitaire

La protection du consommateur passe aussi, en particulier dans les pays émergents, par un contrôle de la qualité des produits et par la mise en place ou le renforcement d'un système de lutte contre la fraude. Louchahi (2003) met ainsi en avant l'importance des fraudes alimentaires au Maroc en insistant en particulier sur le cas de la falsification des épices. L'auteur montre que les fraudes les plus répandues touchent régulièrement aux produits moulus, comme le poivre, le piment, le gingembre ou encore le cumin, qui sont des produits fréquemment utilisés dans la cuisine marocaine. Au-delà, l'auteur met également en évidence la forte croissance des fraudes alimentaires conduisant à la multiplication des intoxications, voire des maladies. Il écrit : « en dépit de l'évolution qu'a connue le système national de surveillance et de contrôle des denrées alimentaires, encadré par une réglementation assez complexe dont la mise en œuvre est confiée à plusieurs structures, la réalité a démontré son incapacité à contrecarrer les pratiques frauduleuses qui rongent l'économie nationale et affectent la sécurité physique des consommateurs » (Louchahi, 2003, p. 125). Les constats effectués par Louchahi ne sont nullement datés puisque c'est régulièrement que la presse nationale se fait l'écho de fraudes menées tant à petite qu'à grande échelle.

L'Office national de la sécurité sanitaire (des produits) alimentaire (ONSSA) est un organisme qui a été créé en 2009 et qui a pour mission principale le contrôle de la sécurité sanitaire des produits alimentaires et la conformité des aliments importés aux normes nationales. L'organisme joue donc un rôle important dans le cadre de la protection du consommateur. Pour autant, en 2018, un rapport de la Cour des comptes pointait des dysfonctionnements graves dans les missions de l'ONSSA, qui mettent en danger la santé du consommateur marocain. Le rapport fait le constat « que le Maroc ne dispose toujours pas d'une vision claire et d'une politique publique intégrée en matière de sécurité sanitaire dans les produits alimentaires ». Il recommande dès lors « la mise en place d'un système de responsabilité et de contrôle bien défini et la fourniture aux consommateurs de toute l'information nécessaire (contenu, composition et qualité des produits alimentaires) pour des choix éclairés ».

De manière pragmatique, tant par manque de moyens que d'effectifs (ces derniers ont fondu de près de 30 % entre 2010 et 2018), l'ONSSA éprouve de nombreuses difficultés à remplir ses missions, et ce, d'autant plus que cet organisme manque d'indépendance par rapport à sa tutelle. Les dysfonctionnements mis en évidence par le rapport de la Cour des comptes touchent tous les secteurs de la consommation : le lait, les viandes rouges, la volaille, le blé. Le rapport relève que l'ONSSA, dans la situation actuelle, ne parvient pas à contrôler plusieurs maillons de la chaîne alimentaire. De multiples champs d'action et de contrôle peinent à être couverts, et des faiblesses notoires sont pointées dans le contrôle de certains secteurs (restauration, distribution…). Il est par ailleurs constaté des taux inquiétants de pesticides dans certaines denrées, tout comme sont considérés comme très largement inopérants les contrôles des OGM.

Encadré 8 : Les défaillances du contrôle sanitaire au Maroc (quelques exemples)

Viandes rouges. La désorganisation de la filière viande rouge et l'anarchie qui règne dans les abattoirs des communes rendent les contrôles régulièrement inopérants. De fait, la viande rouge consommée par les Marocains est souvent sujette à caution. « La Cour des comptes a pu relever une multitude de dysfonctionnements concernant les abattoirs de viandes rouges : détérioration des locaux des abattoirs, défaut de raccordement de ces abattoirs aux réseaux d'eau potable, d'assainissement et d'électricité, absence de dispositif de froid, absence des conditions minimales d'hygiène, emplacement inadéquat, mauvaise gestion de l'activité d'abattage et du transport des viandes et absence de sécurité ».

Volailles. « Les produits avicoles représentent un point noir au niveau de la sécurité sanitaire puisque leur contrôle de la part de l'ONSSA est largement insuffisant ». Le niveau de risque est ici élevé pour le consommateur. L'informel domine le secteur et le contrôle de l'office couvre moins de 20 % de la production. De très nombreuses anomalies sont recensées : des établissements insalubres qui ne répondent pas aux normes hygiéniques en vigueur et qui ne sont pas soumis à l'inspection sanitaire vétérinaire, des équipements archaïques ne répondant pas aux exigences minimales en matière d'hygiène alimentaire, des préparations de viandes effectuées dans des conditions déplorables pouvant porter atteinte à la qualité sanitaire et hygiénique du produit, une absence généralisée de tenues adéquates au niveau du personnel, un faible niveau de professionnalisme des personnels qui ne disposent pas de cartes sanitaires et qui manipulent la viande sans protection…

Lait. Sur les 2 700 centres de collecte de lait (CCL), seuls trois sont agréés du point de vue sanitaire par l'ONSSA. « La plupart des CCL ne répondent pas aux dispositions des textes législatifs en vigueur. Pour ce qui est des unités laitières, leur nombre n'est pas connu par l'office et aucun recensement n'a été effectué à ce jour pour leur identification ».

Blé. La Cour a relevé, suite à l'analyse des dossiers d'infractions dressés par l'ONSSA, que les produits de blé tendre et blé dur fortifié, au même titre que le sel alimentaire iodé, se caractérisent par un taux de non-conformité élevé par rapport aux caractéristiques exigées par la réglementation… Il a été constaté que les industriels continuent à mettre en vente leurs produits, même si ces derniers ne respectent pas les caractéristiques de fortification définies par l'État pour lutter contre les carences en micronutriments.

Pesticides. Les fruits et légumes vendus au Maroc contiennent des pesticides en quantité très supérieure aux normes nationales et internationales. Par ailleurs, la

Cour des comptes relève un double standard. Pour les produits destinés à l'export, les producteurs réalisent un suivi régulier et rigoureux de la présence de pesticides alors que pour les fruits et légumes destinés au marché local, le contrôle est aléatoire et non systématique. Ces derniers sont hors de contrôle en matière de traçabilité et de connaissance sur leurs contenus en résidus de pesticides. Les prélèvements d'échantillons (PE) sont notoirement insuffisants et ne couvrent pas le territoire national. De 2014 à 2016, les régions de Tanger-Tétouan, Marrakech-Safi, Beni Mellal et Fès-Meknès n'ont fait l'objet d'aucun prélèvement. Le plan de surveillance des aromates de 2016 a montré l'étendue du scandale puisque sur 128 prélèvements, 80 (soit 62,5 %) ont été déclarés non conformes. De nombreuses matières actives non homologuées ont ainsi été relevées.

OGM. Il n'existe pas au Maroc d'encadrement juridique pour les OGM. Si l'importation de produits alimentaires contenant des produits issus d'OGM est interdite, il est aujourd'hui impossible, pour les autorités sanitaires, de se prononcer sur la présence d'OGM dans les produits alimentaires importés dans la mesure où les laboratoires de l'ONSSA ne disposent pas des moyens techniques permettant de détecter la présence de ces OGM dans les produits. Un comité de biosécurité a été institué en 2005 mais n'est toujours pas opérationnel à ce jour.

Restaurants. Le contrôle des lieux de restauration s'effectue au Maroc essentiellement dans le cadre de commissions mixtes locales de contrôle auxquelles participe l'ONSSA. Le Wali est le donneur d'ordre et il arrête le programme des sorties en commission de contrôle… En dehors des contrôles effectués dans ce cadre, les services de l'ONSSA n'interviennent que rarement auprès de cette catégorie de points de vente et les cas de sanctions sont, semble-t-il, extrêmement rares.

Source : D'après *Les Inspirations ÉCO*, 17 septembre 2019[1].

Concernant le cas spécifique de la distribution moderne, on a assisté, dès le début de l'année 2016, à un durcissement, au moins formel, de la position de l'ONSSA qui entend imposer de nouvelles règles aux enseignes de la grande distribution[2]. Ces dernières doivent mettre en place une organisation permettant d'assurer la traçabilité des produits périmés et produire un état de ces mêmes produits chaque trimestre. Plus précisément, les produits concernés doivent être détruits par les enseignes pour leur fournisseur et ces derniers doivent transmettre aux agents de l'ONSSA une situation trimestrielle. Les enseignes sont également tenues d'informer les consommateurs *via* une signalétique et un étiquetage appropriés du nom, de l'origine et de la composition des produits alimentaires vendus en vrac (fruits et légumes frais, fruits secs, pâtes alimentaires et olives au détail[3]). Par

---

[1] « Contrôle des aliments, alerte dans nos assiettes », *Les Inspirations ÉCO*, 17 septembre 2019.

[2] En référence pour une large part à l'application des dispositions de la loi 28-07 relative à la sécurité des produits alimentaires.

[3] « L'ONSSA durcit le contrôle », *L'Économiste*, n° 4759, 26 avril 2016. « Sécurité sanitaire de nouvelles mesures pour la grande distribution », n° 4757, *L'Économiste*, 22 avril 2016.

ailleurs, toujours en application de la loi 28-07, l'approvisionnement des enseignes doit désormais être assuré par des établissements agréés par l'ONSSA. L'obligation faite aux GMS vise principalement à inciter les établissements alimentaires non agréés à s'aligner sur les normes de qualité sanitaires reconnues et validées par tous.

Pour autant, en ce qui concerne la grande distribution, le rapport de la Cour des comptes met en avant « l'impuissance des autorités sanitaires face au non-respect par les grandes et moyennes surfaces, de certaines dispositions législatives en matière sanitaire ». Autrement dit, si les infractions sont très fréquentes, en particulier en matière d'approvisionnement en produits alimentaires, d'information à destination du consommateur ou encore de gestion des produits périmés, il n'en demeure pas moins que les contrevenants ne sont habituellement soumis qu'à des rappels à la loi et à l'ordre... souvent sans effets notoires d'ailleurs[1].

6.5. Le consommateur marocain : un consommateur responsable ?

Il est généralement admis que, dans les pays émergents et en développement, le consommateur est beaucoup plus focalisé sur le prix que sur les conditions de production du bien qu'il achète ; autrement dit, les questions de la responsabilité et de la consommation responsable passeraient au second plan. Salima Jazi, l'une des meilleures spécialistes marocaines de la question, écrit à ce propos (2014, p. 218) : « les valeurs d'engagement en vogue chez le consommateur du Nord (protection de l'environnement, RSE, considérations éthiques et souci des générations futures) sont loin d'intéresser, pour le moment, le consommateur marocain ». Il est vrai que l'observation participante au Maroc montre que tant dans le milieu domestique que dans la rue, les pratiques écoresponsables, voire responsables « tout court », ne sont pas systématiques et que beaucoup reste à faire pour envisager une modification des comportements des adultes mais aussi plus largement. El Mazoudi *et al.* (2017) confirment cette tendance y compris auprès de la population jeune qui est directement concernée et impactée par les problèmes écologiques et le dérèglement climatique actuels et futurs. Ainsi, au travers d'une enquête auprès des Marocains de la génération Y, cet auteur montre que seule une minorité parmi cette génération opte pour une consommation responsable.

Si globalement ce constat peut sembler juste et souvent vérifié, il n'est pas pour autant exclusif d'autres comportements plus pro-environnementaux

---

Nos observations sur site montrent cependant que l'étiquetage informatif approprié est encore très loin d'être une pratique courante et généralisée au sein des enseignes.

[1] « Contrôles sanitaires alimentaires : un fiasco nommé ONSSA », n*o* 5592, *L'Économiste*, 13 septembre 2019.

(*environmental friendly*)… En effet, la question de la responsabilité, bien que nouvelle, apparaît de plus en plus présente dans le discours du consommateur, mais également, contre toute attente, dans ses pratiques. Ainsi, une enquête menée en 2019 par *L'Économiste*-Sunergia révèle que les Marocains connaissent beaucoup mieux qu'on ne le pense habituellement les produits de l'économie sociale et responsable puisque 50 % d'entre eux déclarent en consommer (dont 33 % sur une base régulière et 17 % occasionnellement).

Figure 53 : Consommation de produits issus de l'économie sociale et écoresponsable

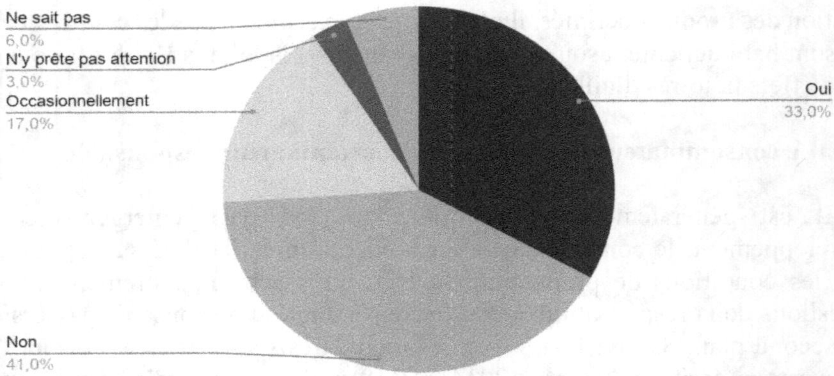

Source : *L'Économiste*, 24 juillet 2019[1].

L'ouverture du consommateur marocain aux produits issus de l'économie responsable répond à la fois à une logique *supply push* et à une logique *demand pull.*

6.5.1. Une logique *supply push*

Les enseignes de la grande distribution marocaine, qu'elles relèvent de l'alimentaire ou du non-alimentaire, ont, dans le cadre de la politique de responsabilité et citoyenneté, encouragé fortement ces dernières années la commercialisation des produits du terroir (ou locaux) et l'engagement dans le commerce équitable. Elles ont par ailleurs œuvré en faveur d'une consommation équilibrée et saine ou encore du développement de relations équitables avec les parties prenantes, des fournisseurs aux clients. Les exemples et expérimentations menées par les grandes enseignes sont légion

[1] « Entreprises sociales écoresponsables… grosses surprises au Maroc », Enquête *L'Économiste*-Sunergia, *L'Économiste*, n° 5563, 24 juillet 2019 (base 997 personnes ayant donné des réponses valides). Ces enquêtes, bien que très informatives, comportent cependant un biais non négligeable qui renvoie au fait qu'elles ne sont concernées que par les populations des grandes villes.

même si l'on peut s'interroger parfois sur les motifs et stratégies sous-jacentes.

Chez Marjane, à en juger par le contenu de son site institutionnel, les actions citoyennes visent quatre domaines distincts : la protection de l'environnement (réduction de l'impact de la sacherie, gestion des déchets, réduction de l'empreinte écologique), la solidarité (associations et ONG, coopératives et GIE...), la promotion de la jeunesse marocaine et enfin la culture (mécénat, soutien aux festivals). Les actions mises en place, bien que moins bien formalisées, sont à peu de choses près identiques chez Carrefour LabelVie et Aswak Assalam.

Dans le non-alimentaire, Kitéa est également une enseigne très active. Son action se démarque cependant par une réelle volonté d'*empowerment* et d'éducation des clients. L'enseigne, qui s'est déjà illustrée par le lancement d'une gamme de produits labellisée écologique, organise ainsi régulièrement des manifestations visant à sensibiliser parents et enfants à la cause environnementale. À un autre niveau, la plateforme de vente en ligne Avito publie depuis 2013 une étude annuelle sur l'impact environnemental des transactions de produits de seconde main. Selon le dernier rapport en date, les consommateurs marocains sont bien entendu motivés à l'idée de réaliser des économies par rapport à l'achat de produits neufs. Pour autant, cette motivation ne serait pas exclusive, et les consommateurs seraient également sensibles aux questions environnementales et épouseraient « de plus en plus les préceptes du développement durable et de la consommation, responsable[1] ».

En réalité, des études plus poussées montrent cependant que les consommateurs marocains ne sont pas toujours convaincus par la sincérité de ces différentes actions étiquetées « responsables » de la grande distribution ou encore de la vente en ligne. C'est en ce sens qu'Aomari (2014, p. 222) écrivait : *« consumers are increasingly skeptical about the ability of firms to consider sustainable developement ; they believe that companies putting forward civic and ethical arguments do it above all for commercial reasons ».* Un certain nombre de clients de la grande distribution alimentaire ont encore en tête les multiples annonces concernant le développement de sacs biodégradables (après la suppression programmée des sacs plastiques) et qui se sont soldées par des expérimentations ponctuelles puis des abandons généralisés : *« avant on avait les sacs plastiques et c'était pratique, on pouvait les réutiliser y compris aussi pour les poubelles. Après, quand l'État marocain a décidé de supprimer les sacs plastiques, la grande distribution a promis de les remplacer par d'autres sacs biodégradables et surtout gratuits... Ils ont*

[1] Cité par *Les Éco*, 17 juillet 2018.

fait beaucoup de publicité, ça a marché quelques semaines et après ils ont disparu... Maintenant il y a plus que des grands sacs que tu dois payer et tu peux plus trier tes courses comme avant... Je sais pas s'ils gagnent de l'argent sur les sacs, mais on dirait » (Fatima, 37 ans, Tanger).

6.5.2. Une logique *demand pull*

Malgré des réticences apparentes, on perçoit pourtant au Maroc le début d'un intérêt croissant pour le développement durable et la question écologique. L'intérêt pour ces questions semble suivre deux trajectoires distinctes, mais qui peuvent parfois se recouper. La première est celle de l'augmentation du niveau de formation et de qualification des populations et donc le développement d'une classe moyenne et moyenne supérieure éduquée et souvent sensible à la protection de l'environnement et aux legs aux générations futures. La seconde renvoie à une dimension religieuse et à l'émergence d'un *« islam de marché »* ou encore à un penchant renouvelé pour une forme *« d'Islamic way of life »* qui prône la sobriété dans la consommation, la solidarité et le rapprochement avec la nature.

A. Classe moyenne et sensibilité à la RSE

L'émergence, au Maroc, d'une classe moyenne supérieure, ainsi que le renforcement des catégories sociales supérieures contribuent à accroître la perméabilité culturelle à un certain nombre de valeurs de consommation occidentales. Ces catégories, mieux informées et plus exigeantes, valorisent une consommation saine et équilibrée et sont nettement plus sensibles que la moyenne de la population aux questions écologiques et de RSE. Ce sont d'ailleurs ces catégories sociales qui, on l'a vu (cf. chapitre 5), regroupent les principaux consommateurs de produits bio et qui valorisent, en milieu urbain, les produits du terroir. La responsabilité du consommateur marocain se reflète également dans sa préférence marquée pour les produits locaux. Une enquête du cabinet Nielsen montre ainsi que la préférence pour les marques locales de produits alimentaires chez le consommateur marocain dépasse la moyenne nationale dans nombre de produits[1]. Dans le même ordre d'idée, une étude plus récente menée par Kobi et Oukassi (2019) montre quant à elle que la majorité des interviewés (72,1 %) connaissent les notions liées au commerce équitable. L'achat de produits équitables du terroir a pour eux une vocation sociale plus qu'économique (aider les petits producteurs à recevoir un juste prix pour leur travail). Cette logique d'aide et de soutien aux petits producteurs est d'ailleurs bien souvent liée à une logique religieuse (ou tout au moins justifiée en ce sens).

---

[1] « Le consommateur marocain fidèle aux produits locaux », *Aujourd'hui le Maroc*, 6 décembre 2017.

B. Religion, dimension religieuse et RSE

Le regain du religieux dans la société marocaine n'est pas sans lien avec l'essor des comportements de consommation responsable. En effet, l'islam ne se limite pas à une simple pratique religieuse, mais englobe tous les aspects de la vie sociale et en société : *« Islam is a complete code of life and is not merely a religion »* (Bon et Hussain, 2010 ; Laderlah *et al.*, 2011). La nature et l'environnement sont des notions centrales en islam. Comme le montre Kamla *et al.* (2006), l'essentiel des principes et concepts contenus dans le Coran et dans la tradition prophétique (discours et actions du prophète) renvoient à des enjeux et implications directes concernant la relation entre l'humanité et son environnement naturel.

Al Qaradawi (2000) fait le constat que le concernement pour l'écologie et la protection de l'environnement et plus généralement la responsabilité sociale peuvent être considérés comme des préoccupations récentes dans les pays occidentaux. Or, il rappelle que ces préoccupations environnementales sont fortement enracinées dans toutes les dimensions de l'enseignement et de la culture islamique (cf. Sardar, 1984 ; Khalid et O'Brian, 1992). En effet, selon la tradition islamique, l'être humain est le gardien ou le gérant (transitoire) des ressources terrestres. Néanmoins, cette gérance ne doit pas le mener à abuser des bienfaits de la terre pour ses intérêts strictement personnels. Bien au contraire, ce dernier est tenu de gérer les ressources terrestres et de les préserver : *« as a trustee for the environment, the muslim must safeguard the environment but also cultivate it - consistant with maintening the balance »* (Kamla *et al.*, 2006, p. 251). D'ailleurs, s'il convient de rappeler que l'islam tolère, voire même valorise, le profit ainsi que la propriété privée, il stipule que le profit ne doit pas être excessif. Ainsi, dans la réalisation du profit en question, il est nécessaire de veiller à réduire au maximum les impacts économiques et sociaux, en particulier les effets négatifs sur l'environnement et les conditions de travail.

La solidarité entre les générations est également centrale dans la tradition islamique. Un hadith reprend : « ne laissez pas à ceux qui viendront après vous une charge (trop lourde) issue de vos actions ». Autrement dit, un des éléments centraux parmi les concepts islamiques est celui de solidarité entre les générations (Taieb, 2002) et de devoir pour les générations précédentes de ne pas léguer un environnement lourdement hypothéqué aux générations suivantes. Al Qaradawi (2000) constate ainsi qu'il n'est pas permis à une génération de confisquer les conditions et éléments de prospérité aux dépens des générations futures. Kamla et *al.* (2006, p. 255) montrent que selon les principes islamiques, la dimension environnementale ne se résume pas à la seule préservation, mais veille à faire fructifier davantage les ressources léguées : *« caring and solidarity with the future generation are not limited to the prohibition of waste and harm to the earth and natural resources, but extended to working towards improving and progressing the environment for future generation...* »

L'islam valorise par ailleurs le principe d'équité et de réciprocité. On retrouve en partie ces principes dans les propos de Din (1989, p. 554) : « *Islam deemphasizes profligate consumption [...] and enjoins genuine humane, equitable and reciprocal cross-cultural communication* ». L'islam est la « religion du milieu ». Elle valorise le principe d'équilibre et de balance. Autrement dit l'islam refuse le gaspillage et les modèles de consommation ostentatoire : « *as in the case of the various injunctions pertaining to the conduct of the hajj, the stress is on ascetic abstinence and humility* » (Din, 1982). « *Profligate consumption and all forms of excessive indulgence are prohibited* » (Din, 1989).

Il n'en demeure pas moins que le retour du religieux dans la forme ne préjuge pas nécessairement de sa prégnance dans la pratique notamment en ce qui concerne la dimension sociale et écoresponsable. Ainsi, les pratiques concrètes, au quotidien, en termes de responsabilité sociale, ou encore le souci écologique sont loin d'être intégrés dans le quotidien des consommateurs marocains y compris ceux imprégnés de religiosité. Les pratiques de consommation de la période du ramadan reflètent dans les pays arabes, et en particulier au Maroc, des comportements manifestement contradictoires avec le respect des préceptes et des hadiths religieux précédemment exposés. En effet, de manière assez paradoxale, cette période de ramadan, qui devrait être une période de retrait ascétique, fondé sur une réduction drastique de la consommation, se transforme, dans la plupart des cas, en une période de surconsommation, voire même parfois de gabegie généralisée, qui est d'ailleurs très largement attendue et valorisée par la plupart des enseignes, que ce soit en Europe ou au Maroc. Il convient de rappeler que le ramadan est la période la plus faste pour le secteur de l'électroménager et que par ailleurs les chiffres d'affaires des grandes surfaces alimentaires sont régulièrement multipliés par 3 ou 4 durant cette même période ; le panier moyen augmentant très nettement, tant en volume qu'en valeur (cf. Gallouj, 2018d).

6.6. De la responsabilité à la résistance

La problématique de la résistance de l'individu et du consommateur a certes été abordée dans les années 1960 au travers de la philosophie et de la sociologie critique sur la société de consommation et le consumérisme (Lefebvre, 1957 ; Packard, 1958 ; Marcuse, 1964 ; Baudrillard, 1970). Pour autant, ce n'est qu'à partir du milieu des années 1990, et en particulier à la suite de l'article fondateur de Penaloza et Price (1993), que les sciences de gestion et en particulier le marketing se sont emparés de cette notion en l'ancrant durablement dans le champ de la consommation et dans celui de l'organisation… Bien entendu, il n'est pas nécessaire d'y revenir ici en détail et le lecteur intéressé pourra se reporter à la synthèse proposée par Dominique Roux (2009).

Au Maroc, la question de la résistance est encore très faiblement abordée et les articles qui lui ont été dédiés peuvent se compter sur les doigts d'une main. On peut distinguer quelques réflexions intéressantes autour de la résistance à la grande distribution moderne (hypermarchés et supermarchés) d'un côté et de la résistance aux malls de l'autre. Au-delà, on peut mettre en avant un phénomène de résistance inédit à travers l'analyse des phénomènes de boycott.

6.6.1. La consommation locale comme forme de résistance

Certains auteurs ont fait état d'une tendance à l'uniformisation des modes de consommation, et dans le cas du Maroc, à un mouvement inéluctable d'occidentalisation et de diffusion des marques européennes. Des réflexions un peu plus fines montrent cependant que malgré l'arrivée de grandes marques (tous secteurs confondus), les préférences des Marocains s'orientent encore aujourd'hui et très majoritairement vers le « made in Morocco ». Ainsi, selon une étude réalisée fin 2018 par l'institut Sunergia[1], 60 % des Marocains auraient une préférence pour les marques nationales. La préférence pour le local reste supérieure à 50 %, quelle que soit la tranche d'âge considérée. Cependant, il n'est pas sûr que le mouvement ne s'inverse pas à l'avenir. En effet, on observe que la préférence nationale semble décroître avec les générations plus jeunes (cf. figure 54).

Figure 54 : Préférences de consommation selon l'âge

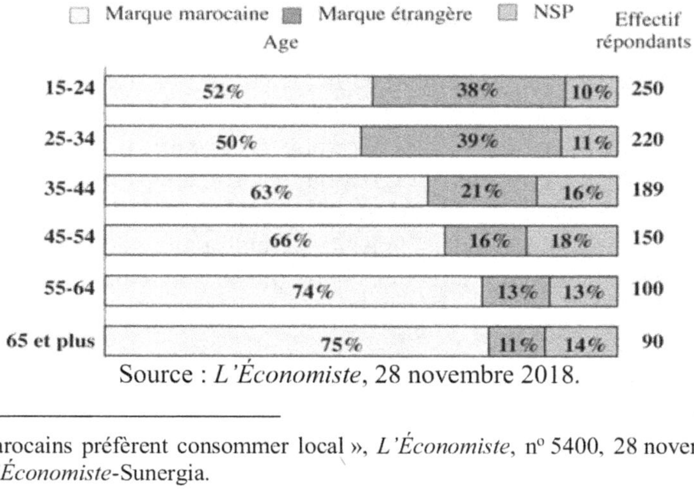

Source : *L'Économiste*, 28 novembre 2018.

---

[1] « Les marocains préfèrent consommer local », *L'Économiste*, nº 5400, 28 novembre 2018, enquête *L'Économiste*-Sunergia.

Parallèlement, on observe que la préférence nationale décroît également dans le passage du milieu rural à l'urbain ; le monde rural étant nettement plus attaché au « made in Morocco » que le monde urbain. Par conséquent, il semble fort probable qu'avec l'exode rural et la montée de l'urbanisation, les marques internationales gagnent du terrain à l'avenir (cf. figure 55).

Figure 55 : Préférence de consommation selon le lieu de résidence

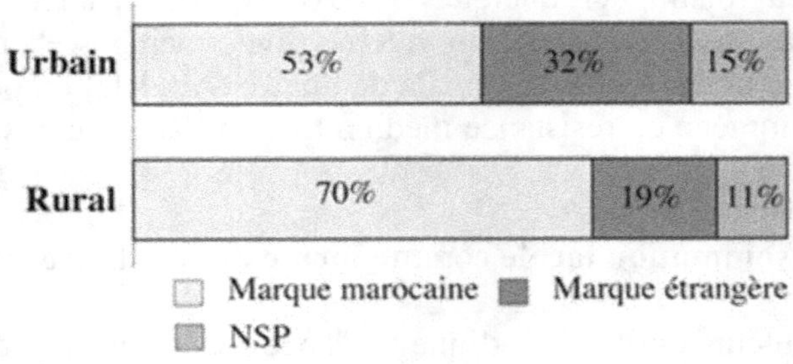

Source : *L'Économiste*, 28 novembre 2018.

6.6.2. La résistance du consommateur marocain face aux formats de distribution moderne

Amine et Lazzaoui (2009) figurent sans doute parmi les premiers auteurs à s'être intéressés à la question de la résistance appliquée au consommateur marocain. Ces auteurs analysent ainsi les réactions de résistance des consommateurs aux formats de distribution modernes. Ils mettent en évidence deux logiques de résistance ou expressions distinctes de cette résistance :

- *Une résistance diffuse à l'égard des GMS au travers du bricolage de pratiques hybrides de consommation.* Les auteurs montrent que les consommateurs des classes moyennes ont répondu favorablement à l'attrait des GMS, tout en fréquentant régulièrement l'épicerie. Autrement dit, « en maintenant leur attache au commerce de proximité, ils expriment une sorte d'opposition à l'élan hégémonique des enseignes de distribution modernes qui tendent à s'imposer comme le format de vente de référence pour l'alimentaire » (p. 201). Amine et Lazzaoui analysent ensuite des pratiques de consommation hybrides et inattendues du point de vue de la GMS, comme la recherche d'interactions sociales, la tendance au fractionnement des achats ou une appropriation assez singulière des lieux qui se reflète par exemple dans la tenue vestimentaire.

- *Une forte résistance, qui se manifeste ouvertement, des catégories sociales supérieures à l'égard des pratiques commerciales et des conditions de vente inhérentes au commerce traditionnel.* Cette résistance vise tout à la fois le marchandage, qui est d'emblée rejeté et la dénonciation régulière des conditions d'hygiène et de non-respect de la sécurité alimentaire. *« Oui c'est vrai que tout le monde met en avant le petit épicier avec l'image de notre enfance : le gentil gars proche de tout le monde... Mais bon, il faut aussi tenir compte de l'hygiène et de la qualité des produits. Avant, quand j'allais chez l'épicier de quartier, c'était faute de mieux, j'avais pas le choix... mais c'était quand même un peu sale. Tu prenais un pack d'eau et déjà t'étais plein de poussière, un paquet de biscuits... pareil et tu trouvais la moitié des biscuits écrasés et je parle pas des yaourts où il faut vérifier systématiquement qu'ils ne sont pas périmés et qu'ils ont bien été gardés au frais... et une fois sur deux, c'était pas le cas. Bon je dis pas que la grande distribution, c'est la panacée, mais quand même, c'est beaucoup mieux au niveau fraîcheur et qualité... et côté hygiène aussi, parce que l'enseigne, elle engage quand même son nom »* (Farid, 43 ans, Rabat).

Néanmoins, la résistance peut également prendre d'autres formes plus conventionnelles. La grande distribution induit des effets négatifs au niveau du consommateur. Certains travaux ont ainsi mis en évidence le sentiment de frustration qui toucherait nombre de consommateurs et qui conduirait à la recrudescence des défauts de paiement ou plus encore à une augmentation notable du taux de démarque inconnue. C'est en tous cas ce que montrent Phambuka-Tsimbi *et al.* (2015, p. 14) concernant le Botswana : *« as a variety of new products flood the Botsawana market owing to retail modernization, there is a growing trend of consumers who acquire products they cannot afford. Thus theft and default payment have become a concern for retailers. About a third of the respondants mostly in the food and clothing sectors mentioned theft as a major challenge. Furniture experienced comparatively little theft because of its bulkiness. However, because of the high unit costs of furniture, customers are often allowed to pay in instalments, thus allowing credit which result in default payment »*. Ces différentes situations sont également couramment observées au Maroc tant dans la grande distribution alimentaire que dans la grande distribution spécialisée.

Dans la même veine, Amine et Hendaoui-Ben Tanfous (2012) ont mis en évidence l'étonnante et paradoxale précocité de l'opposition des consommateurs tunisiens à l'introduction des grandes surfaces alimentaires dans un pays en développement, potentiellement avide de consommation et offrant un paysage commercial loin d'être saturé. Ces auteurs ont mis au jour l'expression d'une résistance individuelle des consommateurs au système de vente au détail organisé dont les motivations de défection partielle ou totale revêtent particulièrement une prégnance religieuse et culturelle. Les auteurs concluent ainsi que la résistance des consommateurs, notamment lorsqu'elle s'applique aux pays du Sud, n'est pas forcément liée à un trop-plein de consommation et qu'elle se nourrit de valeurs et de croyances culturelles et cultuelles locales, peu présentes dans la littérature occidentale (cf. également Amine et Hendaoui-Ben Tanfous, 2021).

Lahsen Louchahi reconnaît que le consommateur peut tirer des avantages réels de la distribution moderne : des prix généralement compétitifs, une libre circulation à l'intérieur du magasin, un choix étendu, une certaine transparence des prix, des conditions d'hygiène améliorées, un gain de temps lié au regroupement des achats, un certain nombre de services de confort (parking, information…). Pour autant, l'auteur considère que cette grande distribution ne fait qu'augmenter les dépenses des ménages en favorisant les achats impulsifs : « certes les professionnels de la grande distribution agissent sur un grand nombre de leviers pour faire acheter leurs produits. Un choix très large, des rayons à perte de vue, une musique d'ambiance porteuse de sens, des odeurs alléchantes, une avalanche de couleurs et de lumière. Autant d'éléments pour hypnotiser les clients et multiplier les achats impulsifs » (Louchahi, 2003, p. 106). Si les avantages perçus dans la grande distribution moderne sont réels, tous les consommateurs n'y sont pas forcément sensibles et l'on peut régulièrement observer l'émergence de formes de résistance plus ou moins actives de ces derniers dans les pays émergents ou en développement.

6.6.3. Les malls comme « lieux » et « enjeux » de résistance

Il n'est pas de lieu où les logiques de résistance ou au contraire d'adhésion sont aussi prégnantes et observables que dans les malls. Cette propension à une grande perméabilité aux pratiques de résistance s'explique sans doute largement par le fait que dans les malls, beaucoup plus que dans les hypermarchés, les motivations hédoniques, récréatives et de loisir sont nettement plus évidentes et valorisées. Dans ce qui suit, nous présentons les trois formes principales de résistance à l'œuvre dans les malls telles qu'elles ont été mises en évidence par des recherches récentes ; puis dans un second temps, nous montrons que ces différentes formes de résistance, qui parfois s'opposent diamétralement, ne sont que le reflet des fractures sociales qui traversent la société marocaine.

A. Le mall et ses formes de résistance au Maroc

Au-delà des travaux de Roux (2007, 2009) ou encore d'Amine et Lazzaoui (2009a, 2009b, 2011), Harroud (2016) aborde également cette dimension de résistance du consommateur marocain en se focalisant cette fois sur les malls et galeries commerciales. De manière originale et stimulante, il est possible de distinguer trois types de résistances : résistance aux restrictions d'accès au mall, résistance aux normes par le mall et résistance contre le mall.

a) Résistance des consommateurs à l'exclusion des malls

La résistance manifestée par les consommateurs en vue de parvenir au mall renvoie aux pratiques mobilisées pour accéder à cet espace ressources. Cette résistance concerne de manière informelle les catégories de population modestes considérées comme indésirables. Ces dernières sont confrontées à des épreuves d'accès et des barrières à l'entrée liées d'une part à la distance géographique, à la faible connexion aux réseaux de transports et à l'absence de véhicule personnel et d'autre part à l'injonction de se conformer aux apparences physiques et vestimentaires ciblées de manière à se faire accepter dans l'espace considéré.

La population concernée par ces restrictions déploie ainsi des pratiques de contournement ingénieuses qui relèvent d'une forme subtile de résistance en vue de déjouer les obstacles pour accéder malgré tout aux malls vus comme l'antre de la consommation moderne. *« Quand on va au mall avec les copains, parfois on est 5 ou 6 et des fois plus. On sait que les gardiens, ils n'aiment pas ça quand on est en groupe. Ça leur fait peur aux clients. Alors parfois on se sépare en tous petits groupes de 2 ou 3, juste avant d'entrer, c'est comme pour le taxi... et après on se retrouve tous au food »* (Ryan, 19 ans, MégaMall Rabat).

Ces pratiques ne sont bien entendu pas exclusives aux malls du Maroc. On les retrouve par exemple très régulièrement en France où l'on perçoit souvent la fébrilité des vigiles dès qu'une « bande de jeunes » est annoncée à l'une ou l'autre porte. Là encore, les marges de manœuvre des vigiles sont plutôt limitées. Elles se réduisent parfois à fractionner les groupes quand ils sont composés d'un trop grand nombre d'individus, à discuter et atténuer les tensions parfois palpables dès le premier abord. L'idée est bien ici de décourager certains jeunes par des tracasseries choisies (fouilles ciblées des bagages ou corporelles, interrogations intrusives sur les objectifs de la visite, etc.). Ces situations mettent donc en première ligne les compétences relationnelles et l'intelligence de situation des vigiles qui doivent accomplir leur mission de sélection et de filtrage tout en évitant les débordements qui leur seraient de toute manière, imputés.

b) Résistance aux normes sociales par l'accès aux malls

Cette forme de résistance vise quant à elle à tenter de s'affranchir des normes sociales en vigueur en investissant le mall comme espace refuge ou sanctuaire. Dans ce cas particulier, précise Harroud (2016, p. 70), « les malls sont perçus comme des lieux "parenthèse" ou "refuge" permettant de s'affranchir d'un ensemble de normes sociales et culturelles locales. Il s'agit cette fois de résister non pas contre les formes de dissuasion imposées par le centre commercial, mais contre un ensemble de normes sociales imposées par le milieu d'origine » et plus généralement par la société marocaine.

L'éloignement par rapport au lieu de résidence permet au consommateur qui le souhaite (et en particulier pour la gent féminine), de transgresser les normes sociales et culturelles locales (fumer, boire de l'alcool, s'habiller plus librement, flirter...) sans être identifié, ni soumis à la désapprobation du voisinage ou des connaissances. Les malls sont alors perçus et utilisés comme des îlots de liberté transitoire dans un monde de contraintes... ou considérés comme tels.

« Pour moi le mall, c'est la liberté. Tu te promènes, tu fais tout ce que tu veux. Tu peux t'asseoir et manger une glace sans que personne t'embête comme dans la rue. Tu sais dans la rue, les Marocains, ils sifflent, ils te suivent sans jamais arrêter, c'est lbssala partout. Ils insistent pour que tu donnes ton numéro. Parfois je donne un faux numéro et je pars vite avant qu'il appelle et voie que c'est pas mon numéro... C'est fatigant. Dans le mall c'est pas pareil, les gens sont plus éduqués, les gens se respectent et te respectent... Je sais pas comment expliquer ; ils sont très polis et aussi les gens sont plus discrets » (Fatim Zahra, 23 ans, MegaMall, Rabat).

c) Résistance contre les malls

La résistance contre le mall renvoie quant à elle à une forme de résistance plus classique du consommateur. Il s'agit ici de s'opposer au mall lui-même comme un système exogène ou encore un espace occidentalisé greffé dans un environnement culturel avec les valeurs duquel il est en dissonance. Cette situation conduit à la fois à des effets délétères d'aliénation et d'acculturation d'un côté (consommation d'alcool, mise en valeur des corps, incitation au côtoiement et la promiscuité hommes-femmes...), mais également à des effets négatifs sur le plan économique liés à l'hyperconsommation et l'endettement accru des ménages. Ce rejet du mall est foncièrement symbolique et traduit une mise à distance de ce qu'il représente comme valeurs occidentales de dépravation, de distorsion des mœurs et de surconsommation jugées éloignées des valeurs et de la culture locales.

Harroud (2016, p. 74-75) montre que les réactions à l'œuvre ici peuvent prendre plusieurs voies ou trajectoires qui « forment un continuum allant des résistances "muettes" comme les pratiques d'auto-exclusion et de non-fréquentation du centre commercial jusqu'aux comportements de réduction d'achat (stratégies d'adaptation, "*downshifting*") pour aboutir aux résistances de fait, telles que les plaintes et les sit-in ». Ces dernières, même si elles sont d'intensité plus réduite depuis quelques années, continuent à être très présentes tout comme les sit-in sporadiques. *« Les malls, c'est comme le mal...*

[rires] Moi je suis contre et je veux pas que mes enfants viennent au mall... A3oudoubillah... C'est pour les Européens et aussi les Marocains européens... Mais c'est vrai aussi, il y a beaucoup de Marocains maintenant ils se croient comme les Européens... Ces gens ils ne respectent rien et parfois aucune pudeur. J'ai déjà vu des jeunes, ils s'embrassent devant moi, ils fument, ils dansent dans le mall. Je ne sais pas d'où ils viennent et c'est qui leurs parents... et surtout pourquoi ils les laissent faire comme ça. Parce que moi je dis tfou tfou et encore tfou... Nous au Maroc, c'est pas bien de voir ça, chacun sa place et le respect et aussi la religion... c'est important. Un jour peut être on va fermer les malls » (Aïcha, 39 ans, MégaMall, Rabat).

B. Résistance par ou contre les malls : reflets des fractures sociales

D'une certaine manière, on peut considérer que la résistance contre les malls est la réponse sociale à la résistance par les malls. Ces deux formes de résistance qui s'alimentent mutuellement seraient dès lors le reflet des fractures sociales qui traversent la société et en particulier la classe moyenne marocaine. En effet, tout comme cela a été le cas pour l'hypermarché à ses débuts, le mall est devenu le lieu où se cristallisent les oppositions entre deux Maroc ou deux visions du Maroc. Celui des riches et des aspirants à la modernité et celui des pauvres et des conservateurs, le Maroc moderne ou considéré comme tel, ouvert à l'occidentalisation et le Maroc traditionnel et traditionaliste, qui cherche à protéger la culture marocaine de l'invasion et de la domination occidentale. Le Maroc est, en effet, malgré une croissance dynamique, encore à ce jour, un pays fortement inégalitaire. Ainsi, avec l'arrivée des malls, les CSP favorisées désertent le centre urbain traditionnel pour se recentrer sur les malls, qui de fait, contribuent à créer de nouvelles centralités urbaines éloignées des axes traditionnels, ce qui en limite fortement l'accès aux populations défavorisées. Dès lors, on peut assister à l'émergence de malls « ghetto à riches », sanctuarisés pour le moment contre la déferlante des classes populaires.

Les malls, par les prix qu'ils affichent, par leur positionnement et leur centrage sur les franchises, les marques internationales et autres restaurants branchés, excluent de fait les catégories sociales défavorisées. Bien entendu, les catégories en question ne sont pas totalement écartées, ne serait-ce qu'en raison des stratagèmes et ruses qu'elles peuvent déployer et mobiliser pour y accéder. Néanmoins, dans l'esprit des gestionnaires des malls, leur poids doit rester faible de manière à préserver l'image et l'identité du centre. Pour autant, le mall n'en reste pas moins la structure qui centralise les rancœurs et les revendications des CSP les plus modestes. Il est le symbole de l'impérialisme et de la domination économique, qu'elle soit incarnée par l'étranger ou par les élites locales occidentalisées (qui ont perdu leur âme !).

6.7. Le boycott comme forme ultime de résistance : Danone, Afriquia et Sidi Ali

Si, comme on a pu l'observer dans les paragraphes précédents, la notion de résistance commence à faire son chemin dans les travaux et réflexions académiques, dans la pratique, elle a trouvé son point d'orgue dans un phénomène inédit au Maroc, et plus généralement dans les pays émergents, tant par son ampleur que par ses conséquences : celui du boycott, en 2018, de trois grandes marques nationales. Ce mouvement de boycott constitue réellement un cas d'école et montre que le consommateur marocain peut disposer d'un réel pouvoir d'action et de négociation et qu'il peut véritablement « contraindre » le marché.

6.7.1. Les origines, spécificités et cibles du boycott

Les origines du boycott remontent à un appel anonyme lancé sur Facebook à la mi-avril 2018, dans le cadre d'un mouvement général de protestation contre la vie chère. Pour anonyme qu'il soit, cet appel cible explicitement trois marques nationales : les Eaux Minérales d'Oulmès, les stations-service Afriquia et Centrale Danone.

La spécificité du boycott de 2018 est qu'il est inédit par son caractère massif et suivi et ses conséquences, en particulier sur le groupe Danone. Si par le passé, le Maroc a pu connaître des moments de boycott, dont paradoxalement certains visaient déjà l'entreprise Danone, aucun n'a atteint l'ampleur de celui de 2018 qui a eu pour l'entreprise des impacts lourds y compris à l'international. Au niveau du consommateur national, le boycott a été suivi très massivement puisque près de 60 % des Marocains se sont déclarés actifs dans le boycott et plus des trois quarts d'entre eux se sont déclarés informés du boycott. Il s'agit donc bien d'un phénomène national de grande ampleur.

Figure 56 : Connaissance et participation au boycott

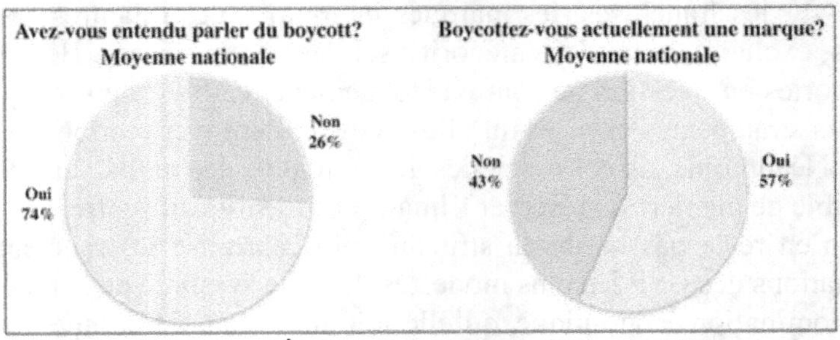

Source : *L'Économiste*, n° 5279, 24 mai 2018.

La participation, tout comme l'information relative au boycott, est particulièrement importante auprès d'un public jeune (ce qui peut aussi, dans une certaine mesure, s'expliquer par le fait que la « promotion » du boycott s'est essentiellement faite sur les réseaux sociaux). Le taux de participation est dégressif avec la classe d'âge, mais reste néanmoins à des niveaux élevés.

Si 93 % des 15-24 ans ont entendu parler du boycott et que 69 % d'entre eux y ont participé activement, les données correspondantes tombent respectivement à 54 % et 31 % pour les 55-64 ans et à 28 % et 35 % pour les 65 ans et plus avec une érosion moins forte sur le plan de la participation (cf. figure 57).

Figure 57 : Connaissance et participation selon l'âge

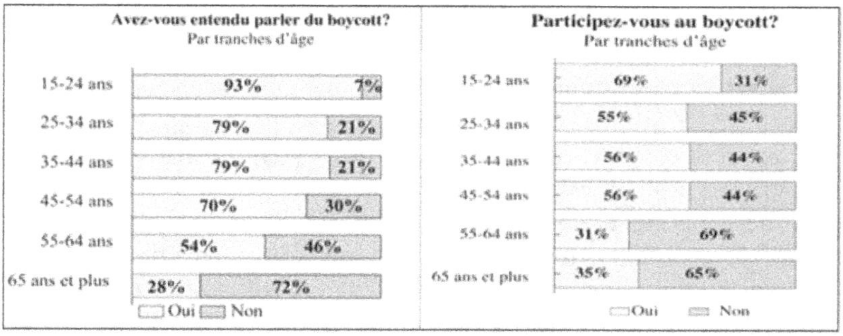

Source : *L'Économiste*, n° 5279, 24 mai 2018.

Par ailleurs, le boycott est aussi l'affaire des classes moyennes et des catégories sociales les moins aisées. Ainsi, le taux de boycott atteint 67 % dans les CSP C et 43 % dans les catégories D et E mais s'élève seulement à 39 % en ce qui concerne les catégories A et B. Ces différents éléments conduisent à penser que la participation au boycott est bien un mouvement contre la vie chère. Néanmoins, le boycott, tout en étant plus suivi par certaines catégories sociales reste situé à un niveau élevé pour la plupart d'entre elles ; ce qui reflète bien, encore une fois, le caractère généralisé et national du mouvement.

Figure 58 : Participation au boycott selon la CSP

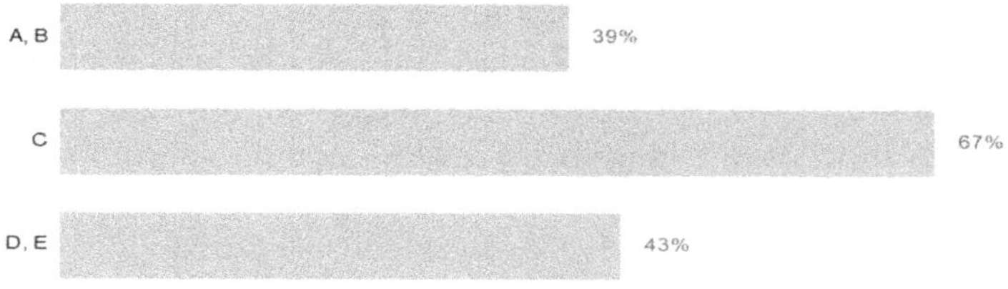

Source : *L'Économiste*, n° 5279, 24 mai 2018.

Face à ce mouvement de boycott, les trois entreprises visées se sont illustrées par des pratiques et politiques diamétralement opposées. Si Centrale Danone a entrepris de gérer la crise et de mettre en place un processus *ad hoc* de suivi et de tentative de dénouement, il n'en va pas de même pour Sidi Ali et plus encore pour Afriquia qui ont préféré faire le dos rond en attendant la fin de la crise.

A. Danone et le processus et gestion de crise

Le processus de gestion de crise, tel qu'il a été mis en place par Centrale Danone est passé par trois étapes distinctes : dénégation et attentisme, prise au sérieux et mise en place d'actions correctrices, consultation et implication formelles de la maison mère et du dirigeant.

a) Dénégation et attentisme

Dans un premier temps, le mouvement de boycott ne semble pas avoir été pris au sérieux, ni par les autorités concernées ni par les entreprises. La direction de Danone a surtout adopté un ton moralisateur, voire même accusateur, en assimilant le boycott à une trahison et en invoquant l'impact néfaste de ce dernier sur les quelque 10 000 agriculteurs et producteurs qui approvisionnent l'entreprise au Maroc. Cette dernière a d'ailleurs été amenée à s'en excuser publiquement quelques jours après. En effet, le 25 avril, lors du SIAM, Adil Benkirane, membre du Conseil d'administration, déclare à la presse qu'il considère le boycott comme une trahison contre la nation et que les boycotteurs seraient des traîtres à cette même nation. Cette déclaration, rapidement diffusée par les réseaux sociaux, mettra le feu aux poudres et contribuera à renforcer le mouvement, d'autant plus que lors de la même manifestation, les cadres de Danone, en présence du ministère de l'Agriculture, se sont livrés à des séances de dégustation d'échantillons de lait devant une très large assistance et devant les caméras… ce qui n'a pas manqué d'être perçu comme une provocation directe et un message de défi aux boycotteurs[1]. Ainsi par de multiples effets de renforcement, l'appel au boycott a déjoué tous les pronostics et a été massivement suivi et entretenu. Le chiffre d'affaires de Danone a chuté rapidement de plus de 40 % au second semestre. Conséquemment, l'entreprise va prendre des mesures d'urgence visant à réduire ses coûts opérationnels dont aux moins deux ont un effet immédiat. Centrale Danone va opérer une réduction drastique de ses frais de personnels en procédant à la suspension des contrats intérimaires de courte

[1] Infoguerre.fr 10 juillet 2018, « Retour d'expérience sur une campagne de boycott d'entreprise au Maroc ».

durée (6 mois[1]). Elle va ensuite instaurer des quotas d'achat de lait auprès des éleveurs producteurs ; autrement dit, elle va réduire sa collecte de lait de plus de 30 %. Dans un second temps, les actions de réduction et de maîtrise des coûts ont porté aussi sur les programmes de recrutement et de formation, qui ont été systématiquement gelés, ainsi que les donations aux différentes fondations partenaires... Plus problématique encore, l'entreprise a dû procéder à un gel de tous les investissements prévus sur la période[2]. Par ailleurs, Centrale Danone va bloquer de nombreuses opérations et programmes de structuration et de mise à niveau des éleveurs, d'amélioration des rendements ainsi qu'un programme de mise en place de couverture médicale pour 50 000 exploitants[3].

b) Prise au sérieux du mouvement et actions correctrices

C'est à partir de la mi-mai que, face à l'ampleur du désastre, tant économique qu'en termes de communication et d'image, les marques concernées et prioritairement Centrale Danone réagissent en tentant une conciliation. L'entreprise Danone lance alors une campagne de communication en diffusant son propre hashtag en arabe « et si l'on se réconciliait ». Cette campagne s'appuie sur trois phases : une réduction d'un dirham sur le prix d'un litre de lait, un nouveau packaging mettant en avant les régions du Maroc et enfin une communication inédite sur la structure réelle du prix du lait.

- *Un effort systématique sur le prix.* L'entreprise, dans son mouvement de réconciliation, s'engage à un certain nombre d'efforts sur les prix, dont en particulier la réduction d'un dirham sur le litre de lait. En effet, Centrale Danone a lancé dès le 14 mai « une promotion de 25 % sur le yaourt et les desserts sous la forme d'un pot gratuit à l'achat de quatre. Elle introduit, le 17 mai, une promotion supplémentaire sur le lait frais pasteurisé chez les 75 000 épiceries de son réseau ». Cette promotion supplémentaire consiste en un prix spécial de 6 dhs (au lieu de 7) pour l'achat de deux packs d'un demi-litre de lait.

- *Nouveau packaging.* La deuxième mesure visant à atténuer la colère des consommateurs cherche à mettre en valeur la dimension d'attache et d'ancrage local de l'entreprise[4]. Un nouveau packaging et une nouvelle présentation sont proposés, et mettent en avant l'ancrage local de la

[1] Plus de 900 personnes sont concernées. Cette action est rendue nécessaire par l'arrêt de nombreuses lignes de production et par la réorganisation des tournées de camions.
[2] *Media24*, 29 mai 2018.
[3] « Boycott : plan d'urgence chez Centrale Danone », *L'Économiste*, n° 5283, 30 mai 2018.
[4] Il est vrai qu'avant sa cession au groupe Danone, Centrale Laitière appartenait à l'ONA-CNI.

marque *« Zinebladi »* qui célèbre ainsi la diversité des douze grandes régions marocaines. Dans le même esprit, l'entreprise rappelle que sa filière d'approvisionnement est 100 % marocaine et qu'elle travaille avec plus de 120 000 éleveurs dans toutes les régions du Maroc.

- *Structure du prix.* La révélation de la structure du prix du litre de lait est un autre élément important de la stratégie de communication de Centrale Danone visant ainsi plus de transparence sur la structure des coûts. Le communiqué de l'entreprise précise ainsi que la Centrale « achète le lait chez l'éleveur à un prix de 36 centimes par litre auquel s'ajoutent les coûts de contrôle qualité, de la pasteurisation, de l'emballage et de la distribution… Centrale Danone réalise une marge inférieure à 20 centimes par litre de lait… une telle offre représente un effort significatif de l'entreprise et traduit sa volonté de réconciliation avec les familles marocaines[1] ».

L'ensemble de ces actions et opérations ne parvient pas néanmoins à complètement redresser la barre. Dès lors, la direction du groupe Danone est appelée à intervenir en direct auprès de sa filiale marocaine.

c) Consultation et implication du dirigeant

En effet, les premières actions de Centrale Danone se sont avérées loin d'être suffisantes pour endiguer l'ampleur de la spirale de sa chute. Le P.-D.G. de Danone, Emmanuel Faber, est dès lors contraint de s'impliquer personnellement au travers notamment de plusieurs déplacements au Maroc. L'implication personnelle du P.-D.G. de Danone est un signal fort qui est envoyé au marché et aux consommateurs marocains. Il faut également reconnaître que selon la presse française, Emmanuel Fabre ne serait pas un P.-D.G. comme les autres, et serait un patron social comparé à ses homologues du CAC 40 (cf. encadré 9).

Encadré 9 : Le profil du P.-D.G. de Danone

Emmanuel Faber est entré chez Danone en 1997, après de premières expériences dans les services comme consultant puis banquier d'affaires. Il a été nommé P.-D.G. de l'entreprise en 2017. Emmanuel Fabre se fait connaître du grand public en 2016 alors que lors d'un discours prononcé devant les diplômés de HEC, il affirme que les enjeux à venir de la globalisation tourneraient autour de la justice sociale. Il affirme aussi lors de l'assemblée générale des actionnaires, en avril 2019, que l'insoutenable concentration de la richesse dans le monde était une véritable bombe à retardement pour les années à venir…

[1] « Centrale Danone tente une réconciliation », leseco.ma, 18 mai 2018.

Ainsi, fin juin, le P.-D.G. de Danone multiplie les rencontres (avec toutes les parties prenantes : fournisseurs, consommateurs, politiques…) et mobilise l'entreprise autour d'une vaste campagne de consultation *« ntwaslo wnwaslo »* (discutons pour aller de l'avant ou pour réussir ensemble…). Une *task force* de plus de 50 collaborateurs incluant des consultants spécialisés est mise en place.

Le président du groupe s'engage à rendre le lait frais pasteurisé plus abordable pour les familles marocaines au travers de trois actions qu'il annonce comme prioritaires : *(a)* l'entreprise va travailler à prix coûtant sur le lait frais pasteurisé (autrement dit, sur les frais de collecte et de production tout en garantissant un prix équitable aux éleveurs), *(b)* l'entreprise s'engage à renforcer la transparence à tous les niveaux et à échanger davantage avec le consommateur, *(c)* l'entreprise va réfléchir à un nouveau modèle viable tout en protégeant au maximum le revenu des éleveurs partenaires.

Pour avancer sur les différents engagements annoncés, Centrale Danone procède à un vaste processus de consultation publique avec l'ensemble des intervenants de la chaîne de valeur, qui va des consommateurs boycotteurs aux éleveurs et épiceries. La campagne de consultation s'est déroulée sur un peu moins de deux semaines (du 31 juillet au 13 août) et a débouché, après une phase de vote des consommateurs (22 août au 2 septembre), sur un certain nombre de propositions émises par la firme.

Encadré 10 : Les chiffres de la campagne

- 1 000 collaborateurs mobilisés sur tout le Maroc, qui ont pu rencontrer près de 90 000 personnes en 13 jours
- 5 réunions publiques organisées et retransmises en direct sur Facebook
- 10 millions de Marocains touchés sur la plateforme en ligne ntwaslo.com
- au moins 150 000 personnes ont visionné les vidéos des retransmissions live Facebook de ces réunions publiques
- plus de 50 000 commentaires sur la page Facebook Centrale Danone
- 700 propositions envoyées par les internautes

Source : Divers presse.

En septembre 2018, le P.-D.G. de Danone revient (comme il l'avait promis) à Casablanca et annonce un certain nombre de nouvelles mesures, dont la principale est la mise sur le marché d'un nouveau produit économique : brique de lait demi-écrémé vendue au prix de 2,5 dirhams (23 centimes d'euros environ) les 470 ml. Par ailleurs, le prix de la brique de lait entier passe de 3,5 à 3,2 dirhams pour les 470 ml (32 à 29 cents), soit un retour au prix de 2008. Le produit en question est ainsi vendu à prix coûtant et sans marge[1]. De manière plus générale, l'accent est mis sur la transparence et la

[1] L'entreprise s'engage par ailleurs à ne pas répercuter la baisse de prix sur les éleveurs.

proximité. De nombreuses visites de sites industriels ainsi que d'élevages sont organisées. Sur sa page Facebook, Centrale Danone relaie régulièrement de multiples informations, gage d'une transparence accrue (publication du prix payé aux éleveurs, audits et contrôles qualité[1]…).

L'ensemble des éléments que nous évoquons ici constitue à notre sens un modèle dans les pratiques de gestion de crise. Ils ont contribué à enrayer la tendance et à atténuer ses effets, mais sont intervenus sans doute un peu trop tard pour éviter un impact majeur sur les comptes de l'entreprise.

d) Les conséquences du boycott : vers une sortie programmée de Danone du marché marocain ?

Les conséquences du boycott sont désastreuses. Pour Danone, la crise est sans précédent puisque son chiffre d'affaires s'est effondré de près de 20 % en juin 2018, son EBE de 50 % et son résultat net de plus de 300 % (cf. figure 59).

Figure 59 : Conséquences financières du boycott

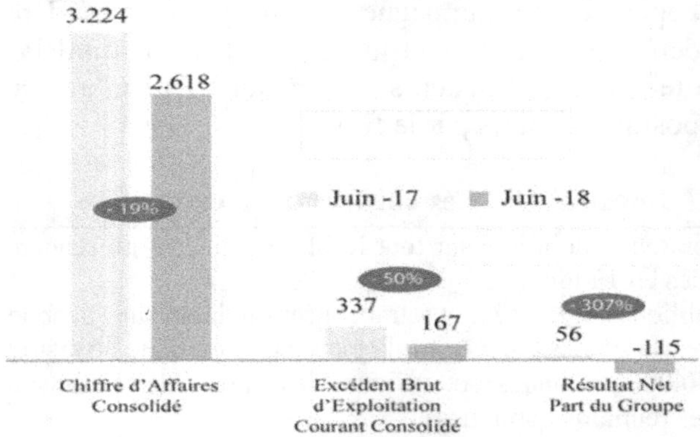

Source : *L'Économiste*, 30 octobre 2019.

De manière générale, le boycott aurait coûté plus d'un point de croissance mondiale à l'entreprise. Si cette dernière conserve toujours sa place de n° 1 sur le marché national des produits laitiers, elle l'a perdue sur le créneau du lait en étant rattrapée puis dépassée par son concurrent marocain Jaouda (COPAG). En effet, rattraper des parts de marché qui ont été perdues, et récupérées par les concurrents, apparaît extrêmement difficile. Comme le souligne le président de Danone lui-même : « si le boycott est moins présent dans les conversations, les habitudes des consommateurs ont changé. Pendant une semaine, un mois, deux mois, les consommateurs n'ont pas trouvé leur

[1] « Le boycott de Danone au Maroc, une bonne leçon sur la gestion de crise », Slate.fr, 8 janvier 2019.

marque favorite dans les rayons ou ont demandé d'en changer et ils se sont graduellement habitués à une autre consommation[1] ».

Vers le milieu de l'année 2019, Danone envisage de se retirer du Maroc et de toute l'Afrique du Nord. De manière plus précise, l'entreprise souhaite quitter le Maroc, l'Algérie mais également l'Égypte où elle possède quelques centres de production importants[2]. Il est vrai qu'au moins jusqu'à récemment, Danone était au Maroc le leader incontesté du secteur, mais le boycott national et l'ampleur des pertes subies par le groupe ont eu un impact dramatique sur ses résultats et sur ses parts de marché. Pour autant, en novembre 2019, l'entreprise procède à un changement de son n° 1 à la tête de la filiale marocaine. Ce changement de direction n'aurait, semble-t-il, pas de lien direct avec les résultats locaux mais serait lié au départ à la retraite de Didier Lambin, désormais remplacé par Nathalie Alquier.

L'entreprise annonce dès lors ses nouvelles ambitions locales en ces termes : « réinventer le modèle de l'entreprise pour accélérer la croissance à travers l'innovation, la dynamique commerciale et surtout le renforcement de la proximité avec le consommateur[3] ». Entre-temps, la situation semble s'être stabilisée, voire même améliorée pour Centrale Danone qui enregistre au premier semestre 2019 une hausse de 10 % de ses ventes[4]. Par ailleurs, dans le même temps, l'entreprise serait entrée dans des négociations avancées dans le but d'acquérir la COPAG (2e producteur de lait et premier exportateur d'agrumes national) et sa marque Jaouda qui a bénéficié des malheurs de Danone pendant la crise. L'acquisition de la COPAG pourrait permettre à Danone de très largement compenser la baisse de son chiffre d'affaires et de ses parts de marché suite au boycott. La COPAG est, en effet, un groupement qui fédère 72 coopératives et dont le cœur de métier reste la filière laitière avec 60 000 vaches laitières et qui produisent plus d'un million de litres de lait par jour. Cependant, fin octobre 2019, COPAG va démentir toute négociation sur sa cession[5].

Au final dans les conditions du milieu de l'année 2021, aucune des hypothèses évoquées dans la presse n'a été suivie d'actions concretes et Danone est toujours présent au Maroc.

---

[1] « Le boycott de Centrale Danone, la crise de l'année », *Média24*, 6 septembre 2018.
[2] « Danone envisage de se retirer du Maroc et de toute l'Afrique du Nord », *Actumaroc*, 7 mai 2019.
[3] « Centrale Danone : Nathalie Alquier pour accélérer la croissance », *L'Économiste*, n° 5611, 10 octobre 2019.
[4] « Centrale Danone : Les ventes du premier semestre en hausse de 10 % », *L'Économiste*, n° 5565, 26 juillet 2019.
[5] « Pas de "rapprochement" entre COPAG et Centrale Danone », *L'Économiste*, n° 5618, 21 octobre 2019.

B. Afriquia et Sidi Ali : faire le dos rond et attendre ?

Le mouvement de boycott visait, on l'a vu, trois enseignes et/ou marques nationales : Danone, Afriquia et Sidi Ali. Le premier constat est qu'à première vue les deux dernières marques semblent avoir été relativement moins affectées que Centrale Danone. Plus spécifiquement, Afriquia, pour diverses raisons, a été l'entreprise la moins touchée.

a) Sidi Ali et les Eaux Minérales d'Oulmès

Contrairement à Centrale Danone qui, après une courte période de flottement, a mis en branle une politique structurée de gestion de crise, on peut dire que les deux autres enseignes concernées par le boycott ont préféré faire le dos rond en attendant la fin de la crise. Si Danone a tenté de dialoguer avec les différentes parties prenantes, d'expliquer et de convaincre, les deux autres enseignes marocaines ont eu de leur côté, une attitude nettement moins proactive et sont restées sur la défensive et sur l'esquive. Près de quatre semaines après le début du boycott, la société des Eaux Minérales d'Oulmès est cependant sortie de son silence au travers d'un communiqué de presse tout aussi long que surprenant et que nous reprenons en quasi-intégralité dans ce qui suit (cf. encadré 11).

Encadré 11 : Communiqué presse des Eaux Minérales d'Oulmès

La direction des Eaux Minérales d'Oulmès ainsi que l'ensemble de son personnel ont pris acte du boycott relatif au prix de son eau Sidi Ali et à celui d'autres produits de consommation, qui s'est manifesté en particulier sur les réseaux sociaux…
Face à l'ampleur de ce mouvement, nous avons souhaité prendre le temps d'écouter et d'analyser, avec la mesure et le recul nécessaires, les attentes de nos concitoyens et en particulier des fidèles consommateurs de Sidi Ali, qui nous font confiance de génération en génération… Cette situation témoigne plus largement des difficultés rencontrées par les familles marocaines face à la cherté de la vie. La problématique du pouvoir d'achat est un sujet qui nous préoccupe au sein des Eaux Minérales d'Oulmès. C'est pourquoi nous avons pris la décision de ne pas augmenter nos prix de vente publics depuis 2010, sur l'intégralité des formats Sidi Ali, et ce malgré l'inflation régulière qu'a connue le Maroc et l'augmentation de l'ensemble de nos postes de coûts : matières premières, énergie, salaires, taxes…
Par ailleurs, nous tenons à rappeler que les bouteilles d'eau Sidi Ali 1,5 L sont en vente au grand public depuis 2010, selon des prix recommandés, à savoir, à partir de 5 dhs en grande surface et à partir de 5,50 dhs chez le détaillant, et que ce tarif peut librement évoluer en fonction des points de vente, dans la mesure où la loi 06-99 sur la liberté des prix et de la concurrence permet aux points de vente de fixer eux-mêmes le prix de vente final…
Dans un souci de transparence par rapport à certaines informations erronées et idées reçues, la société souhaite clarifier certaines données…

L'eau exploitée n'est pas gratuite mais assujettie à des taxes d'exploitation très importantes [...]. En plus de ces impôts et taxes, le prix de vente de Sidi Ali comprend les coûts de distribution et marges détaillants, les matières premières et consommables, la charge de transport, logistique, amortissements des équipements, les diverses autres charges externes ainsi que les charges du personnel. La marge réalisée sur Sidi Ali est de 7 %, soit 40 centimes par bouteille de 1,5 litre...
Il est important de souligner l'engagement constant des Eaux Minérales d'Oulmès pour la qualité de l'ensemble de ses produits, à travers notamment d'importants investissements en recherche et développement, en certification, en formation de ses collaborateurs, en matière d'hygiène et en responsabilité sociale et environnementale. La société bénéficie du plus grand nombre de certifications de l'ensemble de ses process industriels...
Les Eaux Minérales d'Oulmès œuvrent à la création d'emplois : nos effectifs s'élevaient à 2 010 employés en 2017 contre 1 860 en 2016, soit 150 emplois créés en un an. Un tiers de ces emplois créés concerne la région d'embouteillage, témoignant ainsi de notre fort ancrage local. La société génère par ailleurs plus de 7 900 emplois indirects, soit un total de près de 10 000 personnes...
Désireuse de préserver les liens de confiance avec l'ensemble de nos concitoyens et en particulier ses consommateurs et soucieuse d'aller de l'avant, la société Les Eaux Minérales d'Oulmès s'engage à œuvrer auprès des pouvoirs publics à la révision à la baisse des prix par la réduction des taxes imposées sur les eaux minérales et de sources. Nous prônons en effet une T.V.A. réduite à 7 % (au lieu de 20 %), le taux de 7 % étant déjà appliqué par ailleurs sur certains produits de grande consommation tels que, entre autres, le sucre et la conserve de sardines. Cette réduction permettrait de baisser le prix de vente final des eaux minérales au profit du consommateur...
Enfin, du fait de certaines informations erronées qui ont circulé sur les réseaux sociaux au cours de ces dernières semaines, notre direction de la communication se tient à la disposition de tous (consommateurs, associations de consommateurs, journalistes...) pour fournir toutes informations utiles et fiables.
À cet effet toute demande peut être adressée à l'adresse email suivante : communication@sidiali.ma.

Source : h24info.ma, 9 mai 2018.

L'annonce, un peu longue et technique, revient sur des éléments factuels et sur la contribution de l'entreprise à l'économie locale et régionale tant en termes d'emplois que de ressources fiscales. Elle confirme que le prix de vente de Sidi Ali n'a pas augmenté depuis 2010 et que la qualité est régulièrement contrôlée. Mais la seule réponse « concrète » qui est apportée aux boycotteurs consiste à dire que les taxes sont trop élevées et que l'entreprise va mettre en avant auprès des institutions *ad hoc*, la nécessité d'une réduction de la TVA à 7 %. Ces différentes mises au point n'ont pas empêché l'entreprise Eaux Minérales d'Oulmès d'émettre une alerte sur ses résultats en juin 2018. De manière plus précise, le chiffre d'affaires a connu un repli de plus de 18 % (passant de 898 à 738 millions de dhs). Le résultat d'exploitation a quant à lui diminué de près de 74 % (de 135 à 36,3 millions de dhs), alors que le résultat net plongeait de 88 % (de 81 à un peu moins de 10 millions de dhs).

Le boycott n'a pas impacté trop fortement la structure du marché des Eaux Minérales du fait de sa forte concentration. Ainsi, les deux grands opérateurs que sont les Eaux Minérales d'Oulmès (Sidi Ali, Ain Atlas, Bahia) et Sotherma (Sidi Harazem et Aïn Saïss) contrôlent environ 90 % des volumes[1]. Les autres opérateurs se livrant une concurrence féroce sur les 10 % restants. On notera d'ailleurs que le boycott a permis à plusieurs marques étrangères en particulier espagnoles de se nicher durablement sur le marché en passant de 1 à environ 5 % de part de marché.

Figure 60 : Les marques d'eaux embouteillées les plus consommées par les Marocains (selon la CSP)

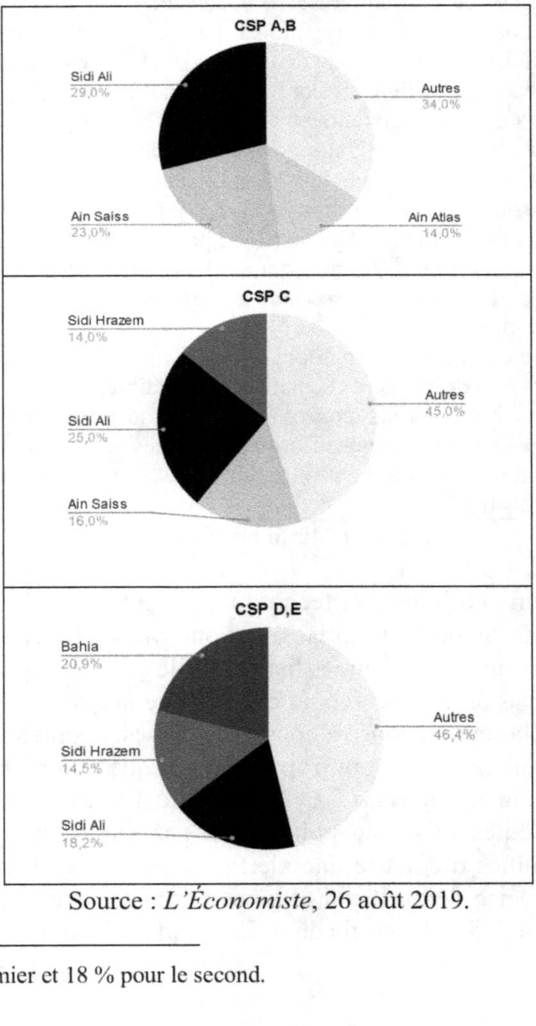

Source : *L'Économiste*, 26 août 2019.

[1] 73 % pour le premier et 18 % pour le second.

Les difficultés rencontrées par les Eaux Minérales d'Oulmès sont bien réelles mais cette dernière est parvenue à conserver sa place de leader, en particulier en mettant sur le marché de nouvelles offres : début avril, Sidi Ali Kids en format 33 cl, bouchon sport et une version deux litres en août 2018. Un autre élément explicatif du moindre impact relatif est sans doute à rechercher dans le caractère multimarque de l'offre des Eaux Minérales d'Oulmès. En effet, l'essentiel du boycott a porté sur Sidi Ali, les autres marques du groupe, et en particulier Bahia (principalement consommée par les catégories sociales D et E) et Ain Atlas (consommée par les catégories A et B), ont été, de manière assez surprenante, plutôt épargnées, ce qui leur a sans doute permis de jouer un rôle contracyclique.

b) Afriquia

L'enseigne de distribution d'hydrocarbures Afriquia est sans doute l'entreprise qui a le moins communiqué à destination des boycotteurs. Pour autant, l'enseigne a maintenu ses prix constants, alors même que la plupart de ses concurrents ont procédé à des hausses de prix, parfois significatives. Il est vrai, comme le note justement Ismaël Sebti, « qu'à chaque fois que les entreprises visées par le boycott se sont exprimées, les choses se sont retournées contre elles. Leurs prises de parole ont été mauvaises au point d'alimenter et de relancer de plus belle le mouvement de boycott. Résultat, certaines marques ont décidé de faire le dos rond en attendant que le mouvement s'estompe[1] ».

Ainsi, en dépit de son inaction, on peut considérer qu'Afriquia a traversé la crise avec un peu moins de dommages que les deux autres marques. Les raisons du moindre impact sont en particulier liées à la spécificité du produit, qui n'est pas un produit de consommation courante ou quotidienne, comme le lait et l'eau, et qui d'autre part ne concerne que la catégorie des Marocains qui est motorisée, soit une part faible de la population. Néanmoins, si le chiffre d'affaires de l'entreprise a été relativement épargné, il n'en va pas de même pour son image, autant qu'on puisse en juger par les données issues de l'analyse des réseaux sociaux. En effet, une étude menée par CMAIS[2] montre que le taux de publications négatives en ligne concernant Afriquia serait passé de 10 % avant le boycott à près de 51 % durant les premières semaines du boycott[3].

---

[1] « Quand le consommateur prend le pouvoir », *Économie-Entreprise*, 2 août 2018.
[2] Compagnie méditerranéenne d'analyse et d'intelligence stratégique.
[3] « La réputation des entreprises ciblées par le boycott fortement entamée », H24.info, 13 mai 2018.

6.7.2. Boycott, politique et institutions représentatives

Les acteurs et institutions politiques ont été largement parties prenantes du boycott, que ce soit par leurs actions, leurs inactions ou leurs prises de position (parfois maladroites). La première réaction des acteurs économiques et politiques a été empreinte d'attentisme, de dénégation, voire de critiques acerbes à l'encontre des boycotteurs ; ce qui a sans doute contribué à renforcer et amplifier le phénomène. En effet dès l'origine, les réactions politiques apparaissent particulièrement inappropriées et surtout fortement moralisatrices. Ainsi, le ministre de l'Économie, des Finances qualifie les boycotteurs « d'étourdis » et « d'écervelés » qui, au lieu d'encourager l'entreprise et les produits marocains, appellent au boycott de sociétés employant du personnel et qui paient leurs impôts[1].

De manière générale, le mot d'ordre est plutôt à la minimisation de la portée du mouvement. La plupart des personnalités concernées ont cru à un boycott éphémère et sans conséquences notables qui s'atténuerait de lui-même. Ainsi, le 25 avril, dans le cadre du 13e salon de l'agriculture au Maroc (SIAM), le ministre de l'Agriculture[2] Aziz Akhannouch considère que la campagne de boycott n'est que virtuelle et qu'elle ne devrait avoir aucun impact réel, ni sur la production, ni sur la consommation. Il affirme sur le mode de l'incantation : *« les produits marocains continuent d'évoluer et la réalité sur le terrain ne sera pas stoppée par le web... La campagne de boycott n'affectera pas les ventes de ces produits sur le marché. C'est une campagne virtuelle qui ne peut en aucun cas couper les vivres aux 474 000 personnes qui travaillent dans la filière laitière avec Centrale Danone*[3] *»*. Dans un second temps, le gouvernement, dans ses communiqués, a de fait mis prioritairement l'accent sur les effets négatifs du boycott, en particulier sur l'emploi mais également sur les investissements nationaux et internationaux ; autrement dit, il a essentiellement appelé à l'arrêt du boycott, sans analyse ni évaluation des faits et conditions sous-jacents à ce dernier[4] : « Les autorités marocaines condamnent un boycott qui pourrait avoir un impact négatif sur l'investissement national et étranger – qui a d'ores et déjà chuté d'un tiers – et par conséquent, sur l'économie nationale. La poursuite du boycott est à

---

1 Propos tenus le 24 avril lors des sessions de questions orales au gouvernement par Mohamed Boussaïd, cité par *Challenges*, « Les dessous de l'appel au boycott de Danone, sidi Ali et Afriquia », 26 avril 2018.

2 Le ministre en question est par ailleurs directement concerné par le boycott au travers de son entreprise Afriquia.

3 « Aziz Akhannouch : la campagne de boycott n'affectera pas les ventes », libe.ma, 27 avril 2018.

4 « Boycott, le gouvernement appelle à l'arrêt », *L'Économiste*, n° 5285, 1er juin 2018.

même de causer de gros dommages pour les coopératives laitières et les producteurs qui y adhèrent, dont une majorité de petits agriculteurs[1] ».

Le chef du gouvernement Saâdeddine El Othmani, tout en appelant à tourner la page du boycott, a regretté le caractère excessif de certaines prises de position des membres de son équipe et, le gouvernement, dans un communiqué du 1er juin, annonce « être déterminé à entreprendre des initiatives visant à améliorer le pouvoir d'achat des citoyens et à agir avec fermeté en matière de contrôle du marché, de qualité des produits et de lutte contre la spéculation et le monopole ».

6.7.3. Causes et logiques sous-jacentes au boycott

Le boycott de 2018 est, on l'a vu, un phénomène inédit au Maroc et les causes, motivations et logiques sous-jacentes à ce mouvement ne sont pas encore, à date, complètement clarifiées. De nombreuses hypothèses ont été émises et des analyses produites en particulier par la presse professionnelle et les consultants.

A. Quatre hypothèses explicatives du boycott

À ce jour, on ne peut émettre que des hypothèses et avancer des causes intellectuellement plausibles. On peut ainsi repérer quatre raisons principales au boycott : la hausse des prix et les niveaux de concentration jugés excessifs des opérateurs marocains ; la tendance des acteurs concernés à monopoliser tant le champ économique que politique, un ras-le-bol généralisé et un mal-être croissant au sein de la population, des manipulations et jeux entre acteurs politiques. Bien entendu, l'ensemble de ces raisons renvoie en filigrane aux questions de paupérisation de la population, à celles du déclassement de toute une partie des consommateurs et enfin à celles de la perte du pouvoir d'achat de ces derniers.

a) Les hausses de prix et la concentration du pouvoir économique

La hausse des prix liée à la structure du marché considéré, est une première cause qui peut être avancée au boycott. Les Marocains considèrent en effet que les prix pratiqués par les entreprises visées sont trop élevés et que, du fait de leur situation de monopole, elles bénéficient de marges excessives. Cette hypothèse est d'autant plus plausible que les enquêtes *ad hoc* confirment la prégnance de la question du prix et de la cherté du coût de la vie dans les revendications des boycotteurs.

---

[1] « Maroc : qui seront les véritables perdants du boycott ? », *Les Échos*, 23 juillet 2018.

« Oui Sidi moi j'ai participé au boycott… à cause des marques qui sont beaucoup trop chères pour le Maroc… Ils viennent tous profiter ici et les patrons marocains ils profitent aussi. Les petits salariés marocains, ils peuvent plus payer… on n'est pas riche et c'est sur nous que les sociétés profitent. C'est les riches qui doivent payer pas nous les salariés et les prix, ils augmentent, ils augmentent. Au Maroc même quand le pétrole il est pas cher, l'essence elle augmente… parce que les gens ils disent rien. Là les entreprises elles savent maintenant qu'il faut pas exagérer sur les prix et que nous les Marocains, on est fatigués de payer » (Aderrahman, 39 ans, Rabat).

Figure 61 : Motivations de participation au boycott

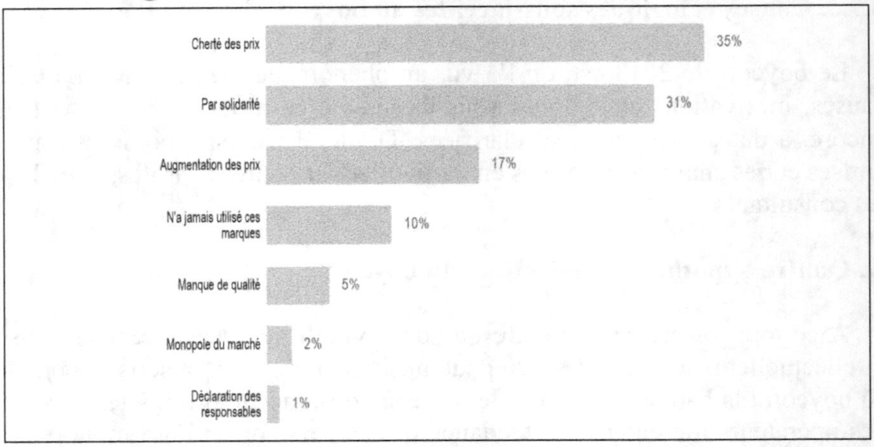

Source : *L'Économiste*-Sunergia, 24 mai 2018.

Dans la figure 61, on constate que le prix est ce qui motive 52 % des boycotteurs [cherté des prix (35 %) et augmentation des prix (17 %)]. En effet, en mai 2018, un rapport parlementaire sur l'évolution des prix du carburant, après sa libéralisation en 2015, a suscité un tollé national. Ce rapport montre que les importateurs de carburant, dont en particulier Afriquia, Total, Shell et Petronim, ont augmenté considérablement leurs marges, lesquelles dépasseraient les 15 milliards de dirhams[1].

De même, concernant l'eau, un rapport de la banque mondiale montre que le prix moyen des eaux embouteillées au Maroc serait d'environ 17 % plus élevé que ceux de l'ensemble des pays de la région MENA. Ces politiques de prix excessifs sont sans doute la conséquence de niveaux de concentration élevés, voire d'abus de position dominante et de pratiques collusives entre acteurs du marché.

---

[1] « Le boycott relance le débat sur les liens entre politique et business », *Jeune Afrique-AFP*, 26 mai 2018, mise à jour 14 mai 2019.

À ce jour, les entreprises concernées par le boycott sont des leaders incontestés de leurs secteurs respectifs. Ainsi, les Eaux Minérales d'Oulmès contrôlent 73 % du marché des eaux embouteillées au Maroc, contre 18 % pour Sotherma le challenger ; les autres acteurs se situant à des niveaux beaucoup plus modestes.

Figure 62 : Part de marché et niveaux de concentration sectorielle : eaux minérales

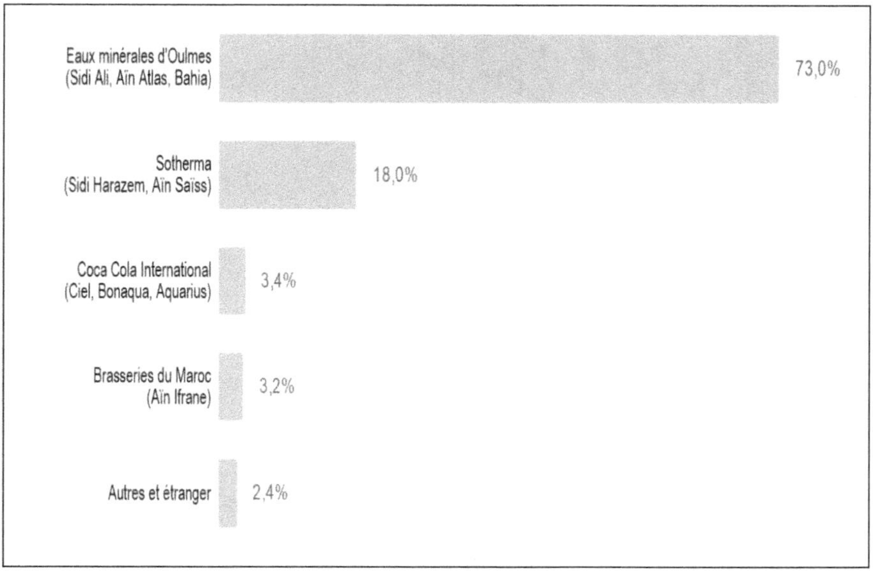

Source : Confédération démocratique du travail et divers presse.

Dans le cas du lait et des produits laitiers, on a pu observer un certain nombre d'évolutions sur ces dernières années. En 2013, quatre opérateurs principaux (Centrale Laitière, COPAG, Safilait et Colainord) concentraient 84 % du marché du lait pasteurisé et 100 % du lait UHT. De manière plus précise, Centrale Laitière (Centrale Danone) contrôlait près de 50 % du marché contre 24 % pour la COPAG. Depuis le boycott, Centrale Danone a perdu beaucoup en termes de PDM au bénéfice de la COPAG, qui a fini par la devancer. Cependant, les tractations plus récentes autour du possible rachat de la COPAG par Centrale Danone devraient encore modifier les règles du jeu et conduire cette dernière enseigne à s'ériger comme leader incontesté du secteur qui deviendra encore plus concentré. Entre-temps, Centrale Danone semble récupérer graduellement les points de part de marché qu'elle a perdus à la suite du boycott.

Concernant la distribution des hydrocarbures, la concentration reste très forte, même si globalement, elle l'est un peu moins que pour les eaux minérales. Ainsi, Afriquia[1], le leader incontesté, contrôle 37 % du marché de la distribution hydrocarbure contre 15 % pour Vivo son challenger.

Figure 63 : Part de marché et niveaux de concentration sectorielle : produits pétroliers

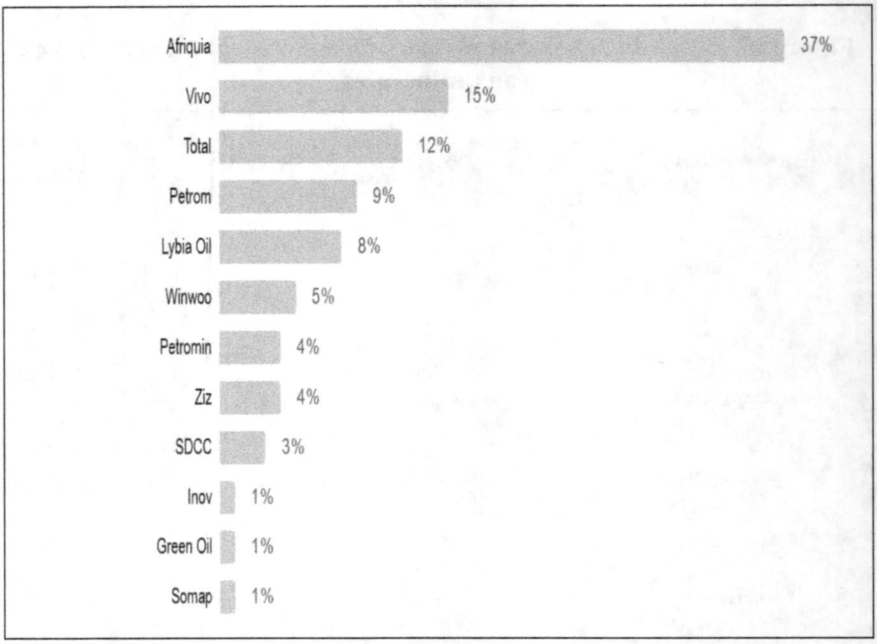

Source : Confédération démocratique du travail et divers presse.

Les niveaux de concentration observés dans les trois secteurs du lait, de l'eau et des hydrocarbures, même s'ils ne tombent pas sous le coup de la loi[2], n'en posent pas moins un problème éthique et économique lié au très faible niveau de concurrence caractérisant ces secteurs et qui n'est pas de nature à bénéficier au consommateur final.

b) L'interpénétration du monde politique et de celui des affaires

L'interpénétration du monde politique et de celui du business, autrement dit l'encastrement entre affaires et pouvoir politique, est également régulièrement évoquée dans les explications du mécontentement national.

[1] Une enquête Sunergia menée en juillet 2020 montre que malgré le boycott, Afriquia figure en deuxième place des enseignes préférées des Marocains (avec des scores élevés auprès des femmes et des familles des classes moyennes).

[2] Pour autant, selon Najib Akesbi, conformément à la loi, une société n'a pas le droit de s'accaparer une PDM supérieure à 40 %. Yabiladi, 7 juin 2018, « Maroc : l'industrie du lait déjà épinglée en 2013 par le conseil de la concurrence ».

Selon Aziz Chahir, politologue, le boycott « est un message symbolique adressé par les classes moyennes contre la mainmise d'acteurs politiques à la fois dans le champ politique et économique ». Un autre expert (Ahmed Bouz) déclare quant à lui que la campagne témoigne d'une « prise de conscience de la nécessité de séparer la politique des affaires ».

Il est vrai que dans le cas d'au moins deux des entreprises visées, Sidi Ali et Afriquia, les dirigeants sont aussi des personnalités politiques fortement médiatisées. La patronne de Sidi Ali, Miriem Bensalah, qui était aussi à l'époque la patronne de la puissante CGEM[1], est considérée comme la femme la plus influente du Maroc. Le patron d'Afriquia est en même temps ministre de l'Agriculture. Il préside le RNI (Rassemblement national des indépendants) et est, par ailleurs, classé première fortune du pays par le magazine Forbes. Pour autant, comme le rappelle Abdelali Benamor, alors président de conseil de la concurrence : « rien, dans la loi, n'interdit aux hommes d'affaires d'occuper des postes gouvernementaux… mais il existe des règles morales à respecter pour éviter les conflits d'intérêts[2] ». Il n'en demeure pas moins que contrairement au cas de la France par exemple, au Maroc, l'État n'a pas mis en place des mécanismes régulateurs et de contrôle des conflits d'intérêts et des risques d'abus. En l'absence de ce cadre réglementaire, le débat de l'interférence du pouvoir politique avec celui de l'argent devient récurrent. Ainsi, Moulay Hafid El Alami, le ministre de l'Industrie, qui dirige l'un des plus importants conglomérats du pays, a-t-il été accusé (par les médias marocains et sur les réseaux sociaux) d'avoir poussé à faire adopter une disposition fiscale qui lui était favorable lors de la cession de Saham (son groupe d'assurances) au géant sud-africain Sanlam. Le débat de l'interconnexion du politique et du monde des affaires est également réapparu lors de la récente élection de Salaheddine Mezzouar, ancien chef du RNI et ancien ministre (2004 à 2017), à la tête de la CGEM pour succéder à Miriem Bensalah.

c) Un ras-le-bol généralisé et un mal-être diffus

Au-delà de la simple question du prix et de la cherté de la vie, le mouvement de boycott témoigne aussi très largement d'un ras-le-bol généralisé et d'un certain mal-être qui se diffuse au sein de la société marocaine. Il est vrai que, si l'on en croit l'indice du bonheur et de la satisfaction, publié par les Nations unies (*World Happiness Index*), le Maroc, même s'il a connu une progression notable[3], figure plutôt en queue de peloton,

---

[1] Confédération générale des entreprises du Maroc, qui représente les entreprises privées auprès des pouvoirs publics et des institutionnels.

[2] « Au Maroc, un boycott relance le débat sur les liens entre politique et business », *Le Point économie*, 26 mai 2018.

[3] 80e en 2020, 99e en 2013, et 115e en 2012.

parmi les peuples qui se perçoivent comme les plus malheureux. Le mal-être des Marocains est d'ailleurs confirmé par l'institut Gallup dans son rapport « *Global Emotions 2019* » qui montre que ces derniers figurent parmi les peuples les plus en colère contre leurs conditions de vie et les plus pessimistes. Au niveau purement national et de façon corrélée, une étude du cabinet Opinion Way[1] montre que plus de 36 % des Marocains seraient malheureux au travail… ou tout au moins se déclarent comme tels.

Le ras-le-bol généralisé dont nous faisons état s'exprime encore plus nettement au travers des jeunes et autres *millennials* qui apparaissent très largement désenchantés et désabusés quant à leur avenir et aux perspectives d'insertion dans le monde du travail de manière confortable. Certaines études montrent que le fossé se creuse gravement entre les jeunes et les politiques, mais également entre les jeunes et l'entreprise (Guerraoui et Affaya, 2013). Une enquête menée par *L'Économiste*-Sunergia[2] montre que les jeunes Marocains mettent en avant l'injustice, la *hogra* (atteinte à la dignité), les inégalités et la précarité comme éléments explicatifs du mal-être généralisé. C'est sans doute ce constat qui explique qu'à ce jour près de six jeunes sur dix souhaiteraient quitter le pays (cf. figure 64).

Figure 64 : Volonté affichée de quitter le pays selon la tranche d'âge

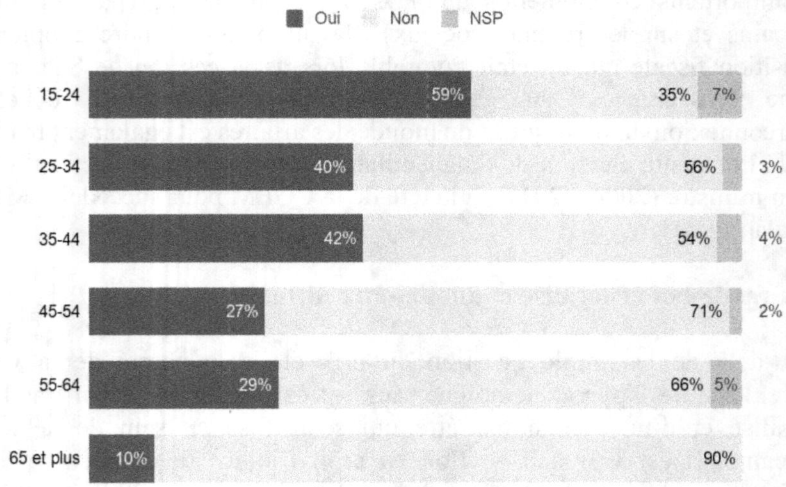

Source : *L'Économiste*-Sunergia, 14 novembre 2018.

Un collectif de 70 personnalités marocaines, universitaires, militants associatifs, et personnalités politiques a publié un manifeste pour « attirer

[1] Étude nationale sur le bien-être au travail de l'observatoire marocain du bonheur en 2017.

[2] Enquête *L'Économiste*-Sunergia, « Je veux quitter le Maroc », n° 5392, 14 novembre 2018.

l'attention sur la gravité de la situation actuelle du pays dont la campagne de boycott ne constitue qu'une des manifestations saillantes... ». Après l'élan d'espoir de 2011, écrivent-ils, « le capital confiance s'est graduellement érodé du fait des déceptions successives, dues en particulier à l'abandon des promesses de lutte contre la corruption et le système de rente, à la dégradation des secteurs sociaux et au maintien en veilleuse des institutions de gouvernance[1] ».

d) Le boycott... une manipulation ou une récupération politique ?

Si l'axe cherté de la vie apparaît au premier abord comme structurant du discours porté par les acteurs du boycott, il n'en demeure pas moins, comme le suggèrent certains professionnels, que « réduire la portée du mouvement à un simple phénomène social résultant d'une série de facteurs d'ordre socio-économique peut être perçu comme réducteur ». Ainsi, en septembre 2018, le cabinet Influence Data & Strategy (IDS Partners) a produit une étude dans laquelle il révèle que le « social a pu servir de prétexte voire d'écran de fumée permettant de dissimuler des finalités et des manœuvres politiques et politiciennes ».

Damien Licca[2], en s'appuyant sur un décryptage effectué sur les réseaux sociaux (Twitter et Facebook), montre, face à l'importance des faux comptes, comptes multiples et autres faux retweets, que le mouvement, qui a toutes les caractéristiques d'une opération de communication bien menée par des professionnels du web, ne peut pas être totalement spontané et peut avoir été instrumentalisé à des fins politiciennes. Il visait principalement Aziz Akhennouch, le ministre de l'Agriculture, Centrale Danone n'étant, selon lui, qu'une victime collatérale[3]. Le boycott de 2018 ne serait ainsi qu'une énième actualisation, par entité interposée, des antagonismes prévalant entre Akhennouch et Benkirane (ancien Premier ministre[4]). Le sociologue et urbaniste Abderrahmane Rachik, spécialiste des mouvements de protestation au Maroc, considère pour sa part que le boycott serait dirigé « contre des personnes connues pour leurs positions négatives à l'égard du Parti de la justice et du développement » (PJD[5]). L'auteur rappelle qu'en 2016, après la victoire électorale du PJD, une milice électronique avait déjà appelé à boycotter Afriquia. Autrement dit, le PJD serait l'un des instigateurs principaux du boycott qui viserait Aziz Akhennouch et Miriem Bensalah, elle-même très critique vis-à-vis du mouvement PJD.

---

[1] 15 juin 2018.
[2] Directeur associé IDS Partners, agence en communication (cité par Estelle Maussion).
[3] Estelle Maussion, 8 janvier 2019, « Le boycott de Danone au Maroc, une bonne leçon sur la gestion de crise ».
[4] *Le desk*, 3 octobre 2018.
[5] « Boycott au Maroc, véritable danger pour l'économie et l'emploi », 12 septembre 2018.

Cette hypothèse de « manipulation politique » évoquée dans la presse et dans quelques études demande encore à être étayée par des faits et ne suffit pas à expliquer la crise. Bien entendu, on ne peut pas nier qu'ait pu, à un moment donné, exister un effet d'aubaine, et que certains, à un niveau politique structuré ou à un niveau individuel, aient vu dans le boycott une possibilité de mettre en difficulté des opposants de longue date ; mais l'idée selon laquelle le boycott aurait été une opération élaborée et conçue de toute pièce par des acteurs politiques occultes semble, à ce stade, largement putative.

B. Boycott instrumental ou expressif ?

Les recherches en marketing ont régulièrement distingué deux grands types de boycott selon leurs motivations. On oppose ainsi (cf. Friedman, 1985) le boycott instrumental au boycott expressif. Le *boycott instrumental* cherche à contraindre sa cible, en l'occurrence ici Centrale Danone, Afriquia et Eaux Minérales d'Oulmès, à changer une pratique ou une politique donnée. Ce type de boycott vise prioritairement les produits alimentaires et les produits de base et a pour objectif de préserver le pouvoir d'achat et d'éviter l'altération du niveau de vie des populations concernées en se focalisant directement sur la question du prix. Le *boycott expressif* renvoie quant à lui à l'expression d'un mécontentement et d'une prise de voix (au sens de *Voice* de Hirschman, 1970) face à un comportement d'organisation considéré comme inacceptable et parfois déviant. Cette forme d'action de résistance est plus vague et moins précise que la précédente quant à ses objectifs (au-delà de la dénonciation) et ses résultats éventuels ne peuvent pas être aussi précis et mesurables que dans le cas du boycott instrumental. De manière plus prosaïque, un boycott est par essence expressif et peut devenir instrumental, la dimension expressive étant une condition nécessaire mais pas suffisante à l'instrumentation. En revanche, quand le boycott est instrumental, il est automatiquement expressif, le glissement se faisant dans le sens expression => instrumentation.

Il n'en demeure pas moins que le mouvement de boycott marocain est sans doute une opération inédite qui devrait avoir sa place dans les futurs *textbook* de marketing. Le directeur général de Centrale Danone, Didier Lambin, reconnaît lui-même le caractère totalement inédit de la crise : « il n'y a aucune explication rationnelle au boycott et plutôt que d'essayer de le comprendre, on a essayé de l'entendre avec cette orientation ; on a entendu qu'il y avait des gens en difficulté franche, il y a une question de pouvoir d'achat… mais ce boycott reste une crise unique, nouvelle, pionnière, sans précédent nulle part au monde[1] ». En effet, un boycott soutenu ne peut se résumer à une question

---

[1] « Danone baisse les prix au Maroc après le boycott de ses produits laitiers », lesechos.fr, 6 septembre 2018.

de prix. Les boycotts de réaction à une hausse de prix sont généralement de courte durée et sont les moins inquiétants. Selon certains spécialistes marocains, le boycott serait militant et communautaire autour de la défense globale du pouvoir d'achat, soit un mouvement beaucoup plus durable et dommageable[1], et ce, d'autant plus qu'il a été attisé par une très mauvaise gestion initiale, à la fois par les responsables des entreprises concernées et, à un niveau plus global, par la sphère politique en charge du dossier qui, il faut l'avouer, a été très largement dépassée par les événements.

Le P.-D.G. du groupe Danone[2] quant à lui résume en ces termes son expérience du boycott : « Le phénomène marocain est lié au fait que le Maroc est un pays dans lequel pour une partie très importante, absolument majoritaire, les questions sur le pouvoir d'achat sont rémanentes [...]. Avec l'inflation qui est liée, parfois, à la dévaluation des monnaies, à la hausse de certaines matières premières, etc., il y a eu dans le passé sur des questions de hausse du prix de la farine par exemple, [...] qui rentre dans la constitution des éléments de base de l'alimentation des Marocains, il y a eu des émeutes [...] ». Il s'agit d'un « phénomène de ras-le-bol par rapport à la cherté de la vie d'un grand nombre de foyers marocains, mais exprimé pour la première fois et porté par une génération de jeunes ». *Les boycotteurs*, « au lieu de l'exprimer en descendant dans la rue et en râlant, l'ont exprimé de façon digitale ».

6.7.4. Un boycott salutaire ?

Si le boycott a eu un coût économique et social relativement élevé, il a cependant induit quelques effets bénéfiques. Le premier élément positif à mettre au crédit du boycott est sans doute la mise en évidence des larges doutes du consommateur marocain et son manque de confiance « dans la capacité du cadre institutionnel à protéger ses droits contre tout abus de pouvoir et de veiller à ce que la détermination des prix et des marges de profit ne se fasse pas de manière illégale et aux dépens de son pouvoir d'achat ». Le boycott a ensuite été l'occasion d'appeler à la réactivation du conseil de la concurrence et au renforcement de la protection du consommateur... tout comme il a été le moment où le consommateur a pris conscience du pouvoir d'agir (*empowerment*) qu'il peut avoir si son action est collective, celle-ci pouvant être déstabilisatrice du système.

---

[1] Propos de Nathalie Maroun, directrice associée du cabinet Heiderich, spécialisé en gestion de crise. Dans « Le boycott de Danone au Maroc : une bonne leçon sur la gestion de crise », slate.fr, 8 janvier 2019.

[2] « Les raisons du boycott selon le patron de Danone », *Le desk*, 14 septembre 2018.

A. Renforcement de la protection du consommateur

Le Conseil économique et social (ou CES) a appelé à renforcer les droits des consommateurs et a recommandé l'installation, au plus vite, du conseil consultatif supérieur de la consommation, tel qu'il avait été prévu dans la loi 31-08. Cet organe a en effet fait l'objet d'un projet de décret en gestation depuis 2011. Il a pour mission d'émettre des avis sur les mesures prises pour protéger le consommateur. Le CES recommande également la mise en place du fonds national pour la protection du consommateur, lui aussi prévu par la loi, et dont l'objectif est de financer les actions d'information et de sensibilisation des consommateurs. Le conseil préconise par ailleurs la simplification des procédures d'accès des associations au statut d'utilité publique qui devrait leur permettre d'ester en justice au travers d'une démarche administrative simplifiée. Il est vrai qu'à ce jour, ces associations ne pouvaient le faire que moyennant des procédures d'autorisation administrativement lourdes et longues.

B. Réactivation du conseil de la concurrence

Le boycott a mis en évidence les « failles et défaillances au niveau du cadre de régulation des marchés et de leur degré de transparence ». Il est vrai que le conseil de la concurrence était devenu une coquille vide en stand-by depuis au moins 2013. En effet, les mandats du président et du secrétaire général sont arrivés à échéance en 2013 et n'ont pas été reconduits[1]. De fait, le retard dans les reconductions des mandats ou la nomination de nouveaux membres impacte directement les missions du conseil qui se retrouve confiné à l'élaboration d'études et analyses à portée générale mais qui n'est plus habilité à se prononcer sur les affaires en cours, pas plus qu'à appliquer des sanctions éventuelles[2].

On peut supposer que la paralysie du conseil de la concurrence a joué comme un terreau favorable au boycott. Le président du conseil lui-même a déclaré : « si le conseil avait existé, je ne dis pas que nous aurions pu résoudre tous les problèmes ; mais nous aurions pu nous saisir d'un ou deux dossiers.

---

[1] De manière plus précise et comme l'indiquait le président Abdelali Benamor à *Finances News Hebdo* le 13 juillet 2015 : « le mandat des membres du conseil est arrivé à terme depuis octobre 2013. Par contre, le mandat du président reste, à ce jour, toujours en vigueur. La loi stipulant que les membres du conseil sont nommés tous les 5 ans renouvelables, alors que le président est nommé par le roi, sans précision de date. Le président est donc toujours en activité à l'heure actuelle sauf que dans le nouveau texte il est dit que le président est nommé pour 5 années renouvelables une fois et que les membres doivent être renouvelés. Le président est toujours nommé par le roi et, le chef de gouvernement, sur proposition d'un certain nombre de secteurs, nomme les membres ».

[2] « Le conseil de la concurrence toujours en stand-by », *Le 360*, 23 octobre 2015.

Si des dépassements avaient été constatés, le conseil aurait pris des mesures[1]... » Dès lors, on peut estimer que le boycott a remis à l'ordre du jour le rôle du conseil de la concurrence et a réactivé la nécessité de le relancer. Ainsi, c'est le 17 novembre 2018 que Driss Guerraoui est nommé nouveau président du conseil de la concurrence qui, selon les termes de Sa Majesté le roi Mohammed VI, « est une institution chargée d'assurer la transparence et l'équité des relations économiques, notamment à travers l'analyse et la régulation de la concurrence sur les marchés, le contrôle des pratiques anticoncurrentielles et les opérations de concentration économique et de monopole[2] ».

De ce point de vue, le rapport du CES, dont il est fait état plus haut, recommande de pousser la collaboration entre le conseil de la concurrence et les associations de consommateurs ainsi que les organismes de contrôle de la qualité des produits. L'objectif étant ici d'appréhender toutes les pratiques commerciales qui se feraient au détriment des consommateurs, comme le non-respect des normes et la dégradation qualitative des produits.

C. Boycott, consumérisme et *empowerment* du consommateur

La presse professionnelle a analysé avec raison le boycott marocain de Danone, Sidi Ali et Afriquia comme un tournant dans l'histoire du consumérisme et du consommateur marocain. Il constitue pour beaucoup une première expérience d'action citoyenne réussie et qui sera amenée à être renouvelée à l'avenir et à s'inscrire durablement dans le paysage de la revendication collective nationale. Il est vrai également, et ce point n'a pas échappé à la direction centrale de Danone, que le boycott en question est un mouvement mené par des catégories sociales jeunes, qui semblent avoir un pouvoir d'influence important sur leur environnement : « ce boycott, on n'en est pas encore sorti, pour l'instant, je n'ai donc que la moitié de l'histoire. Je pense néanmoins que ce qui s'est passé ici vis-à-vis de notre marque est un phénomène caractéristique de la nouvelle génération des jeunes de 15 à 35 ans qui ont des comportements de réseaux sociaux et qui transforment ce à quoi ils croient en normes sociales... ils sont capables d'influencer leurs parents, leurs amis, leur famille... c'est quelque chose de très puissant et donc en tant que marque, il faut qu'on apprenne les codes et qu'on soit capable nous-mêmes d'interagir avec les communautés comme celle-ci. C'est un apprentissage très important[3] ».

---

[1] Abdelali Benamor, dans www.cfcim.org magazine, 10 juillet 2018, « Boycott : l'émergence du consommateur ».

[2] Rapporté par le Cabinet royal, Telquel, 17 novembre 2018 : Driss Guerraoui nommé président du conseil de la concurrence.

[3] « Boycott du lait Centrale Danone : la crise de l'année », *Media24*, 26 septembre 2018.

En réalité, la plupart des analystes sont confrontés à des difficultés réelles à qualifier le phénomène autrement que par des formules, certes convenues, mais qui renvoient toutes à la même idée, celle d'une prise de conscience du pouvoir d'agir des consommateurs à la fois par les entreprises et les marques d'un côté et par le consommateur lui-même de l'autre : « cette rupture donne naissance à une nouvelle forme de démocratie qu'on pourrait appeler une "conso-cratie" où le citoyen devient un "conso-citoyen[1]" ». « Le boycott vient rappeler aux entreprises que le consommateur d'aujourd'hui doit être considéré comme "un consommacteur 3.0[2]"… » ou encore : « Le boycott a acté l'émergence d'une nouvelle force sociétale, celle du consommateur marocain… le consommateur a toujours eu le pouvoir. Sauf que de nos jours il a pris conscience de l'étendue de ce pouvoir ».

Pour autant, cette idée d'*empowerment* du consommateur qui serait devenu plus compétent et plus exigeant se heurte à la problématique des objectifs et des motivations à boycotter. Didier Lambin déclarait avec raison : « ce qui nous préoccupe, c'est quand on demande aux personnes qui boycottent pour quelles raisons elles le font, beaucoup répondent qu'elles ne savent pas et qu'elles ne font que suivre le mouvement… ». Il est vrai que cette caractéristique se retrouve dans tous les mouvements sociaux d'ampleur. En effet, dès qu'on se déplace du centre (meneurs/organisateurs) vers la périphérie (les suiveurs), le discours est régulièrement moins argumenté et moins clair.

Une autre spécificité du boycott marocain réside dans le fait qu'il s'agit d'un boycott, on l'a vu, général et massif, mais qui a été porté individuellement, en ce sens que les associations de consommateurs ont été largement absentes du débat, ce qui reflète, s'il le fallait, à la fois le manque de structuration et le manque de moyens et de légitimité de ces structures. Il n'en demeure pas moins que le boycott est devenu, et sans doute va-t-il le devenir encore plus à l'avenir, un moyen de contestation efficace et remarqué. Jusqu'à ce jour, au Maroc, les stratégies de boycott étaient extrêmement rares. Certaines expériences passées ont été initiées par les pouvoirs publics comme par exemple celles qui portent sur des questions d'intégrité territoriale. On a pu ainsi assister à une décision politique lancée par le gouvernement marocain de boycotter les produits suédois en réaction à la volonté émise par le parti libéral démocrate suédois de présenter un projet de reconnaissance du mouvement Polisario dans les provinces du Sud. Il n'en demeure pas moins que des mouvements de boycott des produits israéliens en général et en

---

[1] Nabil Tawfik, dans *L'Économiste*, n° 5291, 11 juin 2018.
[2] Manal El Abboubi, professeur à l'université Mohammed V de Rabat, chercheur à Economia HEM, 10 juillet 2018, CFCIM.org.

provenance des colonies en Palestine en particulier ont été quant à eux initiés par des associations citoyennes et par la société civile. En 2016, le groupe Danone avait lui-même déjà été confronté à un boycott poussé par les pouvoirs publics. Mais aucun de ces boycotts n'a eu le niveau de répercussion, ni la durée de celui de 2018 qui reste un événement national majeur et inédit. C'est en effet la première fois que le consommateur marocain exprime son mécontentement avec succès en ayant recours à un pouvoir particulier, celui des réseaux sociaux, et sans manifester dans la rue, mais avec une forte incarnation dans les comportements de non-achat. Cette situation participe à inscrire le consommateur dans une position de force qui se trouve confortée par l'impact déstabilisateur de son action sur les acteurs du marché.

Conclusion

Dans ce chapitre consacré aux tendances émergentes de la consommation et de l'anticonsommation, nous revenons sur les affirmations récurrentes en marketing et comportement du consommateur, selon lesquelles le consommateur serait devenu plus exigeant, plus mature et plus apte à juger et arbitrer entre les différentes offres qui lui sont faites. Il est vrai qu'on a assisté, au Maroc, à une réelle prise de conscience par le consommateur de sa capacité à analyser et sanctionner la qualité de l'offre de produits et de services et les pratiques commerciales jugées non éthiques. L'arrivée de la grande distribution moderne a également impulsé des changements qualitatifs dans son comportement. Ce dernier n'hésite plus à réclamer. Il a, plus qu'avant, conscience du service qu'il est en droit d'attendre. Pour autant, cela n'exclut pas que le consommateur marocain, tout en étant plus exigeant vis-à-vis de l'altérité, le soit toujours beaucoup moins vis-à-vis de lui-même et qu'il ait besoin d'une véritable éducation à la consommation et aux pratiques responsables. L'émergence d'un droit du consommateur, qui commence à se structurer, devrait l'y aider. Pourtant, la réglementation reste très lente à se mettre en place et les associations de consommateurs n'ont pas encore, au Maroc, une place qui leur permettrait de jouer leur véritable rôle. Il n'en demeure pas moins que la logique de l'anticonsommation apparaît maintenant bien ancrée auprès du consommateur marocain : d'abord au travers de pratiques de résistance face à certains formats de distribution et ce qu'ils représentent, et ensuite, et plus récemment, au travers de pratiques de boycott, qui paraissent particulièrement efficaces et déstabilisantes pour les entreprises concernées et plus généralement pour le marché dans son ensemble.

CONCLUSION GÉNÉRALE

Les travaux académiques dédiés à la consommation et au consommateur, à ses spécificités et à son comportement, sont extrêmement rares au Maroc et plus largement dans la plupart des pays émergents. Cette rareté des travaux est certes liée à un faible intérêt relatif des chercheurs marocains pour les thématiques de consommation et de comportement des consommateurs ; mais elle est aussi et surtout liée à une défaillance réelle du système public et privé de production de statistiques et de données fiables. Ces systèmes peinent en effet à mettre à disposition du chercheur des données *ad hoc* fines et actualisées. Néanmoins, comme nous avons pu le voir, le chercheur n'est pas totalement démuni et la finalisation de cet ouvrage avec ses apports mais aussi ses limites et ses imperfections peut en attester. Le chercheur marocain (mais pas seulement) peut en effet s'appuyer sur la presse spécialisée (qui traite régulièrement des questions de consommation), comme sur un certain nombre d'enquêtes menées par des professionnels des études, voire même sur les recherches et enquêtes produites par les étudiants en fin de cycle. Ces travaux, malgré leur portée parfois restreinte et contextualisée, restent riches d'enseignements et particulièrement utiles lorsqu'ils sont articulés et mis en perspective, à qui veut cerner les mondes de la consommation au Maroc, et par extension dans des contextes socioculturels comparables de pays en développement.

Au travers des six chapitres que compte cet ouvrage, nous avons tenté de mettre en avant les différentes dimensions de la consommation au Maroc ainsi que les différentes facettes du consommateur marocain. Les acquis n'excluent pas qu'il subsiste encore de multiples gaps de recherche qu'il conviendrait d'investiguer à l'avenir. Pour notre part, nous pensons que cinq trajectoires de recherche sont particulièrement prometteuses pour les chercheurs qui s'intéresseraient à l'avenir à la question du consommateur et de la consommation au Maroc (et au-delà dans d'autres pays émergents qui partagent de nombreuses caractéristiques avec ce dernier).

Nous avons fait état dans notre chapitre 3 consacré à la présentation de quelques profils particuliers, au consommateur senior et au consommateur pauvre. Ces deux catégories sont en effet particulièrement intéressantes à investiguer. Plus encore, elles rencontrent un dénominateur commun au travers des problématiques de l'analphabétisme ou de l'illettrisme qui, au Maroc, apparaissent comme des freins importants à la diffusion de la distribution moderne et surtout à l'inclusion de ces populations multivulnérables. Dès lors, il est un besoin urgent d'engager des réflexions autour des dispositifs que devraient déployer les acteurs du commerce moderne afin de proposer des réponses inclusives à ces catégories de consommateurs en voie de marginalisation non seulement de la sphère de la consommation moderne mais plus globalement de la société, en raison du rôle crucial de la consommation en tant que marqueur identitaire et social des individus.

Une deuxième trajectoire de recherche intéressante se situe au niveau des formes de résistance qui se sont développées au Maroc autour de la distribution moderne (mais également traditionnelle) et qui ont trouvé leur point d'orgue au travers du boycott de 2018. Il devient dès lors pertinent d'interroger et d'explorer les différentes facettes de l'anticonsommation au Maroc et leur inclination à perdurer ou non. Nous avons commencé ce travail mais le sujet mérite à n'en pas douter des investigations plus poussées en raison de ses implications sur le plan de la modification des rapports de force entre les consommateurs (et la société) et le marché (et ses acteurs).

Une troisième trajectoire possible de recherche réside dans l'analyse de l'impact des inégalités croissantes au Maroc sur le consommateur et les pratiques de consommation. Ces inégalités ont un effet direct sur la consommation ostentatoire ; mais elles impactent également la stratégie des grandes firmes de distribution qui doivent arbitrer entre des formats *« grasp all »* d'un côté et une segmentation fine de leurs magasins de l'autre ; segmentation qui peut s'apparenter parfois à de la ségrégation. Cette piste de recherche est connexe aux deux précédentes dans la mesure où elle s'articule d'un côté aux problématiques de vulnérabilité (économique, de littératie, d'âge, de genre, de handicap, etc.) des populations qui tendent à les exclure de certains espaces de marché (format moderne en général, enseignes premium, etc.) ; et de l'autre aux logiques de résistance de ces populations, à leur mise à l'écart ou à leur rejet des formats de vente qui leur semblent culturellement éloignés de leurs propres valeurs.

Une quatrième perspective de recherche renvoie à la dimension temporelle qui traverse les pratiques de consommation et les façonne. Les ménages marocains (en particulier urbains), à l'instar de leurs homologues occidentaux, ont de plus en plus le sentiment de manquer de temps, notamment pour effectuer leurs courses alimentaires et non alimentaires. Ce sentiment devrait même être exacerbé si le taux d'activité féminin venait à s'élever. Dans ces conditions, le « temps des courses » serait alors fortement contraint par la « course du temps » et il deviendrait dès lors intéressant et utile de s'interroger sur les mutations du comportement des consommateurs ainsi que les réponses qui pourraient être apportées par le commerce et la distribution. La digitalisation des achats, *via* le e-commerce, le m-commerce ou le *click and collect*, est une première réponse qui est en train de monter progressivement en puissance au Maroc et de s'attirer les faveurs d'une population jeune, urbaine et active. Cette tendance présage une sorte de découplage des pratiques de consommation et du temps qui pourrait leur être consacré ; aux activités de consommation « corvée » tendront à se substituer des formes d'achat à distance permettant de gagner en temps et en confort ; alors que les activités de consommation hédoniques, expérientielles et statutaires tendront à se maintenir, voire à se renforcer, au travers d'une allocation de temps plus substantielle.

Enfin, une cinquième et dernière trajectoire devrait être trouvée dans l'analyse fine de la relation « religiosité-consommation ». Nous avons évoqué, quoique de manière trop succincte, cette perspective de recherche qui a été bien peu investiguée au Maroc. Cette relation d'apparence évidente est en réalité assez complexe dans la mesure où le sentiment religieux n'est pas binaire et par conséquent les pratiques de consommation qui s'y adossent sont très loin de la dualité escomptée entre *halal* et *haram*. Elles recouvrent au contraire un spectre très large d'arrangements, d'ajustements et de stratégies de *coping* mis en œuvre par les consommateurs selon les contextes d'interactions sociales, les catégories d'appartenance, le degré de religiosité et l'opportunisme des acteurs. Certaines pistes que nous avons évoquées semblent prometteuses et devraient être approfondies si l'on souhaite mieux comprendre le comportement actuel et à venir du consommateur marocain et plus largement dans le monde musulman.

BIBLIOGRAPHIE

AGRICULTURE ET AGROALIMENTAIRE CANADA (2014), Profil du consommateur marocain, mai, 14 p.

AIT ERRAYS N., HATTABOU A. (2015), Comprendre la consommation des produits de terroir : analyse des perceptions et motivations d'achat de l'huile d'argan dans le contexte marocain, *Revue marocaine de recherche en management et marketing (REMAREM)*, n° 11, janvier-juillet, pp. 83-106.

AL QARADAWI (2000), *Safeguarding the Environment in Islamic Sharia*, Al Khaleej.

ALLALI F. (2017), Évolution des pratiques alimentaires au Maroc, *International Journal of Medecine and Surgery*, vol. 4, Special issue, pp. 70-73.

AMINE A. (1999), *Le comportement du consommateur face aux variables d'action marketing*, Caen, Éditions EMS.

AMINE A. (2012), La grande distribution dans les pays émergents, caractéristiques, enjeux et perspectives, pp. 117-141, dans GALLOUJ C. et VIGLIANO M-H. (eds), *Management de la distribution*, Paris, L'Harmattan.

AMINE A. (2018), Les personnes âgées face à la grande distribution : quelles adaptations réciproques au Maroc, Colloque : Services et distribution dans les pays émergents, HEC Rabat, Université Paris 13 (CEPN-CNRS), 19-20 octobre, Rabat.

AMINE A., HENDAOUI-BEN TANFOUS F. (2012), Exploring consumers' opposition motives to the modern retailing format in the Tunisian market, *International Journal of Retail & Distribution Management*, vol. 40, issue 7, pp. 510-527.

AMINE A., HENDAOUI-BEN TANFOUS F. (2021), Quand le consommateur s'émancipe des grandes surfaces alimentaires dans une société de consommation naissante, le cas de la Tunisie, dans GALLOUJ C. *et al.*, *Commerce et distribution dans les pays du Maghreb : acteurs et stratégies,* Presses universitaires de Provence.

AMINE A., LAZZAOUI N. (2007), Tendances symboliques de consommation et de magasinage : cas des enseignes de distribution modernes dans un pays émergent, 6es journées normandes de recherche sur le consommation, 19-20 mars.

AMINE A., LAZZAOUI N. (2009a), Rôle de la distribution moderne dans l'évolution des pratiques de consommation dans les pays émergents : cas de la distribution alimentaire au Maroc, *REMAREM, Revue marocaine de recherche en management et marketing*, n° 1, pp. 55-72.

AMINE A., LAZZAOUI N. (2009b), Réactions des consommateurs aux formats de distribution dans les pays émergents : résistance ou stratégie d'adaptation, pp. 195-210, dans ROUX D., *Marketing et résistance(s) des consommateurs*, Paris, Economica.

AMINE A., LAZZAOUI N. (2011), Shopper's reactions to Modern food Retailing Systems in an Emerging Country : the case of Morocco, *International Journal of Retail and Distribution Management*, 39(8), pp. 562-581.

AMINE A., SITZ L. (2007), Émergence et structuration des communautés de marque en ligne, *Décisions Marketing*, 46, avril-juin, pp. 63-75.

AMMC-Kantar MILLWARD BROWN (2017), Étude sur les attentes et espérances des jeunes *millennials* marocains.

ANRT (2019), Enquête de collecte des indicateurs TIC auprès des ménages et des individus au niveau national au titre de l'année 2018, juillet.

AOMARI A. (2014), The Responsible Consumption : Factor of the Development of Environmental Responsbility in Morocco, *Journal of Business and Management*, vol. 2, n° 3, august, pp. 219-223.

BABIN B. J., DARDEN W., GRIFFIN M. (1994), Work and/or fun : measuring hedonic and utilitarian shopping value, *Journal of Consumer Research*, vol. 20, issue 4, march, pp. 644-656.

BANDURA A. (1980), *L'apprentissage social*, Bruxelles, Éditions Mardaga.

BARBET V., BRESSE P., GUICHARD N., LECOQUIERRE C., LEHU J-M, VANHEEMS R. (1999), *Le marketing olfactif*, Paris, Les Presses du Management.

BASTY-HAMIMI F. (2011), Une classe moyenne au Maroc ?, *Les cahiers de l'Orient*, 2, 122, pp. 31-42.

BAUDRILLARD J. (1970), *La société de consommation*, Paris, Gallimard.

BAUMAN Z. (2005), *Work, Consumerism and the New Poor*, Buckingham, Open University Press.

BEAUDEVIN C. (2004), Des visites de « murabiyya'an » au marché du mercredi, souks féminins en Oman : Séparatisme commercial ou renforcement d'une « culture de genre » ? Chroniques yéménites, Cefas – Sanaa : Centre français d'archéologie et de sciences sociales, 12. ffhalshs-00355788f

BECKER H. S. (2020), *Outsiders. Études de sociologie de la déviance*, Paris, Éditions A. M. Matailie.

BELAHMIDI T. (2009), Le merchandising et la grande distribution au Maroc : le cas d'Aswak Asslama Kenitra, rapport de stage de fin d'étude, ENCG, Université Mohammed 1er, Oujda.

BELLENGER D. N., KORGAONKAR P. K. (1980), Profiling the Recreational Shopper, *Journal of Retailing*, vol. 56, n° 3 (fall), pp. 77-92.

BENNANI A. (2011-2012), Huile d'olive et olives de table, Rapport Interprolive, Fédération interprofessionnelle marocaine de l'olive.
BENBRAHIM S. (2011), Le luxe au Maroc : territoire de promesses. www.aufaitmaroc.com/ma-vie/tendances/2011/2/22/le-luxe-au-maroc-territoire-de-promesses.
BON M., HUSSEIN M. (2010), Halal Food and Tourism : Prospects and Challenges, in Tourism, pp. 47-59, in SCOTT N., JAFARI J., *The Muslim World : Bridging Tourism Theory and Practice*, Emerald book.
BORDEAUX H. (1931), *Un printemps au Maroc*, Paris, Plon.
BOUAÏTA M. (2012), Étude de l'impact de la carte de fidélité Aswak Assalam sur le comportement du client, Faculté des sciences de l'éducation, Université Mohammed V Souissi, Rabat.
BOULAHOUAL A., GABER H. (2016), Produits bio, état des lieux et études des tendances de la consommation, *IOSR Journal of Engineering*, vol. 6, issue 10, octobre, pp. 22-32.
BOURDIEU P. (1979), *La distinction. Critique sociale du jugement*, Paris, Éditions de Minuit.
BOUTAQBOUT M. (2019), Mise en place d'une stratégie de fidélisation au sein de Carrefour Market face à l'ouverture d'un nouveau concurrent (Aswak Assalam), Rapport de stage de fin d'études, HEC Rabat.
BOUZIDA Z. (2016), Le comportement des consommateurs seniors illettrés vis-à-vis de la distribution alimentaire dans les pays émergents – Le cas du Maroc, Mémoire de master 2 recherche en management, IAE Gustave Eiffel, UPEC.
BROUZIYNE Y., LAKHRIF K. (2016), Exploration des effets de la foule perçue sur les perceptions et sur le comportement du consommateur marocain en contexte de grandes et moyennes surfaces, *REMAREM, Revue marocaine de recherche en management et marketing,* n° 15, juillet-décembre, pp. 442-434.
CAMUS S. (2004), Proposition d'échelle de mesure de l'authenticité perçue d'un produit alimentaire, *RAM, Recherche et applications en marketing,* vol. 19, n° 4, pp. 39-63.
CANETTI E. (1967/1980), *Die stimen von Marrakech, les voix de Marrakech,* Karl Hauser Verlag/Albin Michel.
CAPLOVITZ D. (1963), *The poor pay more : Consumer practices of low income families*, New York, Free Press of Glencoe.
CHABAULT V. (2017), *Sociologie de la consommation*, Paris, Dunod.
CLAUZEL A., GUICHARD N., RICHE C., de LAENDER M.H. (2016), *Comportement du consommateur*, Paris, Vuibert.
CLIQUET G., FADY A., BASSET G. (2002), *Management de la distribution*, Paris, Dunod.
CLIQUET G., PICOT-COUPEY K., BASSET G. (2018), *Retailing : management et marketing du commerce,* Paris, Dunod.
COTTET P., LICHTLE M.-C., PLICHON V. (2006), The Role of Value in

Service : a Study of Retail Environment, *Journal of Consumer Markets*, vol. 23, issue 4, pp. 219-227.

COVA B. (2000), *Au-delà du marché. Quand le lien importe plus que le bien*, Paris, L'Harmattan.

COVA B., COVA V. (2001), *Alternative marketing*, Paris, Dunod.

D'ANDREA G., LOPEZ-ALEMAN B., STENGEL A. (2006), Why Small Retailers Endure in Latin America ?, *International Journal of Retail & Distribution Management*, vol. 34, n° 9, pp. 661-673.

DARDEN W. R., ASHTON D. (1974), Psychographic Profiles of Patronage Preference Groups, *Journal of Retailing*, vol. 50, n° 4, pp. 99-112.

DAUCE B. (2000), La diffusion des senteurs d'ambiance dans un lieu commercial ; intérêt et test des effets sur le comportement, thèse de doctorat en sciences de gestion, Université Rennes 1.

De PECHPEYROU P. et ODOU P. (2012), Scepticisme du consommateur et efficacité promotionnelle, *Recherche et applications en marketing*, vol. 27, n° 2, pp. 45-69.

De TARDE A. (1923), *Le Maroc école d'énergie*, Paris, Librairie Plon.

DIN K. D. (1989), Islam and Tourism : Patterns, Issues, and Option, *Annals of Tourism Research*, vol. 16, pp. 542-563.

DION D. (2000), L'influence de la foule sur les comportements dans un contexte commercial, pp. 167-183, dans VOLLE P. (coord.), *Études et recherches sur la distribution*, Paris, Economica.

DJELLAL F., GALLOUJ F. (eds), *Innovation in Services : an Agenda for Research*, Cheltenham, Edward Elgar.

EL AOUNI R. (2010), Les Marocains et la grande distribution, HEM, Economia.

EL HARAOUI I., KHATORI Y. (2015), Comportement du consommateur marocain en ligne : pensez confiance ?, *REMAREM, Revue marocaine de recherche en management et marketing*, août-octobre, n° 12, pp. 72-94.

EL MAZOUDI J., BOUTANNOURA R., SBITI M. (2017), La consommation responsable chez la génération Y : étude exploratoire dans le contexte marocain, pp. 169-183, dans IGALENS J., CHOUKRI F., *La responsabilité sociale des entreprises au Maroc*, Caen, MPE, Management Prospective Edition.

EL OMARI F. (2014), L'usage de drogues auprès des élèves marocains, Royaume du Maroc, Ministère de l'Éducation nationale et de la Formation professionnelle.

ES SADDOUNI T. A. (2015), Analyse des lieux d'achat des ménagères d'El Jadida, Rapport de stage 5e année, HEC Rabat.

ESSOO N., DIBB S. (2004), Religious Influences on Shopping Behaviour : An exploratory Study, *Journal of Marketing Management*, vol. 20, issue 7, pp. 683-712.

FIRAT F., VENKATESH A. (1995), Liberatory Postmodernism and the Reenchantment of Consumption, *Journal of Consumer Research*, february, vol. 22, issue 3, pp. 239-67.

LAZARUS R., FOLKMAN S. (1984), *Stress, Appraisal and Coping*, New York, Springer.

FRIEDMAN M. (1985), Consumer Boycotts in the United-States 1970-1980, Contemporary Events in Historical Perspective, *The Journal of Consumer Affairs*, vol. 19, issue 1, pp. 96-117.

GALLOUJ C. (2017), Vieillesse et vieillissement au Maroc, *Revue francophone de gériatrie et de gérontologie*, mai, tome XXI, n° 205, pp. 174-180.

GALLOUJ C. (2017), Informal Retailing and Itinerant Merchants in Morocco : Between Repression and Institutionalization, *ERSEM, European Review of Service Economics and Management*, 1, n° 3, p. 133-162.

GALLOUJ C. (2018a), Grande distribution alimentaire contre Moul'hanout : quelles stratégies d'adaptation ?, Colloque HEC Rabat-Université Paris 13, Services et distribution dans les pays émergents, 19-20 octobre, Rabat.

GALLOUJ C. (2018b), Grande distribution contre Moul'hanout : vers une confrontation accrue, *Les Inspirations ÉCO*, 28 septembre.

GALLOUJ C. (2018c), Maroc : un bon pays pour vieillir ?, *Les Inspirations ÉCO*, 4 septembre.

GALLOUJ C. (2018d), Service Innovation : Towards a Religious Trajectory, pp. 116-147, dans DJELLAL F. et GALLOUJ F. (eds), *Innovation in services : an Agenda for Research*, Cheltenham, Edward Elgar.

GALLOUJ C. (2020a), Grande distribution alimentaire au Maroc : acteurs et stratégies, rapport de recherche, HEC Rabat et université Sorbonne Paris Nord.

GALLOUJ C. (2020b), Grande distribution non alimentaire au Maroc : GSS, grands magasins, malls, franchises et e-commerce, rapport de recherche, HEC Rabat et université Sorbonne Paris Nord.

GALLOUJ C. (2021), Commerce traditionnel au Maroc : un monde de résilience, rapport de recherche, HEC Rabat et Université Sorbonne Paris Nord.

GALLOUJ C., GALLOUJ F., GALLOUJ N. (2021), *Commerce et distribution dans les pays du Maghreb : acteurs et stratégies*, Aix-Marseille, Presses universitaires de Provence.

GALLOUJ C., GALLOUJ F., VIALA C. (2021), Les recherches sur le commerce et la distribution en Tunisie : une revue de la littérature, dans GALLOUJ C., GALLOUJ F., GALLOUJ N. (2021), *Commerce et distribution dans les pays du Maghreb : acteurs et stratégies*, Aix-Marseille, Presses universitaires de Provence.

GALLOUJ C., KAABACHI S., LAIB N. (2010), Seniors et grand commerce : une revue de la littérature, *Gérontologie et société*, n° 135, décembre, pp. 55-82.

GALLOUJ C., PACHÉ G. (2020) (eds.), *Management des services : convergences, contrastes et controverses*, Aix-Marseille, Presses universitaires de Provence.
GALLOUJ C., VIALA C. (2021), *Économie circulaire et univers agricole*, Paris, Éditions France Agricole.
GALLOUJ C., VIGLIANO M.-H. (2012) (eds.), *Management de la distribution*, Paris, L'Harmattan, Marché et Organisations.
GAMBLE J. (2004), Consumers with Chinese Characteristics : Chinese Customers in British and Japanese Multinational Retail Store, ESRC/AHRB Culture of Consumption Research Programm, working paper series n° 11, may, disponible sur www.consumer.bbk.ak.uk.
GATFAOUI S. (2007), Comment développer une relation bancaire fondée sur la confiance ?, *Décisions marketing*, avril, n° 46, pp. 91-103.
GEERTZ C. (2003), *Le souq de Sefrou : sur l'économie de bazar*, Bouchène.
GODEFROIT-WINKEL D. (2013), Acheteuse sans compétences ? La femme casablancaise face au supermarché, thèse de doctorat en sciences de gestion, Université de Lille 2.
GODEFROIT-WINKEL D., FOSSE-GOMEZ M. H., OZCAGLAR-TOULOUSE N. (2012), Globalization in Less Affluent World : the Moroccan Consumer's Acculturation to Global Consumer Culture in Their Homeland, *Advances in Consumer Research*, vol. 40, pp. 454-461.
GOFFMAN E. (1973), *La mise en scène de soi dans la vie quotidienne. 1. La présentation de soi*, Paris, Les Éditions de Minuit.
GOLDMAN A. (1974), Outreach of Consumers and the Modernisation of Urban Food Retailing in Developing Countries, *Journal of Marketing*, vol. 38, n° 4, pp. 8-16.
GRANDCLEMENT C. (2011), Le libre-service à ses origines : mettre au travail ou construire le consommateur ?, *Entreprises et histoire*, n° 64, pp. 64-75.
GRARI Y., DALI YOUCEF S. (2017), Le marketing de l'individu : développement de l'autonomie du consommateur, cas de la femme dans le processus de décision d'achat, *REMAREM, Revue marocaine de recherche en management et marketing*, n° 17, juillet-décembre, pp. 45-61.
GUERRAOUI D., AFFAYA N. (2013), *Les jeunes et l'engagement : désenchantement et espoir*, Paris, L'Harmattan – ARCI.
GUETTAYA G. (2014), Marjane Khouribga, rapport de stage, OFPTT, Maroc.
HAFSI M. (2009), L'impact des actions promotionnelles sur le comportement d'achat des consommateurs : cas de Marjane Oujda, rapport de stage de fin d'études, ENCG, Université Mohamed 1er.
HAMELIN N., THAICHON P. (2016), Consumer Motives and Impact of Western Media on the Moroccan Luxury Buyer, *Journal of Retailing and Consumer Services*, vol. 32, pp. 164-170.
HAMIMAZ R. (2009), Le développement des produits du terroir au Maroc :

quelques préalables, pp. 271-279, dans TEKELIOGLU Y., LIBERT H., TOZANLI S. (eds.), *Les produits de terroir, les indications géographiques et le développement local durable des pays méditerranéens*, Montpellier, Éditions CIHEAM.

HARDY G. (1930), *Les colonies françaises : le Maroc*, Paris, Rénouard.

HARROUD T. (2016), Les pratiques de résistance dans les malls de Rabat-Salé : accessibilité et usage social d'un espace sélectif, *Culture et conflits*, 101, printemps, pp. 57-59.

HARROUD T. (2017), L'avènement du shopping mall à Rabat : les formes d'appropriation sociale d'un espace marchand sélectif, *Ateliers d'anthropologie*, mis en ligne le 6 décembre 2017, URL httpp://journals.openedition.org/ateliers/10416.

HARROUD T. (2021), L'arrivée des malls au Maroc : recomposition spatiales et sociales d'un nouvel équipement marchand, dans GALLOUJ C., GALLOUJ F., GALLOUJ N. (2021), *Commerce et distribution dans les pays du Maghreb : acteurs et stratégies,* Aix-Marseille, Presses Universitaires de Provence.

HCP (2016), Présentation des résultats de l'enquête nationale sur la consommation et les dépenses des ménages, 2013-2014, octobre.

JAZI S. (2003), Confiance et qualité perçue : le cas du secteur laitier marocain, *Revue française de gestion*, n° 144/3, pp. 65-81.

JAZI S. (2014), Les valeurs de consommation des produits bio et *« beldi »* au Maroc, *REMAREM, Revue marocaine de recherche en management et marketing,* n° 9-10, janvier-décembre, pp. 209-223.

KABBAJ N., MSEFFER D. Z. (2017), Le luxe au Maroc : niche ou secteur d'avenir, *Conjoncture*, n° 994, 15 juillet-15 septembre, p. 19-30.

KADDOURI K. (2015), Analyse et ajustement de la politique de ventes des produits bio au sein du magasin Hay Riad, rapport de stage de 5e année, HEC Rabat.

KADIRI Z. (2015), *Jeunesse au Maroc : marginalités, informalités et adapabilités*, Paris, Economia.

KAMLA R., GALLHOFER S., HASLAM J. (2006), Islam, Nature and Accounting : Islamic Principles and the Notion of Accounting for Environment, *Accounting Forum*, vol. 30, pp. 245-265.

KAPCHAN D. (1996), *Gender on the Market. Morrocan Women and the Revoicing of Tradition*, Philadelphia, University of Pennsylvania Press.

KATCHEVA V. D., WEITZ B. (2006), When Should a Retailer Create an Exciting Store Environment, *Journal of Marketing*, vol. 70, january, pp. 107.

KHALID F., O'BRIAN J. (eds.) (1992), *Islam and Ecology*, London, Cassell.

KOBI H., OUKASSI M. (2019), La perception des consommateurs marocains vis-à-vis du commerce équitable des produits du terroir : cas des produits d'argane, *RIMS, Revue internationale du marketing et du management stratégique*, vol. 1, n° 3, juillet-septembre, pp. 212-229.

LADERLAH S. A., RAHMAN S. A., AWANG K., MAN Y. C. (2011), A Study on Islamic Tourism : A Malaysian Experience, *Historical and Social Science*, vol. 17, 184-189.

LEFEBVRE H. (1957), *Critique de la vie quotidienne*, Paris, L'Arche (1961 et 1981 pour t. 2 et t. 3).

LIPOVETSKY J. (2006), *Le bonheur paradoxal : essai sur la société de l'hyperconsommation*, Paris, Gallimard.

LOMBARD C. (2004), Le butinage : proposition d'une échelle de mesure, *Recherches et applications marketing,* vol. 19, n° 2, pp. 1-31.

LOUCHAHI L. (2003), Droit de la concurrence et circuits de distribution au Maroc, *Remald*, n° 43, 207 p.

MAFFESOLI M. (1988), *Le temps des tribus. Le déclin de l'individualisme dans les sociétés de masse*, Paris, Éditions Méridiens Klincksieck.

MAMAN-LARRAUFIE A. (2015), L'achat complice de contrefaçon de luxe en tant qu'expérience de consommation : quand la raison rencontre les sentiments, *Décision Marketing*, n° 80, pp. 35-52.

MARCUSE H. (1964), *L'homme unidimensionnel*, Beacon Press (1968 pour la traduction française), Paris, Les Éditions de Minuit.

MAZARD (2011), Étude sur la concurrentiabilité du secteur des grandes et moyennes distributions, rapport de synthèse, juillet, Conseil de la concurrence, Royaume du Maroc.

MAZARD (2012), Étude sur la concurrentiabilité des huiles de table, rapport de synthèse, Conseil de la concurrence, Royaume du Maroc.

MESSAOUDI A. (2017), Perception par le shopper marocain des services de la grande distribution, *International Journal of Innovation and Applied Studies*, vol. 20, n° 3, pp. 762-780.

MICK D. G., PETTIGREW S., PECHMANN C., OZANNE J. L. (2011), (eds.), *Transformative Consumer Research*, London, Routledge.

MIZBAR S. (2018), Pauvreté et prospérité partagée, une lecture critique, *Revue marocaine des sciences politiques et sociales*, n° 11, nov.-déc., pp. 87-107.

MOATI P. (2001), *L'avenir de la grande distribution*, Paris, Odile Jacob.

MOKHLIS S. (2006), The influence of Religion on Retail Patronage Behaviour in Malaysia, *International Business Research*, 3(1), pp. 70-75.

MOKHLIS (2009), Relevancy and Measurement of Religiosity in Consumer Behavior Research, *International Business Research*, 2(3), pp. 75-84.

MOULIERAS A. (1895), *Le Maroc inconnu*, Oran, Fouques & Cie.

MOUNIR I. (2004), Perception des risques sanitaires en matière de produits alimentaires par le consommateur marocain et étranger, mémoire d'ingénieur agro-économiste, sous la direction de HAMIMAZ R., IAV, Rabat.

MSEFFER D. Z., KABBAJ N. (2017), Le luxe au Maroc : marché ou secteur d'avenir ?, *Conjoncture*, n° 994, 15 juillet-15 septembre, pp. 19-30.

MULET P. (2018), *Des lieux appropriés : économie contemporaine du haut Atlas*, Éditions de la rue d'Ulm, Presses de l'ENS.
NICOLET J. L. (2015), *Mon enfance marocaine : souvenirs*, Paris, L'Harmattan, Graveurs de mémoire.
NWANKWO S., HAMELIN N., KHALED M. (2014), Consumer Values, Motivation and Purchase Intention for Luxury Goods, *Journal of Retailing and Consumer Services*, 21, pp. 735-744.
OMARI S. (2016), Étude du comportement des consommateurs vis-à-vis du terroir ; cas des produits d'Argane, *REMAREM, Revue marocaine de recherche en management et marketing*, n° 15, juillet-décembre, pp. 195-208.
OUARD A. (2009), Jeunesse estudiantine, malaise social et religion : la quête de sens, Halshs 0071135.
PACKARD V. (1985), *La persuasion clandestine*, Paris, Calmann-Lévy.
PARR C. (2012), Social Media Leader Burberry Top Luxury Brand on Facebook, pursuitist.com/social-medi-leader-burberry-top-luxury-brand-on-facebbok-socialmedia.
PAUGAM S. (2012), Les formes contemporaines de la disqualification sociale, *CERISCOPE Pauvreté*, 2012 [en ligne], consulté le 20/05/2019, URL : http://ceriscope.sciences-po.fr/pauvrete/content/part5/les-formes-contemporaines-de-la-disqualification-sociale
PAYNE P., CHRISTOPHER M., CLARK M., PECK H. (1996), *Relationship Marketing for Competitive Advantage, Winning and Keeping Customers, Published on behalf of the Shartered Institute of Marketing*, Butterworth – Heinemann, Pty Ltd.
PENALOZA L., PRICE L. L. (1993), Consumer Resistance : A Conceptual Overview, *Advances in Consumer Research*, vol. 20, pp. 123-128.
PERROT M. (2009), *Faire ses courses*, Paris, Stock.
PHAMBUKA-NSIMBI C., MAKGOSA R., THEMBA G., IYANDA O. (2015), Modern Retailing and its Implications for Developing Countries : Insight from Retail Managers, *Journal of Management and Strategy*, vol. 6, n° 1, pp. 1-24.
POON F. (2015), Les produits biologiques ont la cote !, *Resagro*, n° 60, juillet-août, pp. 14-17.
PRAHALAD C. K., HART S. L. (2002), The fortune at the Bottom of the Pyramid, *Strategy+Business*, january 10, First Quarter, n° 26, pp. 2-14.
RIEUNER S. (2000), L'ambiance sonore du point de vente et le comportement du client, pp. 179-204, dans VOLLE P. (coord.) *Études et recherches sur la distribution*, Paris, Economica.
RIEUNIER S. (2017), *Marketing sensoriel et expérientiel du point de vente*, Paris, Dunod.
RIEUNER S., VOLLE P. (2002), Tendances de consommation et stratégies de différenciation des distributeurs, *Décisions Marketing*, n° 27, juillet-septembre, pp. 19-29.

ROSENBERGER B. (2001), *Société, pouvoir et alimentation : nourriture et précarité au Maroc précolonial*, Rabat, Alizés.

ROUX D. (2007), La résistance du consommateur : proposition d'un cadre d'analyse, *RAM, Recherches et applications en marketing*, vol. 22, n° 4, pp. 59-80.

ROUX D. (2009), *Marketing et résistance(s) des consommateurs*, Paris, Economica.

SARDAR Z. (1984), ed., *The Touch of Minds : science, values and environment in Islam and the West*, Manchester, Manchester University Press.

SECK A.-M. (2020), Utilisation des services de paiement mobile par le consommateur africain, pp. 175-184, dans GALLOUJ C., PACHÉ G. (2020) (eds.), *Management des services : convergences, contrastes et controverses*, Aix-Marseille, Presses universitaires de Provence.

SEN A. K. (1985), *Commodities and Capabilities*, New York, Oxford University Press.

SERHROUCHNI S. (2015), La réalité promotionnelle dans le secteur food de la grande distribution cas Marjane Oujda, rapport de stage, ENCG Université Mohammed 1er.

SERRAFA K. (2017), Implantation d'un rayon bio au sein du magasin Marjane Salé Tabriquet, rapport de stage 5e année, HEC Maroc.

SOUAF M., MEKKAOUI S. (2009), Les motivations de fréquentation des grandes surfaces par les consommateurs marocains : étude exploratoire, *REMAREM, Revue marocaine de recherche en management et marketing*, n° 1, janvier, pp. 229-244.

SURDON G. (1938), *Institutions et coutumes berbères du Maghreb*, Les Éditions Internationales, Tanger et Fès.

TARIQ A. N., EDDAOUI B. (2009), Assessing the Effect of Trust and Security on Consumers' Willingness for Online Shopping Among Urban Moroccans, *International Journal of Business and Management Science*, vol. 2, n° 1, pp. 17-32.

TAUBER E. M. (1972), Why do People Shop ?, *Journal of Marketing*, 36, pp. 56-59.

VOLLE P. (2000), La fréquentation des points de vente : valeur du client, fréquence de visite, fidélité et inertie des choix, pp. 97-120, dans VOLLE P. (coord.) *Études et recherches sur la distribution*, Paris, Economica.

WAIDA I. M. F., SANY S. M. M., RUSHAMI Z. Y (2016), An Exploratory Study of Muslim Consumers' Expectation of an Islamic–Based Retail Store and Their Patronage Motive, The European proceedings of social and behavioural science, EpSBS, Future Academy www.FutureAcademy.org.uk, pp. 731-736.

WESTBROOK R. A., BLACK W. C. (1985), A Motivation Based Shopper Typology, *Journal of Retailing*, 61, n° 1, pp. 78-103.

SOMMAIRE

Revue « Marché et Organisations »
L'Harmattan

Cahiers d'économie et de gestion thématiques dont le but est de promouvoir la recherche originale sur les relations de plus en plus étroites qui se tissent entre le marché et les organisations. Les acteurs économiques de taille, de puissance et de pouvoir différents dont les intérêts peuvent être convergents, complémentaires ou, le plus souvent, antagoniques, ont tendance à organiser les marchés. La raison du marché, pourtant, est la référence stratégique pour l'entreprise ainsi que pour les institutions publiques de décision économique.

Numéros parus :

N°1 : Artisanat. La modernité réinventée, 2006
N°2 : La petite entreprise, elle a tout d'une grande. De l'accompagnement aux choix stratégiques, 2006
N°3 : Tourisme et Innovation. La force créative des loisirs, 2007
N°4 : Le travail. Formes récentes et nouvelles questions, 2007
N°5 : Les universités et l'innovation. L'enseignement et la recherche dans l'économie des connaissances, 2007
N°6 : Entrepreneuriat et accompagnement. Outils, actions et paradigmes nouveaux, 2008
N°7 : Développement durable des territoires. Economie sociale, environnement et innovations, 2008
N°8 : Développement durable et responsabilité sociale des acteurs, 2009
N°9 : Gouvernance : exercices de pouvoir, 2009
N°10 : Le travail collaboratif. Une innovation générique, 2009
N°11 : Economie sociale et solidaire. Nouvelles trajectoires d'innovations, 2010
N°12 : Relations à la marque et marques de la relation. Regards croisés sur le management relationnel de la marque, 2010
N°13 : Les contrats au service de la recherche ?, 2011
N°14 : Le potentiel économique de l'Afrique subsaharienne, 2011
N°15 : Management de la distribution, 2012
N°16 : Territoire Vert. Entreprises, Institutions, Innovations, 2012
N°17 : Eco-conception, conception et innovation. Les nouveaux défis de l'entreprise, 2013
N°18 : Intelligence économique : entreprises et territoires, 2013
N°19 : La finance globale. Un monde fini, 2013
N°20 : La crise du « développement », 2014
N°21 : La Chine innove. Politiques publiques et stratégies d'entreprise, 2014
N°22 : Go East! Nouvelles Economies de Marché, 2015
N°23 : L'économie du changement, 2015
N°24 : Le temps des artisans. Permanences et mutations, 2015
N°25 : Innovations de proximité et esprit d'entreprise, 2016
N°26 : L'avenir des économies du Maghreb : entre inertie structurelle et envie de rupture, 2016/3 (n° 27)
N°27 : Le sport aux frontières du marché du travail, 2016
N°28 : Dynamiques internationales des entreprises, 2017
N°29 : L'univers du risque, 2017
N°30 : Les petites entreprises dans l'histoire industrielle, 2017
N°31 : Economie sociale et *social business* ? Au défi d'entreprendre et se financer, 2018
N°32 : Éducation et fertilisation des économies africaines, 2018
N°33 : L'entrepreneuriat innovant dans les pays du Maghreb, 2018
N°34 : L'entrepreneuriat scientifique : institutions et innovation, 2019
N°35 : Le champ économique de la culture, 2019
N°36 : Economie sociale et solidaire ? Modèles d'innovation et modes de gouvernance, 2019
N°37 : Rethinking Luxury Business, 2020
N°38 : La santé connectée. Nouvelles technologies et réorganisation des soins, 2020
N°39 : Options stratégiques et systèmes complexes d'innovation, 2020
N°40 : Les services : intégration des systèmes productifs et lien social, 2021

Collection « L'esprit économique »

fondée par Sophie Boutillier et Dimitri Uzunidis en 1996

Dernières parutions

► ***Série Economie et Innovation***

C. ABDOU LAHAD THIAW, *Innovation localisée pour le développement économique du Sénégal*, 2018.

N. ANIDO FREIRE, *Tradition et innovation : de l'opposition à la complémentarité*, 2018.

C. BERGHMANS (dir.), *Intelligence et compétences émotionnelles en entreprise : perspectives multiples*, 2018.

T. MICHAUD, *La réalité virtuelle : de la science-fiction à l'innovation*, 2018.

B. LAPERCHE, M. LIMA, E. SEULLIET, B. TROUSSE (dir.), *Les écosystèmes d'innovation. Regards croisés des acteurs clés*, 2019.

S. MONNERIE, *L'économie digitale révolutionne le monde. Innovation et total design*, 2019.

T. MICHAUD, *Le projet spatial européen, entre pragmatisme et imagination*, 2020.

J.-P. SCHMITT, N. RAVIDAT, *Management conjoint de la technologie et de la personne. Pour performer et croitre*, 2020.

► ***Série Le Monde en Question***

M. AMAN, *Currency board* (caisse d'émission) à Djibouti. Quelles implications économiques ?, 2018.

M. BENALI, A. EL BOUHADI, *Accès aux services financiers, inclusion et durabilité économique en Afrique*, 2020.

F. FAURE, *Empowerment et finance. La démocratie au service de l'investissement socialement responsable*, 2021.

► ***Série Krisis***

G. MINART, *Benjamin Constant, économiste*, 2019.

M. RAMEAUX, *Le tao de l'économie. Du bon usage de l'économie de marché*, 2020.

B. TONGLET, *Innovation et dynamique discontinue au bas Moyen Age. Pour une autre approche de l'histoire économique*, 2020.

J.-C. MOREL, *La nécessaire valorisation de la richesse ou intégrer le capital humain au bilan*, 2020.

V. LAURE VAN BAMBEKE, *La valeur du travail humain. Essai sur la refondation de l'expression monétaire de la valeur-travail*, 2021.

► **Série *Clichés***

S. BOUTILLIER, D. UZUNIDIS (dir.), *La Russie européenne. Du passé composé au futur antérieur*, 2008.

R. VOLPI, *La négociation. Pain, paix, liberté*, 2009.

► ***Série Cours Principaux***

S. FREZAL, *Quand les statistiques minent la finance et la société. Risque, responsabilité et décision*, 2018.

O. ESNEU, *Le droit du transport routier de marchandises (TRM)*, 2018.

G. DUTHIL, *Economie publique et métamorphoses sociales*, 2019.

R. SANTENAC, *Le cycle des crises financières. Une étude approfondie des causes, des impacts et de la fréquence*, 2020.

B. LANDAIS, *Macroéconomie efficace. Croissance et crises*, 2020.

► ***Série L'économie formelle***

A. BELMADANI, *Monnaie et systèmes de paiement. Mutations, enjeux et risques*, 2019.

É. CHAUMETON, *Pour une économie au service de la personne. Pistes d'avenir pour l'économie, la monnaie et la fiscalité*, 2019.

K. B. KOUASSI, *Pauvreté des Nations. Une critique de l'économie politique*, 2019.

F. NEUVILLE, *Comment gagner de l'argent en Bourse*, 2020.

S. A. DJELHI-YAHOT, *La théorie des finances publiques optimales. une approche gagnante pour l'Afrique*, 2020.

A. EL ALAOUI, *Modèle d'équilibre général calculable. Présentation théorique et application empirique*, 2020.

H. AMAAZOUL, *Responsabilité sociétale des entreprises et performance financière. Étude appliquée aux entreprises marocaines*, 2021.

Marc BERTONECHE, *Chroniques économiques de notre temps*, 2021.

Structures éditoriales du groupe L'Harmattan

L'Harmattan Italie
Via degli Artisti, 15
10124 Torino
harmattan.italia@gmail.com

L'Harmattan Hongrie
Kossuth l. u. 14-16.
1053 Budapest
harmattan@harmattan.hu

L'Harmattan Sénégal
10 VDN en face Mermoz
BP 45034 Dakar-Fann
senharmattan@gmail.com

L'Harmattan Cameroun
TSINGA/FECAFOOT
BP 11486 Yaoundé
inkoukam@gmail.com

L'Harmattan Burkina Faso
Achille Somé – tengnule@hotmail.fr

L'Harmattan Guinée
Almamya, rue KA 028 OKB Agency
BP 3470 Conakry
harmattanguinee@yahoo.fr

L'Harmattan RDC
185, avenue Nyangwe
Commune de Lingwala – Kinshasa
matangilamusadila@yahoo.fr

L'Harmattan Congo
67, boulevard Denis-Sassou-N'Guesso
BP 2874 Brazzaville
harmattan.congo@yahoo.fr

L'Harmattan Mali
ACI 2000 - Immeuble Mgr Jean Marie Cisse
Bureau 10
BP 145 Bamako-Mali
mali@harmattan.fr

L'Harmattan Togo
Djidjole – Lomé
Maison Amela
face EPP BATOME
ddamela@aol.com

L'Harmattan Côte d'Ivoire
Résidence Karl – Cité des Arts
Abidjan-Cocody
03 BP 1588 Abidjan
espace_harmattan.ci@hotmail.fr

Nos librairies en France

Librairie internationale
16, rue des Écoles
75005 Paris
librairie.internationale@harmattan.fr
01 40 46 79 11
www.librairieharmattan.com

Librairie des savoirs
21, rue des Écoles
75005 Paris
librairie.sh@harmattan.fr
01 46 34 13 71
www.librairieharmattansh.com

Librairie Le Lucernaire
53, rue Notre-Dame-des-Champs
75006 Paris
librairie@lucernaire.fr
01 42 22 67 13

www.ingramcontent.com/pod-product-compliance
Lightning Source LLC
LaVergne TN
LVHW011314061026
849535LV00005B/1548